500만 ﹝바코드﹞ 과 함께

감﹝사﹞

세상이 아무리 바쁘게 돌아가더라도
책까지 아무렇게나 빨리 만들 수는 없습니다.

길벗은 독자 여러분이
가장 쉽게, 가장 빨리 배울 수 있는 책을
한 권 한 권 정성을 다해 만들겠습니다.

독자의 1초를 아껴주는
정성을 만나보세요.

미리 책을 읽고 따라해 본 2만 베타테스터 여러분과
무따기 체험단, 길벗스쿨 엄마 2% 기획단,
시나공 평가단, 토익 배틀, 대학생 기자단까지!
믿을 수 있는 책을 함께 만들어주신 독자 여러분께 감사드립니다.

고경희 지음

macOS Catalina

맥OS 카탈리나
—— 무작정 따라하기 ——

길벗

맥OS 카탈리나 무작정 따라하기

The Cakewalk Series – macOS Catalina

초판 발행 · 2019년 11월 11일
초판 2쇄 발행 · 2020년 9월 2일

지은이 · 고경희
발행인 · 이종원
발행처 · (주)도서출판 길벗
출판사 등록일 · 1990년 12월 24일
주소 · 서울시 마포구 월드컵로 10길 56(서교동)
대표 전화 · 02)332-0931 | **팩스** · 02)323-0586
홈페이지 · www.gilbut.co.kr | **이메일** · gilbut@gilbut.co.kr

기획 및 책임 편집 · 최동원(cdw8282@gilbut.co.kr) | **디자인** · 배진웅 | **제작** · 이준호, 손일순, 이진혁
영업마케팅 · 임태호, 전선하 | **웹마케팅** · 차명환, 지하영 | **영업관리** · 김명자 | **독자지원** · 송혜란, 홍혜진

교정교열 · 강민철 | **전산편집** · 김보경 | **CTP 출력 및 인쇄** · 두경M&P | **제본** · 경문제책

ISBN 979-11-6050-973-1 03000

(길벗 도서번호 007048)

이 도서의 국립중앙도서관 출판사도서목록(CIP)은 서지정보유통지원시스템 홈페이지(http://seoji.nl.go.kr)와 국가자료공동목록시스템
(http://www.nl.go.kr/kolisnet)에서 이용하실 수 있습니다.(CIP제어번호 : CIP2019043314)

정가 20,000원

이 책은 2019년 10월에 출시된 'macOS Catalina(macOS 10.15.1)'를 기준으로 하고 있습니다. macOS의 정기
적인 업데이트로 일부 메뉴와 화면 구성이 다를 수 있지만 책의 내용을 따라하는데 큰 문제가 없습니다.

독자의 1초까지 아껴주는 정성 길벗출판사
길벗 | IT실용서, IT/일반 수험서, IT전문서, 경제실용서, 취미실용서, 건강실용서, 자녀교육서
더퀘스트 | 인문교양서, 비즈니스서
길벗이지톡 | 어학단행본, 어학수험서
길벗스쿨 | 국어학습서, 수학학습서, 유아학습서, 어학학습서, 어린이교양서, 교과서

페이스북 · www.facebook.com/gilbutzigy
네이버 포스트 · post.naver.com/gilbutzigy

한 입 베어 문 사과 로고가 선명한 Apple의 매킨토시 컴퓨터는 한때 전문가들의 전유물이었습니다. 매킨토시의 macOS는 Windows와 비슷하면서도 다른 아이콘도 신기하고 휴지통 안으로 드래그하면 파일 삭제가 끝나는 것도 멋져 보였죠. 시간이 흘러 많은 사람이 iPhone과 iPad를 일상적으로 사용하고 있는 요즘, Mac은 더 이상 전문가만을 위한 컴퓨터가 아닙니다. 큰 맘 먹고 Mac를 구입한 뒤 어떻게 사용해야 할지 난감하다면 이 책에서부터 바로 시작해 보세요.

최신 macOS인 카탈리나를 다룹니다

이 책은 2019년 가을에 출시된 macOS의 최신 버전인 카탈리나(Catalina)의 기능들을 설명하고 있습니다. iPad를 보조 모니터로 사용할 수 있게 하는 Sidecar를 사용하면 Mac에 연결한 iPad를 태블릿처럼 활용해 Apple Pencil로 그림을 그릴 수도 있습니다. iTunes에서 개별 앱으로 분리된 팟캐스트를 사용하면 Mac에서 전 세계의 다양하고 흥미로운 에피소드를 무료로 들을 수 있죠. 또다시 새로워진 최신 macOS, 카탈리나를 만나보세요.

Windows 기능을 함께 표기했습니다

대부분의 사람들이 컴퓨터에 익숙하다고 말한다면 그건 아마 Windows에 익숙하다는 뜻일 것입니다. 이 책에서는 macOS의 기능을 설명하면서 Windows의 어떤 기능과 같은 것인지 함께 표기해 두었습니다. 예를 들어, macOS의 'Finder'는 Windows의 '파일 탐색기'에 해당하죠. 이렇게 익숙한 Windows의 기능을 떠올리며 macOS의 기능을 익히다 보면 조금 더 쉽고 빠르게 macOS 다룰 수 있을 것입니다.

시스템 환경설정을 제대로 정리했습니다.

Mac은 사용자가 macOS를 사용하며 다양한 환경설정을 변경해 사용자에게 딱 맞는 작업환경을 만들 수 있도록 했습니다. 본문에 macOS의 다양한 기능을 소개하며 관련된 환경설정을 함께 설명하였고 미처 다루지 못한 내용은 따로 시스템 환경설정 장을 구성해 모두 정리해 두었습니다. Mac을 사용하며 환경설정을 변경해야 할 때 요긴하게 참고할 수 있을 것입니다.

Automator와 터미널, Boot Camp의 사용법을 설명했습니다

macOS의 기본 기능에 익숙해지면 조금 더 전문적으로 macOS를 다룰 방법이 궁금해집니다. 이 책에서는 여러 작업을 하나로 묶어 자동으로 실행할 수 있는 Automator와 직접 명령어를 입력해 시스템 설정을 변경할 수 있는 터미널, 그리고 macOS에 Windows 10을 설치해 Mac에서도 Windows를 사용할 있게 해주는 Boot Camp를 설명합니다. macOS에 어느 정도 익숙해졌다면 도전해보세요.

2019년 봄부터 이 책을 준비하고 마무리하기까지 수시로 업데이트 되는 내용을 추가하고 수정했기 때문에 그 과정이 유독 길고 어려웠습니다. 그 과정을 처음부터 끝까지 같이 해주신 강민철 님과 김보경 실장님, 그리고 길벗출판사의 최동원 과장님께 감사드립니다. 그리고 이 책을 쓸 수 있도록 MacBook을 지원해 주신 태흥복지재단 조준희 대표이사님께도 감사의 마음을 전합니다.

가을 가득한 제주에서 **고경희**(funcom@gmail.com)

macOS 기초

macOS를 처음 사용하시나요? Windows와 macOS의 차이점부터 키보드, 마우스/트랙패드 까지 기본적이지만 알아두면 두고두고 편리한 macOS의 기본 기능에 대해 알아봅니다.

키보드

마우스

트랙패드

Dock

macOS 활용

Mac를 Mac답게 만드는 기능! 다양한 앱을 설 치할 수 있는 App Store와 iPad를 확장 모니터 처럼 사용할 수 있는 Sidecar, 무엇이든 찾아주 는 Spotlight 등 macOS에만 있는 정말 유용한 기능에 대해 알아봅니다.

App Store

Launchpad

Mission Control

Sidecar

Spotlight

Apple ID

iCloud

AirDrop

 파일 관리

Windows에 파일 탐색기가 있다면 macOS에는 Finder가 있습니다. 파일과 폴더 등의 항목을 다 루는 기본적인 방법은 물론 태그와 스마트 폴더 를 활용해 Finder를 제대로 활용해보세요.

Finder

태그

스마트 폴더

압축

정보 수집

큰맘 먹고 구입한 Mac으로 웹 서핑만 하고 있 지 않나요? macOS의 Mail과 연락처, 캘린더로 흩 어져있는 정보를 효율적으로 관리해보세요.

Safari

Mail

연락처

캘린더

멀티미디어

사진을 관리하고 보정할 수 있는 사진 앱과 나만의 동영상을 편집할 수 있는 iMovie 등 간편하지만 강력하고 재미있는 macOS의 멀티미디어 앱을 사용해보세요.

사진   팟캐스트   iMovie

기록과 편집

iWork를 비롯해 스티커, 메모, 미리보기 등 macOS만의 특별한 앱으로 생산성을 높이는 기록과 편집 작업에 대해 알아봅니다.

스티커   메모   스크린샷   미리보기

텍스트 편집기   Pages   Numbers   Keynote

유지/관리

외장 하드 디스크를 포맷하거나 갑자기 느려진 시스템을 점검해보세요. Mac를 항상 새것처럼 유지/관리하는 방법에 대해 알아봅니다.

디스크 유틸리티   Time Machine   활성 상태 보기   키체인

서체 관리자   시스템 환경설정

부록

단순 반복해야 하는 작업이 있다면 Automator를 사용해 보세요. Boot Camp를 사용하면 꼭 필요한 순간 macOS에서도 Windows를 사용할 수 있습니다.

Automator   터미널   Boot Camp

PREVIEW

Windows에만 익숙해 아직은 macOS가 어려운가요?
macOS의 기능이나 앱이 Windows와 어떻게 대응되는지
쉽게 확인할 수 있습니다.

08 | Finder 윈도우의 보기 방식 변경하기

파일 탐색기/보기 레이아웃

Finder 윈도우는 기본적으로 폴더나 파일을 아이콘 형식으로 표시합니다. Finder 윈도우의 보기 방식을 변경하면 폴더나 파일을 목록이나 갤러리 형식으로 나열할 수도 있습니다. 또한 특정 조건에 맞는 폴더나 파일을 그룹으로 묶어서 표시할 수도 있습니다.

Finder 윈도우의 도구 막대 중 보기 항목(▦ ☰ ▥ ▢)의 각 아이콘을 선택하면 보기 방식을 변경할 수 있습니다.

아이콘 보기 ▦ : Finder 윈도우의 폴더나 파일을 아이콘 형태로 나열합니다. 파일 아이콘은 미리보기로도 표시할 수 있습니다.

> **잠깐만요**
> 아이콘 보기의 보기 옵션에 대해서는
> 126쪽을 참고하세요.

목록 보기 ☰ : 폴더나 파일의 이름과 크기, 종류 등의 정보를 목록으로 나열합니다. 폴더나 파일의 정보가 표시되는 계층 이름을 클릭하면 클릭한 계층을 기준으로 오름차순이나 내림차순으로 정렬할 수 있습니다.

> **잠깐만요**
> 목록 보기의 보기 옵션에 대해서는
> 127쪽을 참고하세요.

계층 보기 ▥ : 여러 개의 하위 폴더를 포함한 중첩된 폴더 간의 관계를 계층별로 표시합니다. 계층 보기는 중첩된 폴더 간의 관계를 쉽게 구별하는 데 유용합니다.

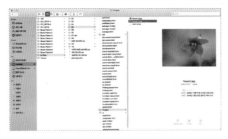

**잠깐
만요**

깜박하고 놓치고 지나치기 쉬운 내용이나 추가로 알아두면
좋은 팁을 알려줍니다.

6

원모어띵
macOS의 다양한 기능과 앱을 실행하는 여러가지 방법을 설명합니다.

검색 탭
macOS의 다양한 앱이나 기능을 파일 관리, 정보 수집, 기록과 편집 등과 같이 사용자의 기준으로 구분했습니다.

갤러리 보기 : Finder 윈도우의 파일을 앱으로 실행하지 않아도 내용을 미리 볼 수 있는 갤러리 형태로 표시합니다. 갤러리 보기 상태에서 Finder 메뉴 막대의 [보기]-[미리보기 보기]를 선택하면 미리보기 패널에서 선택한 파일의 형식, 생성일 등의 구체적인 정보도 함께 확인할 수 있습니다.

미리보기 패널

파일 관리

Finder 실행하기

원모어 띵! 단축키로 보기 방식 변경하기

❶ 아이콘 보기 : command + 1   ❷ 목록 보기 : command + 2
❸ 계층 보기 : command + 3   ❹ 갤러리 보기 : command + 4

 어떤 보기 방식이 편리할까요?

Finder 윈도우의 보기 방식 중 어떤 것이 더 편리하고, 덜 편리하다고 할 수 없습니다. 각각의 보기 방식은 서로 용도가 다르기 때문이죠.
아이콘 보기는 사진이나 그림 파일의 내용을 아이콘 형태로 미리 볼 수 있어서 편리합니다. 목록 보기는 여러 개 파일의 세부 정보를 확인해 파일을 생성일순으로 정렬해야 할 때 유용합니다. 계층 보기는 한 개의 폴더 안에 여러 개의 하위 폴더가 포함되어 있을 경우, 폴더 안의 구조를 확인하기에 편리할 것입니다. 갤러리 보기는 여러 개의 PDF 파일이나 문서 파일의 내용을 미리 볼 수 있어 편리하죠. 각각의 보기 방식은 용도가 다르기 때문에 필요에 따라 변경하는 것이 좋습니다.

전문가의 조언
macOS의 다양한 앱과 각종 설정을 언제, 어떻게 사용하는 것이 좋은지 그리고 숨겨져 있지만 알아두면 편리한 기능에 대한 활용 방법을 친절하게 설명합니다.

CONTENTS

SECTION 02

Apple ID와 iCloud 설정하기

PART

3

macOS에서 파일 관리하기

SECTION 01

Finder 살펴보기

PART
4

쉽고 편리하게
정보 수집하기

SECTION 03

연락처

SECTION 04

캘린더

SECTION 01

PART 5

간편하고 강력한 멀티미디어

사진

PART
6
생산성을
높이는
기록과 편집

PART 7

시스템을 안전하게 관리하기

부록

One
More
Thing!

☑ 시스템 사양을 확인하세요.

macOS 카탈리나는 2012년 이후 출시된 대부분의 모델에 설치할 수 있지만 Sidecar나 Boot Camp로 Windows 10 설치하기 등 이 책에서 설명하는 모든 내용을 따라 할 수 있는 사양은 다음과 같습니다.

구분	카탈리나 설치	SideCar 사용	Windows10 설치
MacBook	2012년 이후 모델	2016년 이후 모델	2015년 이후 모델
MacBook Air	2012년 이후 모델	2018년 이후 모델	2012년 이후 모델
MacBook Pro	2012년 이후 모델	2016년 이후 모델	2012년 이후 모델
Mac mini	2012년 이후 모델	2018년 이후 모델	2012년 이후 모델
iMac	2012년 이후 모델	2015년 하반기 이후 모델	2012년 이후 모델
iMac Pro	2017년 이후 모델	2017년 이후 모델	전 모델
Mac Pro	2013년 이후 모델	2019년 모델	2013년 하반기 이후 모델
iPad	iPad 6세대 이후, iPad mini 5 세대 이후, iPad Air 3세대 이후, iPad Pro 전 모델		

☑ 자주 사용하는 앱이 64비트를 지원하는지 확인하세요.

macOS 카탈리나부터 64비트의 앱만 지원하기 때문에 32비트만 지원하는 앱을 사용할 수 없습니다. 64비트 지원 여부는 메뉴 막대의 [🍎]-[이 Mac에 관하여]를 선택하면 표시되는 시스템 정보 윈도우에서 확인할 수 있습니다. 시스템 윈도우의 [개요]-[시스템 리포트]를 차례로 선택한 뒤, 사이드바의 [소프트웨어] 항목 아래 [응용 프로그램]을 선택합니다. 확인할 응용 프로그램 이름을 선택하면 '종류' 항목 에 지원 여부가 표시됩니다.

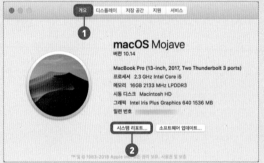

☑️ 카탈리나로 업그레이드하기

macOS 모하비에서 카탈리나로 업그레이드할 경우, [시스템 환경설정] 윈도우의 [소프트웨어 업데이트]를 선택하면 카탈리나 버전으로 업그레이드할 수 있습니다.

하이 시에라나 그 이전 버전에서 카탈리나로 업그레이드할 경우, 앱 스토어🅰에서 카탈리나 설치 파일을 다운로드 한 뒤 업그레이드 할 수 있습니다. 앱스토어에서 카탈리나 설치 파일을 다운로드한 뒤에는 화면의 지시대로 따라 하면 쉽게 카탈리나로 업그레이드 할 수 있습니다. 만약 마운틴 라이언 이전 버전에서 카탈리나로 업그레이드할 경우 엘 캐피탄으로 업그레이드한 후 카탈리나로 다시 업그레이드 해야 합니다.

PART 1

기초부터
탄탄하게

마이크로소프트의 Windows를 기본으로 하는 컴퓨터만 사용하다가 처음 Apple의 macOS
를 사용하면 Windows와는 사용법이 많이 다르기 때문에 어디서부터 시작해야 할지 난감합
니다. iPhone이나 iPad를 사용한 적이 있어도 말이죠. macOS를 처음 사용한다면 가장 먼
저 macOS의 기본적인 조작법을 배워야겠죠? 기본 조작법을 익히고 나면 필요할 때마다 원
하는 기능만 찾아 공부해도 됩니다.

macOS
Catalina

macOS
시작하기

이제 막 Mac을 사용하기 시작했나요? 그렇다면 이 장에서 설명하는 macOS 기초를 꼭 확인하고 넘어가세요. macOS가 Windows와 어떻게 다른지, macOS의 기본 조작은 어떻게 하는지 알고 Mac을 사용하면 좀더 쉽고 빠르게 익숙해질 것입니다.

01 | macOS와 Windows는 어떻게 다를까

⊞ 시스템

Windows에만 익숙한 사용자가 macOS를 처음 사용하게 되면 화면 배치는 물론 프로그램을 시작하는 방법도 다르기 때문에 어려움을 느끼는 경우도 있습니다. macOS를 배우기 전에 Windows와 macOS가 어떻게 다른지 간단히 알아보겠습니다.

잠 깐 만 요 ─────
전문적인 내용은 제외하고 사용자 입장에서 macOS와 Windows의 차이점에 대해서만 살펴보겠습니다.

macOS는 일체형 시스템입니다

macOS와 Windows의 가장 큰 차이는 macOS가 일체형 시스템이라는 것입니다. macOS를 포함한 Mac 시스템은 MacBook Air, MacBook Pro, iMac 등의 제품 자체가 한덩어리이기 때문에 시스템이 안정적입니다. 즉, 하드웨어로 인해 오류가 발생하거나 시스템이 느려지는 일이 거의 없습니다. 대신 사용자가 원하는 부품만 업그레이드할 수 없습니다. 특히 게임을 즐기는 사용자는 게임 실행을 위해 메모리나 그래픽 카드, CPU 등을 업그레이드하는 경우가 많은데 이런 분은 Windows PC를 사용하는 게 낫겠죠?

Dock은 macOS로 가는 통로입니다

Mac을 켜면 가장 먼저 눈에 띄는 부분은 화면 아래의 Dock입니다. Dock은 macOS로 가는 통로로, Dock에는 사용 중인 앱(응용 프로그램)이 표시되고 자주 사용하는 앱이나 폴더를 고정할 수도 있습니다. Windows의 작업 표시줄과 비슷하지만 확장성이 뛰어나고 앱을 실행하거나 윈도우를 최소화할 때 간단하지만 멋진 애니메이션 효과로 표시됩니다.

Dock

macOS에는 시작 메뉴가 없습니다

macOS에는 시작 메뉴가 없습니다. Windows에서는 시작 메뉴를 통해 시스템에 설치된 모든 앱을 살펴보고 실행할 수 있지만 macOS에서는 Launchpad나 Spotlight 검색 상자를 통해 원하는 앱을 실행할 수 있습니다.

▲ Launchpad에서 앱 실행하기

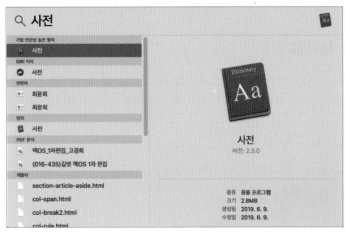

▲ Spotlight 검색을 통해 앱 실행하기

모든 메뉴는 화면 맨 위에 있습니다

macOS와 Windows의 눈에 띄는 차이 중 하나는 앱 메뉴의 위치입니다. Windows의 경우 앱을 실행하면 앱 윈도우 위에 메뉴가 표시됩니다. 여러 가지 앱을 실행하면 각각의 앱 윈도우마다 메뉴가 따로 표시되죠.

반면에 macOS에서는 모든 앱의 메뉴가 항상 화면 맨 위에 고정되어 표시됩니다. 여러 가지 앱이 실행된 상태라면 Apple 메뉴() 오른쪽에서 현재 선택한 앱의 이름을 확인할 수 있습니다.

▲ Finder의 메뉴

▲ Safari의 메뉴

iPhone, iPad와 찰떡 궁합입니다

iPhone이나 iPad를 사용하고 있다면 Mac과 연동해서 편리하게 사용할 수 있습니다. AirDrop
이나 Photo Booth를 사용하면 iPhone이나 iPad에 있는 파일을 Mac으로 쉽게 옮겨올 수 있
고 Mac에 있는 파일을 iPhone이나 iPad로 옮길 수도 있습니다. 또한 iPhone을 사용하는 다
른 사용자와 Mac을 사용하여 메시지를 주고받거나 전화를 걸거나 받을 수 있습니다. Mac과
iPhone의 연속성 기능을 사용하면 Mac이나 iPhone에서 하던 작업을 연속하여 진행할 수 있
습니다. 또한 카탈리나 버전에 추가된 'Sidecar'를 사용하면 iPad를 보조 모니터로 사용할 수
있습니다.

02 | Mac의 시작과 종료

시작 메뉴

Mac을 켜는 것은 간단합니다. Mac의 키보드 오른쪽 위에 있는 전원 버튼을 2, 3초간 누르고 있으면 Mac이 켜지고 사용자 계정의 암호만
입력하면 바로 Mac을 사용할 수 있습니다. 그럼 안전하게 Mac을 종료하려면 어떻게 해야 할까요? macOS의 기본 기능을 살펴보기 전에
Mac을 안전하게 시작하고 종료하는 방법부터 배워 보겠습니다.

macOS 화면의 맨 왼쪽 위에 있는 [🍎]를 클릭하면 macOS를 종료하는 몇 가지 메뉴가 표시됩
니다.

잠자기

[🍎]–[잠자기]를 선택하면 Mac이 '잠자는' 상태가 됩니다. [잠자기]란 Mac을 완전히 종료하지 않고 최소한의 전력만 사용해서 작업 환경을 유지하는 것을 말합니다. 마우스 버튼을 클릭하거나 키보드의 아무 키나 누르면 잠자기 상태에서 깨어나 로그인할 수 있고 이전의 작업 환경을 그대로 사용할 수 있습니다. MacBook을 사용할 경우 MacBook의 덮개를 덮으면 자동으로 잠자기 상태가 됩니다.

재시동

[🍎]–[재시동]을 선택하면 실행 중인 앱을 모두 종료하고 Mac을 껐다가 다시 켜서 로그인 화면이 표시됩니다. 실행 중인 앱 중에서 저장하지 않은 앱이 있다면 [재시동]을 선택하기 전에 미리 저장해야 합니다.

시스템 종료

[🍎]–[시스템 종료]를 선택하면 실행 중인 앱을 모두 종료하고 시스템이 꺼집니다. [종료하기]를 선택하면 '컴퓨터가 60초 후에 자동으로 시스템 종료됩니다.'라는 메시지가 표시되고 카운트가 시작됩니다. 아무런 작업이 없는 상태로 카운트가 완료되거나 [시스템 종료]를 클릭하면 시스템이 종료됩니다. 시스템 종료를 취소하려면 [취소]를 클릭합니다.
다시 Mac을 시작하려면 전원 버튼(⏻)을 눌러서 시스템을 다시 켭니다.

> **잠 깐 만 요**
> 시스템 종료 상자의 '다시 로그인하면 윈도우 다시 열기'를 체크하면 시스템 종료 전 활성화되어 있던 앱이나 폴더 등이 시스템을 다시 시작할 때 그대로 활성화된 상태로 나타납니다.

화면 잠금

[🍎]–[화면 잠금]을 선택하면 시스템 전원을 유지한 상태에서 화면만 잠깁니다. 잠자기 상태에서는 바탕화면에 실행 중인 앱도 잠시 멈추지만 '화면 잠금'은 바탕화면의 앱은 그대로 실행된 상태에서 화면만 잠기는 것이죠. 사무실이나 카페 등에서 잠시 자리를 비울 때 작업 화면을 가리기 위한 용도로 사용할 수 있습니다.

> **잠 깐 만 요**
> 화면 보호기를 화면 잠금용으로 사용하는 방법은 397쪽을 참고하세요.

로그아웃

여러 명이 한 대의 Mac을 사용할 경우 [🍎]-[로그아웃]을 선택하면 현재 로그인되어 있는 사용자를 로그아웃하고 새로운 사용자로 로그인할 수 있습니다. '다시 로그인하면 윈도우 다시 열기'에 체크하면 로그아웃할 때 열려 있던 앱 윈도우를 기억하고 있다가 다음에 로그인하면 다시 열어 줍니다.

03 | Mac의 화면 구성 살펴보기

⊞ 데스크탑

Mac을 처음 실행하면 macOS 화면이 나타납니다. Windows와는 많이 다른 모습에 살짝 낯설기도 한데요, 처음에 만나게 되는 화면이 어떻게 구성되어 있는지 알아보겠습니다.

macOS의 화면은 크게 위에 있는 메뉴 막대와 아래의 Dock, 그 사이의 공간인 데스크탑으로 구성되어 있습니다.

메뉴 막대

데스크탑

Dock

메뉴 막대

Apple 메뉴를 비롯해 현재 실행 중인 앱의 메뉴, 상태 메뉴 등 여러 메뉴와 정보가 표시됩니다.

앱 메뉴

Spotlight 알림 센터

Apple 메뉴

상태 메뉴

Siri

데스크탑

데스크탑은 macOS에서 대부분의 작업을 실행하는 공간으로, 앱을 실행하면 데스크탑에 앱 원
도우가 표시됩니다. 기본 배경으로 설정되어 있는 카탈리나 섬은 시간에 따라 다른 모습으로 나
타납니다. 낮이라면 섬의 낮 모습이, 밤이라면 섬의 밤 모습이 표시되는 거죠.

> 잠 | 깐 | 만 | 요 ─────────────────────
> 데스크탑에 대한 자세한 설명은 49쪽을 참고하세요.

Dock

자주 사용하는 앱이나 기능을 모아 놓은 공간입니다. Dock은 3개의 영역으로 나뉘어 있고 각
영역 사이에 가느다란 세로 막대로 구분되어 있습니다.

> 잠 | 깐 | 만 | 요 ─────────────────────
> Dock에 대한 자세한 설명은 42쪽을 참고하세요.

Dock의 가장 왼쪽 영역은 Mac에서 자주 사용하는 앱이 나열되어 있고 두 번째 영역은 Dock에
는 없지만 현재 실행 중이거나 최근에 사용했던 앱이 표시됩니다. 가장 오른쪽 영역은 현재 열
려 있는 파일이나 폴더, 휴지통이 표시됩니다. 현재 실행 중인 앱은 Dock의 앱 아이콘 아래에
점이 표시되고 최근에 사용한 앱은 최대 3개까지 표시됩니다.

04 | 메뉴 막대 살펴보기

macOS의 메뉴 막대는 어떤 앱을 실행하더라도 항상 화면 맨 위에 표시됩니다. 그렇기 때문에 어떤 앱을 실행하든 항상 같은 방법으로 메뉴
를 선택해 사용할 수 있습니다. macOS의 메뉴 막대는 어떻게 구성되어 있고 앱에 따라 어떻게 바뀌는지 알아보겠습니다.

메뉴 막대 살펴보기

메뉴 막대 가장 왼쪽의 Apple 로고(🍎)는 macOS 전체를 제어할 수 있는 Apple 메뉴입니다.
[🍎]를 클릭하면 macOS와 관련된 메뉴 항목이 나타납니다. Apple 메뉴의 각 항목에 대해서는

앞으로 하나씩 배울 것입니다. Apple 메뉴는 메뉴 막대에 항상 표시되기 때문에 어떤 상황에서
든 쉽게 선택할 수 있습니다.

메뉴 막대의 오른쪽에는 네트워크 연결 상태나 Bluetooth 연결 상태, 배터리 상태 등 현재 시
스템의 상태를 보여 주는 상태 메뉴가 있습니다. 상태 메뉴의 각 아이콘을 클릭하면 좀 더 자세
한 정보를 볼 수 있죠.

잠 깐 만 요 ─────────────
command 키를 누른 상태에서 상태 메뉴의 아이콘을 드래그하면 아이콘의 위치를 바꿀 수 있습니다.

상태 메뉴의 끝부분에서 macOS의 주요 기능인 [Spotlight] Q 를 클릭하면 데스크탑 중앙에
Spotlight가 나타납니다. Spotlight 검색 상자에 검색어를 입력해서 앱을 실행할 수도 있고 문
서나 설정 등 관련 자료를 검색할 수 있습니다. esc 키를 누르거나 Spotlight 바깥 부분을 클릭
하면 Spotlight를 닫을 수 있습니다. Spotlight는 command + spacebar 키를 눌러도 열 수 있습
니다.

잠 깐 만 요 ─────────────
Spotlight에 대한 자세한 설명은 83쪽을 참고하세요.

상태 메뉴에 있는 [Siri]◉를 클릭하면 macOS의 음성 비서 Siri를 실행할 수 있습니다. 간단한 앱 실행부터 필요한 정보 검색까지 음성으로 명령할 수 있죠.

상태 메뉴 중 가장 오른쪽의 [알림 센터]☰를 클릭하면 데스크탑 오른쪽에 알림 센터가 표시됩니다. 알림 센터에는 일정이나 주요 정보의 최신 내용이 표시됩니다. 손가락 두 개로 트랙패드의 오른쪽 밖에서 안으로 쓸어넘겨도 알림 센터를 표시할 수 있습니다.

앱 메뉴 확인하기

1 아무 앱도 실행하지 않은 상태에서는 Finder가 macOS의 기본 앱이기 때문에 메뉴 막대에 Finder라고 표시되고 Finder 메뉴가 표시됩니다. 다른 앱을 실행하면 어떻게 될까요? Dock에 있는 macOS의 기본 웹 브라우저인 [Safari]◉를 한 번 클릭하면 바로 Safari가 실행됩니다.

2 Safari 윈도우가 데스크탑 화면에 표시된 상태에서 메뉴 막대를 살펴보면 메뉴 바 왼쪽에 Safari라고 표시되고 메뉴 막대에 '방문 기록', '책갈피' 등 Safari와 관련된 항목이 표시됩니다. 이렇게 macOS의 메뉴 막대에는 현재 화면에 실행되어 있는 앱의 메뉴가 표시됩니다.

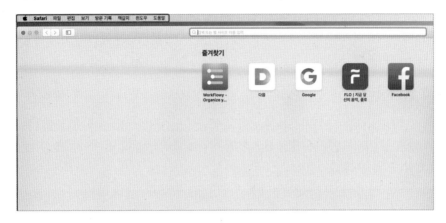

보이는 메뉴가 전부가 아닙니다

Finder 메뉴 막대에서 [파일] 메뉴를 클릭해서 메뉴를 연 후 option 키를 눌러 보세요. 기존 메뉴 외에 또 다른 메뉴가 표시됩니다. [열기]는 [열기 및 윈도우 닫기]로, [윈도우 닫기]는 [모두 닫기]로 바뀌어 표시됩니다. 모든 메뉴 항목이 다 바뀌는 것은 아니고 관련된 추가 메뉴가 있는 항목만 바뀝니다. 메뉴 막대를 사용할 때는 option 키를 눌러 추가 메뉴가 있는지 확인해 보세요. macOS를 조금 더 편리하게 사용할 수 있습니다.

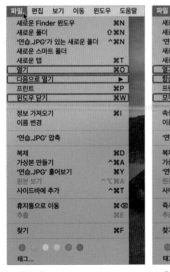

▲ 기본 메뉴

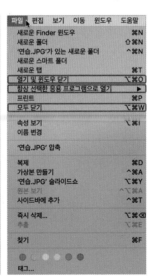

▲ 추가 메뉴

05 | 앱 실행하기

■■ 시작 화면

Windows에서는 시작 메뉴만 펼치면 모든 앱을 한눈에 볼 수 있었지만 macOS에서는 필요한 앱이 어디 있는지 찾는 것부터 쉽지 않죠? 그동안 Windows만 사용했다면 macOS의 앱 실행 방법이 조금 어려울 수 있습니다. 이번에는 macOS에서 앱을 실행하는 여러 가지 방법에 대해 알아보겠습니다.

Dock에서 앱 실행하기

macOS 화면 아래의 Dock에는 자주 사용하는 앱이 나열되어 있습니다. Dock에 있는 앱 아이콘 위로 마우스 포인터를 가져가면 작은 말풍선으로 앱 이름이 표시되고 이 앱 아이콘을 클릭하면 바로 앱을 실행할 수 있습니다.

Finder에서 앱 실행하기

Dock에 없는 앱을 찾아 실행하려면 Dock에서 [Finder]🙂를 클릭해 Finder를 실행합니다. Finder 윈도우의 사이드바에서 [응용 프로그램]을 선택하면 macOS에 설치되어 있는 응용 프로그램을 모두 확인할 수 있습니다. 이 중 원하는 앱 아이콘을 더블클릭하면 앱을 실행할 수 있습니다.

잠깐만요 ─────
응용 프로그램 폴더의 앱을 Dock에 추가하는 방법에 대해서는 42쪽을 참고하세요.

Launchpad에서 앱 실행하기

Dock에 있는 [Launchpad] 🚀를 클릭하거나 트랙패드에서 엄지손가락을 포함해 4개의 손가락을 오므리면 화면 가득 앱 목록이 펼쳐집니다. Launchpad는 macOS에 있는 모든 앱을 나열해 놓은 곳으로, 사용할 앱의 아이콘을 클릭해 앱을 실행할 수 있습니다.

잠 깐 만 요 ─────
Launchpad에 대한 자세한 설명은 66쪽을 참고하세요.

Spotlight에서 앱 실행하기

macOS의 Spotlight에서는 내 Mac에 설치된 앱이나 파일뿐만 아니라 웹, App Store 등과 관련된 항목도 모두 검색할 수 있습니다. 메뉴 막대에 있는 [Spotlight] 🔍를 클릭하거나 키보드에서 command + spacebar 키를 누르면 Spotlight가 나타납니다. 검색 상자에 '사전'이라고 입력해 보세요. 검색 결과 중 '가장 연관성 높은 항목'에 사전 앱이 표시되므로 이 항목을 클릭해서 앱을 실행할 수 있습니다.

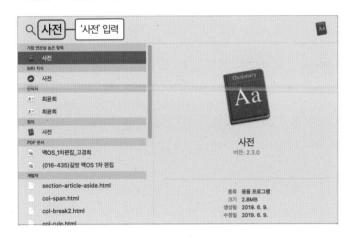

잠 깐 만 요 ─────
'사전'을 검색하면 사전 앱뿐만 아니라 온라인의 '사전' 관련 웹사이트들도 검색해 줍니다.

실행된 앱 확인하기

앱을 실행하면 Dock의 앱 아이콘 아래에 작은 점이 표시되어 어떤 앱이 실행 중인지 확인할 수 있습니다. Dock에 없던 앱을 실행하면 Dock의 두 번째 영역에 앱 아이콘이 표시되고 앱을 종료한 뒤에도 계속 표시됩니다.

06 | 앱 윈도우를 조절하는 다양한 방법

MacOS는 Windows와 다른 듯하면서도 비슷합니다. 이번엔 macOS에서 앱 윈도우를 조절하는 방법을 배워 보세요. 간단한 내용 같지만 윈도우 조절 방법만 알아도 macOS를 조금 더 편하게 사용할 수 있습니다.

Windows에서는 윈도우 조절 아이콘이 앱 윈도우 오른쪽 위에 있지만, macOS에서는 앱 윈도우 왼쪽 위에 있습니다. 빨강과 노랑, 초록 아이콘은 평소에는 아무것도 표시되어 있지 않지만 아이콘 위로 마우스 포인터를 올려 놓으면 어떤 기능인지 알 수 있습니다.

조절 아이콘으로 조절하기

앱 윈도우 조절 아이콘 중 가장 오른쪽에 있는 [최대화]◉를 클릭하거나 [전체 화면 시작]을 클릭하면 앱 윈도우가 화면에 꽉 차게 확대됩니다.

최대화 상태에서는 [최대화]◉가 [축소]◉로 바뀌어 표시됩니다. [축소]◉를 클릭하거나 [전체 화면 종료]를 클릭하면 앱 윈도우가 최대화 상태에서 기존 크기로 줄어듭니다.

> **잠 깐 만 요**
>
> 최대화 상태에서 키보드의 esc 키를 눌러도 앱 윈도우가 기존 크기로 줄어듭니다.

앱 윈도우의 [최소화]●를 클릭하면 현재 앱 윈도우가 Dock으로 빨려 들어가면서 최소화됩니다. 앱 윈도우를 다시 데스크탑 화면에 표시하려면 Dock에서 최소화한 앱 아이콘을 클릭합니다. 앱 윈도우의 [닫기]●를 클릭하면 현재 열려 있는 앱 윈도우를 닫을 수 있습니다.

원모어 딥 Mac에서 앱을 종료하는 방법

❶ 앱 완전 종료 : command + Q
❷ 앱 윈도우 닫기 : command + W
❸ Dock의 앱 아이콘을 control + 클릭하고 단축 메뉴에서 [종료] 선택하기

마우스로 조절하기

Windows와 마찬가지로 앱 윈도우의 테두리 부분을 클릭한 후 원하는 방향으로 드래그하여 윈도우 크기를 조절할 수도 있습니다.

원모어 딥 앱 윈도우 크기를 조절하는 또 다른 방법

❶ 앱 윈도우 크기 자동으로 조절하기 : 앱 윈도우 제목 표시줄 더블클릭하기
❷ 마우스 포인터가 있는 방향으로 조절하기 : 앱 윈도우 테두리 더블클릭하기

Split View로 조절하기

Windows에서는 작업 화면을 바탕화면 좌우 가장자리로 드래그하여 정렬하는 멀티태스킹 기능이 있습니다. macOS에서도 Windows의 멀티태스킹과 비슷한 기능인 Split View가 있습니다.

[최대화] 🧭 위로 마우스 포인터를 올리면 추가 명령이 표시됩니다. 이 중 [화면 왼쪽에 윈도우 배치]나 [화면 오른쪽에 윈도우 배치]를 클릭하면 앱 윈도우가 화면 절반에 분할되어 표시됩니다. 앱 윈도우가 화면의 절반에 표시된 상태에서 실행되어 있는 앱 중 나머지 절반에 표시할 앱을 선택하면 2개의 앱 윈도우를 좌우로 나란히 분할하여 배치할 수 있습니다.

화면에 정렬된 두 앱 윈도우 사이의 수직선을 클릭한 뒤 왼쪽이나 오른쪽으로 드래그하면 정렬한 앱 윈도우의 크기도 조절할 수 있습니다.

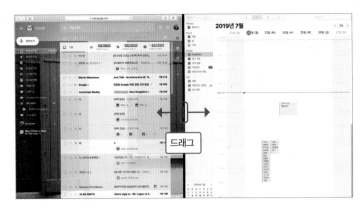

잠깐만요 ─────

Split View를 해제하려면 정렬된 두 앱 윈도우 중 하나의 [축소] 🟢를 클릭하거나 esc 키를 누르면 됩니다.

07 | Mac 정보 확인하기(이 Mac에 관하여)

🖥 시스템

Mac을 구매하기 전 신중하게 여러 가지 조건과 사양을 확인하고 구매했겠죠? 그럼 내가 신중하게 선택한 Mac의 시스템 사양은 어떻게 확인할 수 있을까요? 현재 사용 중인 Mac의 자세한 정보를 확인하는 방법에 대해 알아보겠습니다.

Mac 정보를 확인하려면 메뉴 막대에서 [🍎]-[이 Mac에 관하여]를 선택합니다.

개요 : macOS 버전과 프로세서, 메모리 등 현재 사용 중인 Mac의 정보가 요약되어 표시됩니다. 자세한 정보를 보고 싶다면 화면 상단의 탭을 클릭합니다.

디스플레이 : 화면 해상도와 그래픽 카드를 확인할 수 있습니다.

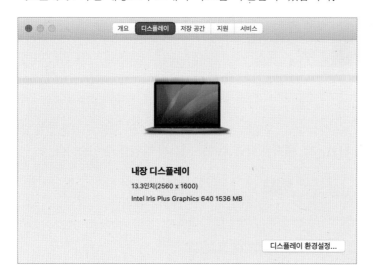

저장 공간 : 시스템에 설치된 하드 디스크의 기본 용량이 그래프로 표시됩니다. 그래프의 각 영역 위에 마우스 포인터를 올리면 자세한 정보가 표시됩니다. 연결된 외장 하드나 USB 플래시 메모리가 있다면 함께 표시됩니다.

지원 : 현재 사용 중인 macOS와 Mac 제품의 도움말이나 설명서를 확인할 수 있습니다.

서비스 : Mac 제품들은 AppleCare 서비스를 구입하면 일정 기간 무상으로 제품 수리를 받을 수 있습니다. 보증 기간이 얼마나 남았는지, 예전에 어떤 수리를 했는지 확인할 수 있습니다.

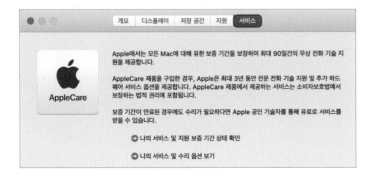

08 | Apple 키보드 살펴보기

Mac을 사용하면서 가장 먼저 부딪치는 난관은 Apple 키보드가 Windows에서 사용해 왔던 키보드와 비슷하면서도 다르다는 것입니다. MacBook이나 iMac에서 사용하는 키보드가 모두 같지는 않지만 Mac의 특징적인 키를 익혀 두면 어떤 키보드에서나 똑같이 적용할 수 있습니다. 여기에서는 일부 MacBook의 Touch Bar에 대한 내용은 제외하고 기본적인 Apple 키보드를 중심으로 설명합니다.

Apple 키보드에는 Windows의 키보드에 있던 [Alt]키나 [Ctrl]키, [Delete]키 등이 보이지 않을 것입니다. 특히 일부 Apple 키보드에는 [한/영]키나 [caps lock]키도 없습니다. 그리고 [F1]~[F12] 같은 기능 키는 기본적인 기능 외에 특수 기능이 함께 사용됩니다.

▲ Apple 키보드

잠깐만요 —————
Apple 키보드에는 숫자 키패드가 있는 키보드와 숫자 키패드가 따로 없는 키보드, 블루투스 키보드, MacBook 키보드가 있습니다. 한글 자판이 아닌 다른 언어로 된 자판의 키맵은 https://support.apple.com/ko-kr/HT201794를 참고하세요.

갑자기 키보드를 사용할 수 없을 때 응급조치법

갑자기 키보드를 사용할 수 없고 여분의 키보드도 없다면 가상 키보드를 사용할 수 있습니다. [🍎]-[시스템 환경설정]-[손쉬운 사용]을 차례로 선택한 후 왼쪽 창에서 [키보드]를 선택하고 오른쪽 창의 [손쉬운 사용 키보드] 탭에 있는 '손쉬운 사용 키보드 활성화'에 체크하면 가상 키보드가 나타납니다. 약간 불편하더라도 마우스로 키보드 기능을 사용할 수 있습니다. 한글과 영문을 전환하려면 가상 키보드의 [option](⌥)키를 클릭합니다.

기능 키에 포함된 특수 기능

Apple 키보드의 각 기능 키 [F1]~[F12]에는 작은 그림이 그려져 있습니다. 이것은 macOS의 특수 기능을 지정해 놓은 것으로 각 기능 키를 누르면 해당 기능을 즉시 적용할 수 있습니다. 만일 기능 키의 기본 기능을 사용해야 한다면 [fn]키를 누른 상태에서 기능 키를 누르면 됩니다.

잠깐만요 —————
특수 기능 키는 [command]키나 [option]키 등과 함께 사용해서 또 다른 기능을 실행하는 단축키로 사용됩니다. 단축키에 대해서는 416쪽을 참고하세요.

F1 / F2 : 화면의 밝기를 한 단계씩 밝거나 어둡게 합니다.

F3 : 현재 실행되어 있는 모든 앱 윈도우와 데스크탑 화면을 한눈에 볼 수 있는 Mission Control을 실행합니다. Mission Control에 대한 내용은 69쪽을 참고하세요.

F4 : macOS에 설치된 앱을 한 번에 확인할 수 있는 Launchpad를 실행합니다. Launchpad의 자세한 설명은 66쪽을 참고하세요.

F5 / F6 : 키보드 백라이트의 밝기를 한 단계씩 밝거나 어둡게 합니다.

잠깐만요 ──────────────────────────────────

주변이 너무 밝거나 시스템 설정에서 밝기를 자동으로 지정하도록 설정되어 있을 경우 F5 키나 F6 키를 눌러 키보드 백라이트의 밝기를 조절할 수 없습니다. 키보드 설정에 대한 내용은 414쪽을 참고하세요.

F7 / F9 : 재생 중인 멀티미디어를 뒤로 감거나 이전 트랙이나 다음 트랙을 재생합니다.

F8 : 재생 중인 멀티미디어를 일시정지하거나 재생합니다.

F10 : 음소거합니다.

F11 / F12 : 음량을 한 단계씩 높이거나 낮춥니다.

macOS의 단축키 조합을 위한 키 (command ⌘ / shift ⇧ / option ⌥ / control ⌃)

Windows에서 Shift 키나 Ctrl 키, Alt 키를 사용해서 여러 가지 단축키를 만들듯이 Mac에서는 control 키와 option 키, command 키, shift 키를 사용해 단축키를 만들 수 있습니다. 이 키들은 단축키를 표시할 때 종종 기호로 표시되기 때문에 기호도 기억해 두는 것이 좋습니다. 각각의 키 위에도 기호가 표시되어 있으니 자주 사용하다 보면 곧 기억하게 될 것입니다. 만약 Mac에 Windows 키보드를 연결해서 사용한다면, command 키 대신 windows 키를, option 키 대신 Alt 키를 사용합니다.

한/영 전환

Apple 키보드에서는 caps lock 키로 한글과 영문을 전환할 수 있습니다. caps lock 키를 누를 때마다 한글과 영문으로 바뀌고, 1~2초 정도 눌러 caps lock 키가 점등되면 영문 입력 시 대문자로 고정되는 caps lock 키로 동작합니다. control + spacebar 키를 눌러서 한글과 영문을 전환할 수도 있습니다.

delete 키가 없어요

키패드가 있는 Apple 키보드에는 delete 키가 있지만 키패드가 없는 키보드에는 delete 키가 없습니다. 만일 delete 키처럼 문자열 커서 바로 뒤에 있는 글자를 지우고 싶다면 fn + backspace 키를 누르면 됩니다.

원모어 딩 backspace 키의 다양한 사용법

backspace : 커서 바로 앞의 글자 지우기

fn + backspace : Windows의 Delete 키와 같이 커서 바로 뒤의 글자 지우기

control + backspace : 커서 앞의 글자를 자음과 모음 단위로 삭제

option + backspace : 커서 앞의 글자를 한 단어씩 지우기

fn + option + backspace : 커서 다음의 글자를 한 단어씩 지우기

command + backspace : 커서 앞의 글자부터 커서가 있는 줄의 맨 앞까지 한꺼번에 지우기

09 | 트랙패드 사용법

트랙패드가 포함된 Mac을 구입했다면 트랙패드에서 제스처를 사용해서 macOS의 다양한 기능을 좀 더 쉽게 사용할 수 있습니다.

트랙패드를 사용하면 마우스의 클릭, 오른쪽 버튼 클릭, 휠 이동 등의 기능은 물론, 다양한 제스처를 사용해 앱이나 macOS의 기능을 편리하게 활용할 수 있습니다. 트랙패드 사용이 익숙해진다면 마우스 없이도 macOS를 제어할 수 있습니다. 트랙패드의 다양한 사용법과 설정은 [🍎]-[시스템 환경설정]-[트랙패드]에서 확인학 수 있습니다.

포인트 및 클릭

[포인트 및 클릭] 탭을 클릭하면 트랙패드를 사용하여 클릭하는 방법이나 마우스 포인터에 대한 설정 등을 확인할 수 있습니다. 트랙패드를 한 손가락으로 탭하거나 클릭하면 마우스 왼쪽 버튼을 클릭하는 것과 같습니다. 탭은 트랙패드를 터치하듯이 두드리는 것이고 클릭은 트랙패드를 꾹 누르는 것입니다. 탭이나 클릭 중 어떤 방법을 사용해도 동작은 같습니다. 트랙패드를 두 손가락으로 클릭하면 마우스 오른쪽 버튼을 클릭한 것처럼 단축 메뉴를 표시할 수 있습니다. '클릭' 슬라이드 막대를 움직여 트랙패드의 터치 강도를 조절할 수 있고, '이동 속도' 슬라이드 막대를 움직여 포인터의 이동 속도를 조절할 수도 있습니다.

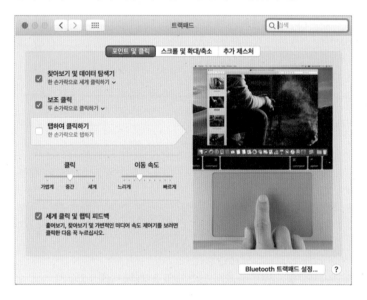

원모어 띵 **트랙패드로 마우스 오른쪽 버튼 클릭하는 방법**

❶ control + 클릭하기   ❷ 트랙패드를 두 손가락으로 탭하기

이 외에도 [포인트 및 클릭] 탭의 '보조 클릭' 항목에서 설정을 변경하면 트랙패드의 왼쪽이나 오른쪽 모서리를 클릭해 마우스 오른쪽 버튼을 클릭하는 동작으로 사용할 수 있습니다.

스크롤 및 확대/축소

[스크롤 및 확대/축소] 탭에서는 트랙패드를 사용해 화면을 스크롤하고 확대/축소하는 방법을 확인하고 설정을 변경할 수 있습니다. Finder 윈도우나 웹 브라우저를 사용할 때 트랙패드를 두 손가락으로 쓸어올리거나 쓸어내리면 마우스의 휠 스크롤을 대신할 수 있습니다. 또한 사진을 볼 때 트랙패드를 두 손가락으로 오므리거나 펼치면 사진을 확대/축소할 수 있습니다.

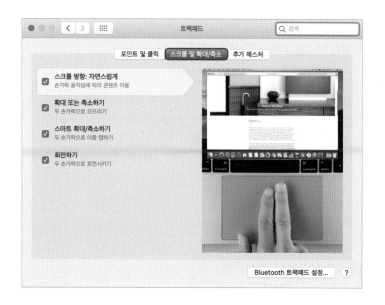

추가 제스처

[추가 제스처] 탭에서는 트랙패드에 제스처를 사용하는 다양한 방법을 확인하고 설정을 변경할 수 있습니다. 웹 브라우저에서 두 손가락을 좌우로 움직여 이전 화면이나 다음 화면으로 간단히 이동할 수 있습니다. 또한 엄지손가락을 포함해서 세 손가락을 오므리거나 펼쳐서 Launchpad 를 표시하거나 데스크탑 화면을 표시할 수도 있죠.

전문가의 조언 마우스도, 트랙패드도 없을 때 Dock에서 앱 실행하기

트랙패드가 고장이 났거나 마우스도 미처 준비하지 못한 상태에서 키보드만 사용해 Dock에 있는 앱을 실행할 수 있습니다. 키보드로 Dock에 있는 앱에 접근하려면 control + F3 키를 누릅니다. MacBook이라면 control + fn + F3 키를 눌러야겠죠? control + F3 키를 누르면 Dock의 첫 번째 앱 아이콘인 Finder가 선택됩니다. 이 상태에서 키보드의 좌우 방향키를 눌러 실행하려는 앱 아이콘을 선택한 후 return 키를 누르면 앱을 실행할 수 있습니다.

---

10 | Dock에 앱 아이콘 추가 및 제거하기

🪟 작업표시줄

Dock에 앱 아이콘이 있으면 손쉽게 앱을 실행할 수 있기 때문에 자주 사용하는 앱이라면 Dock에 추가해 놓는 것이 편리합니다. 그리고 macOS에서 기본적으로 Dock에 추가해 놓았던 앱 아이콘도 자주 사용하지 않는다면 Dock에서 제거할 수 있습니다.

앱 아이콘을 드래그해서 Dock에 추가하기

Dock에 없는 앱을 실행하려면 [Finder]–[응용 프로그램]으로 이동한 뒤 원하는 앱을 더블클릭해야 합니다. 하지만 자주 사용하는 앱이라면 Finder 윈도우에서 앱 아이콘을 클릭한 후 Dock의 원하는 위치로 드래그하여 추가할 수 있습니다. 아래 그림은 [응용 프로그램]에 있는 스티커 앱을 Dock에 추가하는 것입니다.

잠깐만요
Launchpad에서 원하는 앱 아이콘을 Dock으로 드래그해도 Dock에 추가할 수 있습니다.

현재 실행 중인 앱을 Dock에 추가하기

Dock에 없는 앱이더라도 앱을 실행하면 Dock의 두 번째 영역에 앱 아이콘이 표시됩니다. Dock의 두 번째 영역에 있는 앱 아이콘을 control +클릭한 후 단축 메뉴에서 [옵션]-[Dock에 유지]를 선택하면 첫 번째 영역의 끝부분에 추가됩니다.

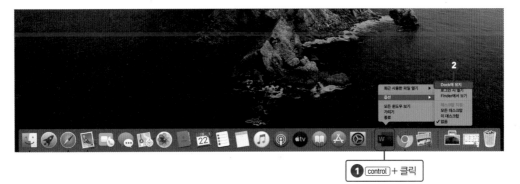

Dock에서 앱 제거하기

Dock의 공간은 제한적이기 때문에 Dock에 추가한 앱 아이콘이 많아질수록 앱 아이콘은 작게 표시됩니다. 그래서 Dock에서 자주 사용하지 않는 앱 아이콘이 있다면 제거해서 공간을 확보하는 게 좋겠죠. 물론 Dock에서 제거한다고 해서 앱이 사라지는 것은 아니니 안심하세요.
Dock에서 제거할 앱 아이콘을 control +클릭한 후 [옵션]-[Dock에서 제거]를 선택하면 해당 앱 아이콘이 Dock에서 사라집니다.

잠 깐 만 요

Dock에서 삭제할 앱 아이콘을 클릭하고 Dock 밖으로 드래그한 뒤 잠시 기다리면 '제거'라는 말풍선이 표시됩니다. 말풍선을 확인한 뒤 손을 떼면 해당 앱 아이콘이 Dock에서 제거됩니다. 기본 앱인 Finder와 휴지통은 제거할 수 없습니다.

Dock의 두 번째 영역에는 최근에 사용한 앱이 표시됩니다. 종료했던 앱을 곧 다시 실행한다면 편리하지만 자주 사용하지 않는 앱이 표시되면 불편하죠. 이번에는 Dock의 두 번째 영역인 최근 사용 앱 영역을 없애는 방법을 알아봅니다.

1 [🍎]-[시스템 환경설정]-[Dock]을 차례로 선택합니다.

2 가장 마지막에 있는 'Dock에서 최근 사용한 응용 프로그램 보기'의 체크를 해제하고 환경설정 윈도우를 닫습니다.

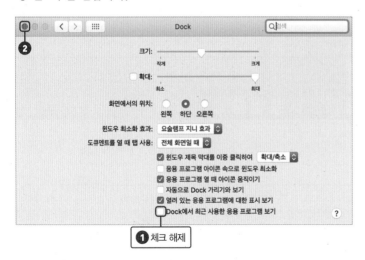

❶ 체크 해제

3 Dock에 최근 사용한 앱 영역이 표시되지 않습니다.

▲ 변경 전

▲ 변경 후

I2 | Dock에서 단축 메뉴 사용하기

■ 작업표시줄

Dock에 있는 앱의 단축 메뉴를 사용하면 macOS를 더 편리하게 사용할 수 있습니다. 이번에는 Dock에서 앱의 단축 메뉴를 사용하는 방법을 알아보겠습니다.

단축 메뉴 열기

control 키를 누른 상태에서 Dock의 앱 아이콘을 클릭하면 해당 앱의 단축 메뉴가 표시됩니다. control 키를 누른 상태로 [Finder] 를 클릭하면 Finder의 단축 메뉴가 표시됩니다.

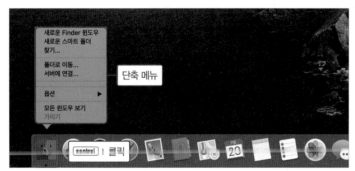

▲ Finder의 단축 메뉴

잠 깐 만 요 ─────────────────────────────

Dock의 앱 아이콘을 트랙패드에서 두 손가락으로 클릭해도 단축 메뉴를 표시할 수 있습니다. 앱 아이콘을 마우스 오른쪽 버튼을 클릭해도 됩니다.

앱마다 다른 단축 메뉴

단축 메뉴는 앱이 실행 중일 때와 실행 중이지 않을 때 다르게 표시됩니다. 예를 들어, Safari를 실행하지 않은 상태에서는 단축 메뉴를 표시하면 기본 명령만 표시되지만 Safari를 실행 중일 때 단축 메뉴를 표시하면 현재 열려 있는 윈도우 목록과 개인 정보 보호 윈도우를 열 수 있는 다양한 명령이 표시됩니다.

▲ Safari를 실행하지 않을 때 단축 메뉴

▲ Safari를 실행 중일 때 단축 메뉴

또한 각각의 앱은 기능이 다르기 때문에 Dock에 표시되는 단축 메뉴도 서로 다릅니다. 예를 들어, Safari의 단축 메뉴에는 [새로운 윈도우]나 [새로운 개인 정보 보호 윈도우]를 열기 위한 명령이 표시되지만 FaceTime의 단축 메뉴에는 최근 통화와 관련된 명령들이 표시됩니다.

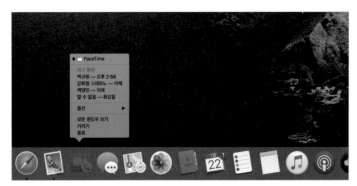

▲ FaceTime을 실행 중일 때 단축 메뉴

앱 윈도우 여러 개 열기

앱을 사용하다 보면 현재 앱 윈도우는 그대로 둔 채 새로운 앱 윈도우를 열어야 할 경우가 있습니다. 이때 단축 메뉴에서 새로운 윈도우를 열 수 있습니다. 예를 들어, 2개의 Finder 윈도우가 필요하다면 Finder 윈도우가 열려 있는 상태에서 Dock의 [Finder] 의 단축 메뉴를 열고 [새로운 Finder 윈도우]를 선택하면 새로운 Finder 윈도우를 열 수 있습니다.

또한 단축 메뉴를 사용하면 실행되어 있는 여러 개의 앱 윈도우 중 원하는 앱 윈도우를 쉽게 선택할 수도 있습니다. 여러 개의 Finder 윈도우가 열려 있는 상태에서 Dock의 Finder 단축 메뉴를 확인하면 지금 열려 있는 Finder 윈도우의 제목이 표시됩니다. 제목 중 원하는 Finder 제목을 선택하면 여러 개의 Finder 윈도우 중 원하는 윈도우가 선택됩니다.

잠 | 깐 | 만 | 요 ──────────────────────────────
단축 메뉴의 윈도우 제목 앞의 다이아몬드 표시는 앱이 실행된 상태에서 앱 윈도우가 최소화되어 있다는 뜻입니다.

나에게 맞는
작업 환경 만들기

macOS의 기본적인 사용법을 익혔다면 이제는 나에게 맞는 작업 환경을 만들어 보겠습니다. macOS의 기본 환경설정을 그대로 사용해도 되지만 자주 사용하는 파일이나 폴더를 Dock에 추가하거나, 눈에 피곤하지 않은 배경으로 바꾸는 등 나만의 작업 환경을 만들면 조금 더 편리하게 macOS을 사용할 수 있겠죠?

01 | 데스크탑 배경 화면 바꾸기

개인 설정

macOS Catalina 버전의 기본 배경 화면은 그 이름에 걸맞게 카탈리나 섬입니다. 이번에는 macOS에서 기본으로 제공하는 사진이나 Mac에 저장해 둔 사진을 배경 화면으로 지정하는 방법에 대해 알아보겠습니다.

카탈리나 사진 사용하기

1 데스크탑 화면을 control+클릭하거나, 트랙패드를 두 손가락으로 탭한 후 [데스크탑 배경 변경]을 선택합니다.

잠 깐 만 요 ──────
[🍎]-[시스템 환경설정]-[데스크탑 및 화면 보호기]를 차례로 선택해도 됩니다.

2 데스크탑 및 화면 보호기 윈도우의 왼쪽 창에는 [데스크탑 사진]이 선택되어 있습니다. 기본적으로 카탈리나 섬이 표시되는데 [다이내믹]을 선택하면 시간에 따라 달라지는 배경 화면을 보여 줍니다.

3 '다이내믹'을 클릭하면 다음의 옵션 중 하나를 선택할 수 있습니다.

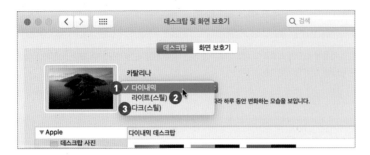

① **다이내믹** : 시간의 변화에 따라 달라지는 카탈리나 섬의 모습이 표시됩니다. 기본적으로 이 옵션이 선택되어 있습니다.

② **라이트(스틸)** : 카탈리나 섬의 밝은 모습이 담긴 스틸 사진이 표시됩니다.

③ **다크(스틸)** : 카탈리나 섬의 어두운 모습이 담긴 스틸 사진이 표시됩니다.

스틸 사진 사용하기

한 장짜리 스틸 사진으로도 데스크탑 배경 화면을 채울 수도 있습니다. 오른쪽의 '데스크탑 사진'에 있는 사진 중 원하는 사진을 선택하면 선택한 사진이 바로 배경 화면에 적용되어 표시됩니다. '데스크탑 사진' 항목에 있는 사진은 시간의 흐름과 상관없이 똑같은 화면이 표시됩니다.

내 사진으로 배경 화면 바꾸기

1 macOS의 기본 사진이 아닌 Mac에 저장해 둔 내 사진으로도 배경 화면을 바꿀 수 있습니다. 배경 화면으로 사용할 사진을 데스크탑 및 화면 보호기 윈도우에 추가하기 위해 왼쪽 창 아래에 있는 [+]를 클릭합니다.

2 Finder 윈도우에서 배경 화면으로 사용할 사진이 저장되어 있는 폴더를 선택한 후 [선택]을 클릭합니다. 여기에서는 'photo'라는 폴더를 선택했습니다.

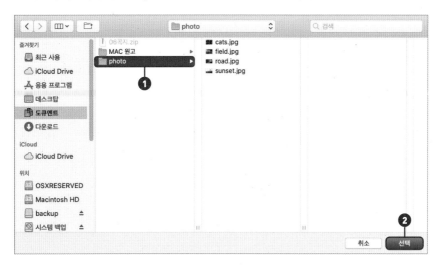

잠 깐 만 요
iPhone이나 iPad에 있는 사진을 Mac으로 옮기는 방법은 100쪽을 참고하세요.

3 데스크탑 및 화면 보호기 윈도우에 추가한 폴더는 왼쪽 창의 '폴더' 항목 아래에 표시됩니다. 추가한 폴더에서 원하는 사진을 클릭하면 즉시 데스크탑에 배경 화면으로 적용됩니다.

4 배경 화면을 사용할 사진의 크기가 데스크탑 화면보다 작을 경우 데스크탑 및 화면 보호기 윈도우의 '화면 채우기' 목록을 펼친 후 원하는 옵션을 선택해 배경 화면에 사용할 사진의 표시 방법을 선택할 수 있습니다.

❶ 화면 채우기 : 사진의 가로, 세로 비율을 유지하면서 화면에 가득 채웁니다.

❷ 화면에 맞추기 : 원래 사진의 가로나 세로의 크기가 화면에 가득찰 때까지 사진을 채웁니다.

❸ 전체 화면으로 펼치기 : 사진의 가로, 세로 비율과 상관없이 사진을 화면에 가득 채웁니다. 원래 사진보다 가로나 세로가 길어질 수 있습니다.

❹ 중앙 정렬 : 원래 사진 크기대로 화면 중앙에 표시합니다.

❺ 타일 : 크기가 작은 사진의 경우, 작은 사진을 타일과 같이 반복하여 화면에 채웁니다.

02 | 블루 라이트를 줄이는 Night Shift 설정하기

야간 모드

어두운 곳에서 밝은 컴퓨터 화면을 보고 있으면 눈이 쉽게 피로해지곤 하죠. 컴퓨터 화면에서 방출되는 블루 라이트는 수면에 방해가 되기도 하는데 macOS에는 화면을 좀 더 따뜻한 색감으로 바꾸어 블루 라이트를 줄여 주는 Night Shift 기능이 있습니다.

Night Shift 설정하기

Night Shift 기능은 필요할 때마다 쉽게 켰다 끌 수 있습니다. 두 손가락으로 트랙패드의 오른쪽 밖에서 안으로 쓸어넘기면 화면 오른쪽에 알림 센터가 표시됩니다. 알림 센터 맨 위에 'NIGHT SHIFT' 항목을 클릭해서 [켬]으로 바꿔 보세요. 화면이 노란색이 더해진 부드러운 색감으로 바뀝니다.

클릭

잠 깐 만 요
알림 센터에 'NIGHT SHIFT' 항목이 보이지 않는다면 알림 센터 안에 마우스 포인터를 두고 아래로 드래그하세요.

Night Shift 자동 설정하기

1 매번 Night Shift를 껐다 켜는 것이 번거롭다면 일정한 시간에 켜지거나 꺼지도록 예약할 수 있습니다. [🍎]–[시스템 환경설정]–[디스플레이]를 차례로 선택합니다.

2 디스플레이 윈도우의 [Night Shift] 탭을 클릭한 후 '시간 예약' 항목을 펼치고 [일몰부터 일출까지]를 선택하면 자동으로 사용자의 위치를 기준으로 일몰 후에 Night Shift가 켜지고, 일출 후에는 Night Shift가 꺼집니다.

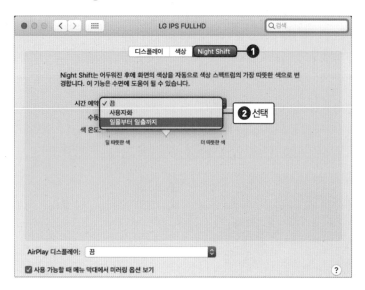

3 사용자 위치의 일몰과 일출 시간을 확인하려면 Mac이 사용자의 위치를 알고 있어야겠죠? 아직 사용자 위치가 설정되지 않았다면 다음과 같은 경고 상자가 표시됩니다. [개인 정보 보호 환경설정]을 클릭하세요.

4 '보안 및 개인 정보 보호'를 설정하지 않으면 다음 확인 창에서 아무 항목도 선택할 수 없습니다. 우선 [완료]를 클릭해서 일단 닫아 두세요.

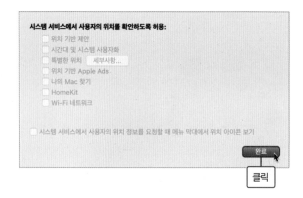

5 보안 및 개인 정보 보호 윈도우의 왼쪽 아래에 있는 자물쇠 모양 아이콘(🔒)을 클릭한 후 사용자 계정의 암호를 입력하고 [잠금 해제]를 클릭합니다.

6 '위치 서비스 활성화'에 체크한 후 이전 화면으로 돌아가기 위해 [ᐸ] 버튼을 클릭합니다.

7 이전 윈노우로 돌아오면 '시간 예약' 항목에 [일몰부터 일출까지]가 선택되어 있습니다. 이제 macOS가 사용자의 위치 정보를 확인하여 일출과 일몰 시간에 맞춰 Night Shift가 켜지고 꺼집니다.

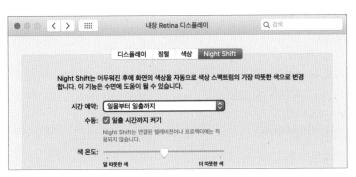

03 | 다크 모드 설정하기

다크 모드는 Mac의 데스크탑 및 내장 앱 등을 어둡게 처리해서 사용자가 콘텐츠에 집중할 수 있도록 합니다. 집중하여 화면을 오래 봐야 할 경우 다크 모드로 설정해 집중도를 높이고 눈의 피로도 줄일 수 있습니다.

1 [🍎]-[시스템 환경설정]-[일반]을 차례로 선택합니다.

2 macOS의 기본 화면 모드인 라이트 모드는 윈도우 색이나 Mac 내장 앱을 밝은 회색으로 표시합니다. 화면 모드를 다크 모드로 바꾸려면 맨 위에 있는 '화면 모드' 항목에서 [다크 모드]를 클릭합니다.

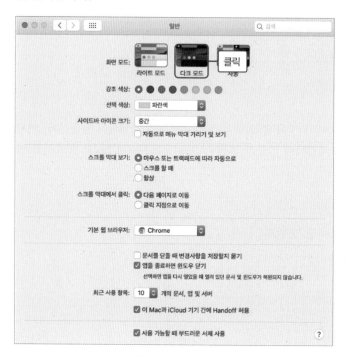

3 [다크 모드]를 클릭하면 바로 윈도우 색상이 어둡게 바뀝니다. 다크 모드를 적용한 뒤 일반 윈도우 왼쪽 위에 있는 [닫기]⊗를 클릭하세요.

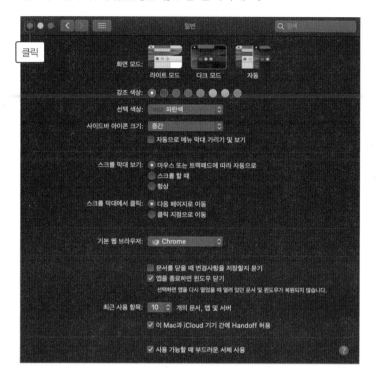

잠 깐 만 요 ─────────
'강조 색상'이나 '선택 색상' 항목을 조절해서 다크 모드에 표시되는 색상들을 바꿀 수 있습니다.

4 Dock에서 [Safari]⊗를 클릭해 Safari를 실행해 보세요. Safari 윈도우에도 다크 모드가 적용된 것을 확인할 수 있습니다.

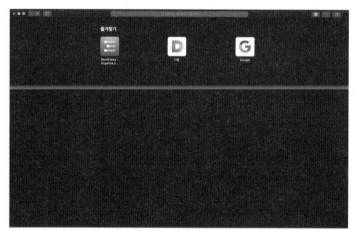

▲ 다크 모드가 적용된 Safari 윈도우

잠 깐 만 요 ─────────
다크 모드는 macOS의 메뉴와 윈도우, 기본 앱에만 적용됩니다.

PART 2

본격적으로 macOS 사용하기

앱을 실행하거나 폴더와 파일을 관리하는 것은 Windows와 macOS가 크게 다르지 않기 때문에 조금만 사용해 보면 금방 적응할 수 있습니다. 이제부터는 본격적으로 macOS에만 있는 앱과 기능의 사용법을 알아보겠습니다. 기본적인 사용법과 함께 몇 가지 팁을 알고 나면 조금 더 편리하게 macOS를 사용할 수 있겠죠?

macOS
Catalina

Mac을 Mac답게
만드는 기능들

Launchpad를 사용하면 macOS에 설치된 앱을 쉽고 빠르게 실행할 수 있습니다. 동시에 많은 작업을 한다면 Mission Control을 사용해 보세요. Spotlight를 사용하면 원하는 것이 무엇이라도 빠르게 찾을 수 있습니다. 앱을 설치하고 삭제하는 방법까지 알아 두면 macOS를 한결 편하게 사용할 수 있습니다.

01 | Mac에 앱 설치 및 삭제하기

macOS의 기본 앱 외에도 App Store에서 새로운 앱을 설치할 수 있습니다. 꼭 App Store가 아니더라도 다양한 웹사이트에서도 앱을 다운로드해서 설치할 수 있죠. 물론 사용하지 않는 앱을 삭제할 수도 있습니다. macOS에 앱을 설치하거나 삭제할 때는 사용자 계정과 비밀번호가 필요합니다.

App Store 살펴보기

App Store는 iPhone이나 iPad는 물론 Mac 등 다양한 Apple 기기의 유료/무료 앱을 쉽게 다운로드할 수 있는 온라인 스토어입니다. App Store에 등록되어 있는 앱은 Apple에서 검증을 거쳐 등록되기 때문에 안전하게 다운로드하고 설치할 수 있습니다.

Dock에서 [App Store]를 클릭하면 App Store에 접속할 수 있습니다. 첫 화면에는 분야별로 추천 앱이 표시됩니다.

사이드바에서 [창작]이나 [업무], [개발] 등의 항목을 선택하면 선택한 항목과 관련된 앱을 모아 보여 줍니다. 사이드바에서 [카테고리]를 선택하여 원하는 카테고리를 직접 선택할 수도 있습니다.

사이드바에서 원하는 항목을 선택하면 오른쪽 창에 선택한 항목과 관련된 앱이 표시됩니다. 화면 좌우의 화살표를 클릭하면 더 많은 앱을 살펴볼 수 있습니다.

App Store 윈도우에는 앱이 유료인지, 무료인지 혹은 이미 전에 다운로드한 앱인지를 알려 주는 여러 가지 아이콘이 함께 표시됩니다.

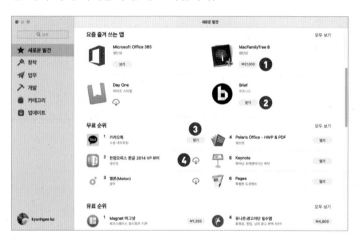

① ₩37,000 : 유료 앱의 경우 앱 아이콘 옆에 가격이 표시됩니다. 가격이 표시된 버튼을 클릭하면 선택한 유료 앱을 구매할지를 묻는 상자가 표시됩니다. [앱 구입]을 클릭하면 가격이 표시된 버튼이 [설치]로 바뀌고 앱을 다운로드할 수 있습니다.

② 받기 : 무료 앱일 경우 앱 아이콘 옆에 [받기]가 표시됩니다. [받기]를 클릭하면 앱을 다운로드할 수 있습니다.

③ 열기 : 이미 macOS에 설치된 앱일 경우 [열기]가 표시됩니다. [열기]를 클릭하면 바로 설치된 앱이 실행됩니다.

④ ⌄ : macOS에 설치했다가 삭제한 앱에는 구름 아이콘이 표시됩니다. 구름 아이콘이 표시된 앱은 사용자 인증을 하지 않고도 다운로드할 수 있습니다.

App Store에서 앱 설치하기

App Store에는 다양한 앱이 등록되어 있기 때문에 카테고리에서 필요한 앱을 찾는 것이 번거로울 수 있습니다. 이럴 땐 App Store 윈도우의 검색 상자에 앱 이름이나 카테고리를 입력해 필요한 앱을 직접 찾을 수도 있습니다.

원하는 앱을 설치하려면 [받기]를 클릭합니다. [받기]를 클릭하면 [받기]가 [설치]로 바뀌고 다시 [설치]를 클릭합니다.

잠 깐 만 요
App Store 윈도우에서 앱 아이콘이나 앱 이름을 클릭하면 앱에 대한 자세한 내용을 확인할 수 있습니다.

사용자 계정의 암호를 입력하면 하면 앱 설치가 시작됩니다. 설치가 완료되면 [받기]가 [열기]로 바뀝니다. [열기]를 클릭해서 앱을 즉시 실행할 수도 있고, App Store 윈도우를 닫고 Finder의 '응용 프로그램' 폴더나 Launchpad에서 앱을 실행할 수도 있습니다.

잠 깐 만 요
무료 앱을 다운로드하는데 결제 정보를 요구하는 경우 정확한 결제 정보를 입력하면 됩니다. 이것은 결제 정보를 확인하는 과정으로, 확인 과정에서 결제된 금액은 따로 환불 처리됩니다.

웹사이트에서 앱 다운로드해서 설치하기

iPhone이나 iPad의 경우에는 App Store에 있는 앱만 설치할 수 있지만 Mac에서는 App Store뿐만 아니라 웹사이트에서 제공하는 앱을 설치할 수도 있습니다. 웹사이트에 등록된 앱을 설치하려면 설치 파일을 다운로드하고 직접 설치해야 합니다.

웹사이트에서 다운로드한 설치 파일은 여러 가지 방법으로 앱을 설치합니다. macOS 설치 파일로 가장 많이 사용하는 것이 디스크 이미지 파일인 .dmg 파일인데, 이 파일을 실행하면 앱 아이콘과 'Applications' 폴더 아이콘이 표시됩니다. 이 경우에는 앱 아이콘을 클릭해서 'Applications' 폴더로 드래그하면 설치가 진행됩니다.

잠 깐 만 요
확장자가 표시되지 않는 파일의 확장자를 표시하려면 Finder 메뉴 막대에서 [Finder]-[환경설정]을 선택한 뒤 [고급] 탭에서 [모든 파일 확장자 보기]에 체크하면 됩니다.

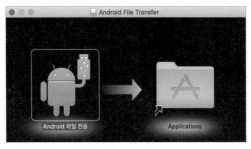

▲ 설치 화면

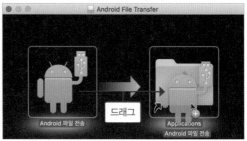

▲ .dmg 파일을 드래그

.pkg 파일은 Windows와 같은 설치 과정을 따로 제공합니다. 이 경우에는 화면에서 지시하는 대로 따라 하면 손쉽게 앱을 설치할 수 있습니다.

잠깐만요

설치 과정이 끝나면 다운로드했던 설치 파일을 삭제할 것인지 묻는 상자가 나타나는데 불필요한 설치 파일이 남지 않도록 [휴지통으로 이동]을 클릭해 설치 파일을 삭제하는 것이 좋습니다.

보안 설정 변경하기

만약 웹사이트에서 다운로드한 앱이나 앱 설치 파일을 실행할 수 없는 경우 macOS의 보안 설정을 변경해야 합니다. macOS의 보안 설정을 변경하려면 [ ]-[시스템 환경설정]-[보안 및 개인 정보 보호]를 선택한 후 [일반] 탭에서 설정을 변경하기 위해 ⬛를 클릭하고 암호를 입력합니다. '다음에서 다운로드한 앱 허용'에서 'App Store' 항목을 선택하면 App Store에서 다운로드한 앱만 허용합니다. 'App Store 및 확인된 개발자' 항목을 선택하면 App Store뿐만 아니라 웹사이트에서 다운로드한 앱을 허용합니다. 설정을 변경했다면 다시 ⬛를 클릭하면 됩니다.

앱 삭제하기

Windows에서는 제어판에서 앱을 삭제했지만 macOS에는 따로 앱을 삭제하는 메뉴가 없습니다. macOS에는 삭제할 앱 아이콘을 휴지통으로 이동하는 것만으로 앱이 삭제됩니다. Launchpad에서 앱을 삭제하려면 Launchpad를 열고 option 키를 누르거나 앱 아이콘을 3초간 클릭하면 앱 아이콘 위로 삭제 아이콘(⊗)이 표시됩니다. 삭제 아이콘을 클릭해서 앱을 삭제합니다.

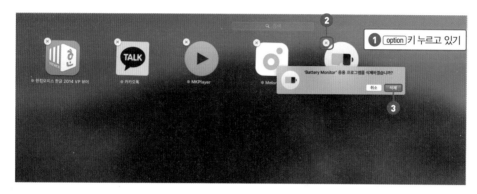

Launchpad에서 앱에 삭제 아이콘이 표시되지 않는 경우 '응용 프로그램' 폴더에서 삭제할 앱 아이콘을 클릭해 Dock에 있는 휴지통으로 드래그해서 삭제합니다. 앱 아이콘을 선택한 뒤 command + backspace 키를 눌러도 앱을 삭제할 수 있습니다.

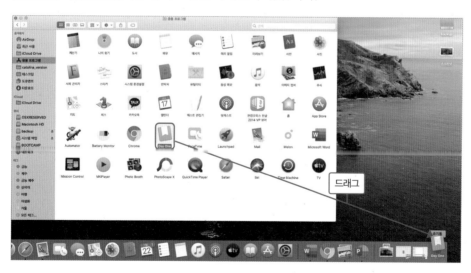

'응용 프로그램' 폴더에서 앱을 삭제하면 사용자 계정의 암호를 묻는 상자가 표시됩니다. 암호를 입력하고 [확인]을 클릭하면 앱 삭제가 완료됩니다.

잠 깐 만 요 ─

휴지통으로 앱 아이콘을 이동한 뒤 휴지통을 비워야 앱이 완전히 삭제됩니다. 휴지통으로 이동한 앱의 삭제를 취소하려면 휴지통에서 복구할 앱 아이콘을 선택한 뒤 단축 메뉴를 열고 [되돌려 놓기]를 선택하면 됩니다.

일반적인 방법으로 삭제할 수 없는 앱 삭제하기

Launchpad나 '응용 프로그램' 폴더의 앱 아이콘을 휴지통으로 옮겨 앱을 삭제할 수 없는 경우 앱 삭제 도구 (Uninstaller)로 앱을 삭제할 수 있습니다. 앱 삭제 도구는 Spotlight에 앱 이름으로 검색하면 쉽게 찾을 수 있습니다. Spotlight의 검색 결과에서 바로 앱 삭제 도구를 선택하거나 검색한 앱 아이콘을 command + 더블클릭하면 이동할 수 있는 앱 저장 폴더에서 앱 삭제 도구를 실행할 수 있습니다.

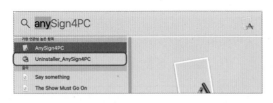 

앱 삭제 도구를 실행하면 정말로 앱을 삭제할 것인지를 묻는 상자에서 [삭제]나 [확인]을 클릭하면 앱을 삭제합니다. 앱 삭제 도구를 실행했을 때 표시되는 화면은 앱마다 다르니 기본적인 방법만 알아 두면 됩니다.

02 | 앱을 찾고 정리하는 Launchpad

🪟 시작 화면

Launchpad는 macOS에 설치된 앱을 한 화면에 모아서 보여 주는 공간입니다. Dock에 표시되지 않은 앱은 Launchpad에서 찾아서 실행할 수 있습니다.

Dock의 [Launchpad] 🚀 를 클릭하면 Launchpad가 표시됩니다. Launchpad를 닫으려면 Launchpad의 빈 공간을 클릭하거나 esc 키를 누르면 됩니다. Launchpad에 있는 앱 아이콘을 클릭하면 즉시 앱을 실행할 수 있습니다.

원모어 띵! Launchpad를 실행하는 또 다른 방법

❶ 트랙패드에서 네 손가락으로 오므리기

❷ F4 키

Launchpad에는 macOS에 설치된 모든 앱이 표시됩니다. 만약 설치된 앱이 많다면 Launchpad가 여러 개의 페이지로 구성되고 Launchpad 화면 아래 점으로 페이지가 표시됩니다. 다른 페이지를 선택하려면 두 손가락으로 트랙패드를 좌우로 쓸어넘기거나 화면 아래의 점을 클릭해 페이지 사이를 이동할 수 있습니다.

> **잠 | 깐 | 만 | 요** ─────
> Launchpad 위에 있는 검색 상자에서
> 앱 이름을 검색하면 원하는 앱을 빠르
> 게 선택할 수 있습니다.

03 | Launchpad 화면 구성하기

🔳 시작 화면

Launchpad에 표시되는 많은 앱 중 자주 사용하는 앱을 빠르게 실행하기 위해 앱 아이콘의 위치를 원하는 곳으로 옮길 수도 있고 또 관련 있는 여러 앱을 그룹으로 묶어 한 화면에 여러 개의 앱 아이콘을 표시할 수도 있습니다.

앱 아이콘 위치 옮기기

설치한 앱이 많아서 Launchpad가 여러 페이지로 구성되어 있다면 자주 쓰는 앱 아이콘을 Launchpad 첫 페이지의 선택하기 좋은 위치로 옮길 수도 있습니다. 앱 아이콘의 위치를 옮기려면 원하는 앱 아이콘을 클릭한 후 같은 페이지 혹은 다른 페이지에서 옮기려는 위치의 앱과 앱 사이로 드래그하면 됩니다.

앱 그룹으로 묶기

여러 앱을 그룹으로 묶을 수도 있습니다. 하나의 앱 아이콘을 다른 앱 아이콘 위로 드래그하면 여러 개의 앱을 하나의 그룹으로 묶을 수 있습니다. 그룹이 만들어지면 자동으로 그룹 이름을 붙여집니다. 그룹 이름을 변경하고 싶다면 앱 그룹을 열어 놓은 상태에서 그룹 이름 부분을 클릭하고 원하는 이름을 입력합니다.

 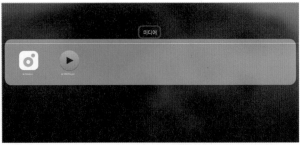

잠 깐 만 요 ─────────────────────────────
다른 앱을 그룹에 추가하고 싶다면 추가할 앱 아이콘을 앱 그룹 아이콘 위로 드래그하면 됩니다.

앱 그룹 해제하기

앱 그룹에서 제거하고 싶은 앱이 있다면 앱 그룹을 열고 제거할 앱 아이콘을 클릭해 그룹 밖으로 드래그하면 됩니다. 만약 앱 그룹 안에 남은 앱 아이콘이 하나뿐이라면 자동으로 앱 그룹이 해제됩니다.

04 | Mission Control로 새 데스크탑 만들기

macOS의 Mission Control은 여러 개의 데스크탑 화면(Spaces)을 만들어 사용하거나 전체 화면으로 실행 중인 앱 윈도우를 나열하는 공간입니다. 한 화면에 실행되어 있는 앱 윈도우가 많을 경우 Mission Control에서 데스크탑 화면을 여러 개로 나누어 사용할 수도 있습니다.

1 Apple 키보드에서 📑키를 누르면 Mission Control 화면으로 전환됩니다. Mission Control에는 현재 실행되어 있는 앱 윈도우가 모두 표시되죠. 아직 새로운 데스크탑(Spaces)이 만들어지지 않았다면 Mission Control 화면 위의 Spaces 막대에는 '데스크탑 1'만 표시되어 있습니다.

◀ Mission Control 화면

원모어 딩 Mission Control을 실행하는 다양한 방법

❶ 📑키 누르기 　　❷ control + ↑ 키 누르기 　　❸ 네 손가락으로 트랙패드를 위로 쓸어넘기기

2 Spaces 막대 위로 마우스 포인터를 올리면 '데스크탑 1' 화면이 작은 그림으로 표시됩니다. Spaces 막대 오른쪽 끝에 있는 [+]를 클릭합니다.

클릭

3 Spaces 막대에 '데스크탑 2'라는 이름의 새로운 데스크탑이 표시됩니다. 이렇게 만들어지는 데스크탑 화면을 'Spaces'라고 부릅니다. Spaces 막대에 있는 '데스크탑 2'를 클릭하면 새로운 Spaces로 이동합니다.

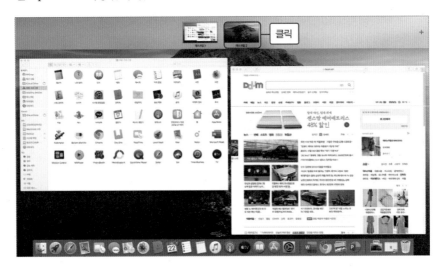

4 새로 만든 '데스크탑 2'는 '데스크탑 1'과 다른 게 없습니다. '데스크탑 1'에서 실행하지 않은 앱들을 '데스크탑 2'에서 실행할 수 있습니다.

▲ 새로운 데스크탑 2

5 Spaces를 추가하지 않아도 macOS에서 전체 화면으로 전환한 앱 윈도우는 Mission Control에 새로운 Spaces로 표시됩니다. Safari를 실행한 후 전체 화면으로 전환해 보세요.

1 실행

6 키를 눌러 Mission Control을 열면 Spaces 막대에 'Safari'라는 이름의 Spaces가 추가되고 Safari 윈도우가 축소되어 표시됩니다.

잠 | 깐 | 만 | 요

Mission Control에 표시된 전체 화면 Spaces 위의 아이콘을 클릭하면 앱 윈도우가 전체 화면 Spaces로 전환하기 전에 있던 Spaces로 이동하고 Spaces 막대에서 사라집니다.

05 | Mission Control의 Spaces 활용하기

■ 작업 보기

Mission Control을 사용하면 여러 개의 Spaces(데스크탑)를 만들어 Spaces를 전환하면서 사용할 수 있습니다. 하나의 시스템에 여러 개의 화면이 있는 것처럼 사용할 수 있죠. Mission Control의 여러 Spaces를 옮기며 활용하는 방법을 알아봅니다.

Spaces를 순서대로 이동하기

한 개 이상의 Spaces가 만들어진 상태에서 세 손가락으로 트랙패드를 왼쪽이나 오른쪽으로 쓸어넘기면 이전 Spaces나 다음 Spaces로 이동할 수 있습니다. 키보드를 사용한다면 `control`+`←` 키 또는 `control`+`→` 키를 누르면 됩니다. 예를 들어, '데스크탑 1'에서 `control`+`→` 키를 누르거나 트랙패드에서 왼쪽으로 세 손가락으로 쓸어넘기면 '데스크탑 2'로 이동할 수 있고 '데스크탑 2'에서 `control`+`←` 키를 누르거나 트랙패드에서 오른쪽으로 쓸어넘기면 '데스크탑 1'로 이동할 수 있습니다.

`control` + `→`

`control` + `→`

> 잠 깐 만 요 ──────
> 한 개 이상의 Spaces를 사용할 경우 각 Spaces의 데스크탑 화면을 서로 다른 배경화면으로 설정할 수 있습니다.

단축키로 Spaces 이동하기

3개 이상의 Spaces를 추가했다면 단축키를 사용해 원하는 Spaces를 바로 선택할 수도 있습니다.

1 [🍎]−[시스템 환경설정]−[키보드]를 차례로 선택합니다.

2 [단축키] 탭을 클릭한 뒤 왼쪽 창에서 [Mission Control]을 선택하면 오른쪽 창의 'Mission Control' 아래로 '데스크탑 1로 전환', '데스크탑 2로 전환' 등의 항목이 있습니다. '데스크탑 1로 전환'부터 '데스크탑 4로 전환'까지 체크한 뒤 환경설정 윈도우를 닫습니다.

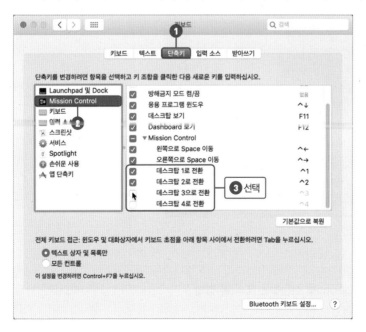

> **잠 깐 만 요**
> Mission Control에 추가한 Spaces에 따라 표시되는 항목이 달라집니다. 만약 추가한 Spaces가 3개라면 '데스크탑 3으로 전환'까지만 표시되는 것이죠.

3 이제부터 단축키를 이용하여 `control`+`1`키를 누르면 '데스크탑 1'로, `control`+`2`키를 누르면 '데스크탑 2'로 바로 이동할 수 있습니다.

Mission Control에서 원하는 Spaces 선택하기

Mission Control의 Spaces 막대에서 이동하려는 Spaces를 클릭하면 선택한 데스크탑이나 전체 화면 Spaces로 즉시 이동하고 Mission Control에서 빠져나오게 됩니다.

Mission Control에서 Spaces 둘러보기

Mission Control 안에서 각 Spaces에 실행된 윈도우를 살펴볼 수도 있습니다. Mission Control에서 control + ← 키 또는 control + → 키를 누르면 Spaces를 왼쪽이나 오른쪽으로 전환하며 각 Spaces를 살펴볼 수 있습니다. 각 Spaces를 살피는 중 원하는 Spaces의 데스크탑 화면을 클릭하면 해당 Spaces가 바로 선택되고 Mission Control에서 빠져나오게 됩니다.

▲ 실행된 앱 살펴보기

원모어 딩 Mission Control에서 Spaces를 전환하는 또 다른 방법

❶ 세 손가락 또는 네 손가락으로 트랙패드를 왼쪽이나 오른쪽으로 쓸어넘기기
❷ Spaces 막대에서 각 Spaces를 option + 클릭하기

📱 작업 보기

Mission Control을 사용하면 어떤 앱 윈도우든 다른 Spaces로 옮길 수 있고 작업 중인 앱 윈도우를 새로운 Spaces로 추가할 수 있습니다. 이번에는 Mission Control의 Spaces를 활용하는 다양한 방법에 대해 알아봅니다.

방법 1

1 다른 Spaces로 옮길 앱 윈도우의 제목 표시줄을 클릭한 뒤, 옮길 Spaces가 있는 화면의 왼쪽이나 오른쪽 가장자리로 드래그하여 1, 2초 정도 기다리면 원하는 방향의 다른 Spaces로 앱 윈도우가 옮겨집니다. 예를 들어, '데스크탑 1'에 있는 Finder 윈도우를 '데스크탑 2'로 옮기려면 Finder 윈도우를 '데스크탑 1' 화면 오른쪽 가장자리로 드래그하면 됩니다.

2 앱 윈도우를 화면 가장자리로 드래그하면 곧 '데스크탑 2'로 Finder 윈도우가 옮겨집니다. Finder 윈도우를 '데스크탑 3'으로 옮기려면 다시 한번 화면 오른쪽 가장자리로 드래그합니다.

macOS 활용 — 분리작으로 사용하기

방법 2

1 앱 윈도우를 옮기는 더 편리한 방법이 있습니다. 옮기려는 앱 윈도우의 제목 표시줄 부분을 클릭한 후 데스크탑 화면의 메뉴 막대 위로 드래그하여 끌어올립니다.

2 앱 윈도우를 메뉴 막대 위로 끌어올리면 Mission Control의 Spaces 막대가 표시되고 이 때 앱 윈도우를 원하는 Spaces로 드래그하면 됩니다.

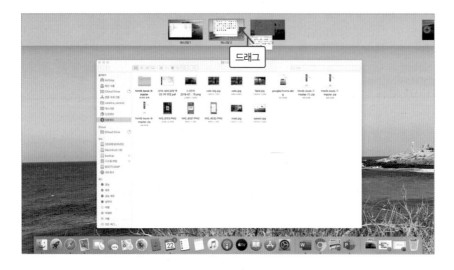

잠 깐 만 요
앱 윈도우를 데스크탑 화면의 위쪽 끝까지 드래그해야 Spaces 막대가 표시됩니다.

방법 3

1 Mission Control을 실행해 바로 원하는 Spaces로 옮길 수도 있습니다. 키를 누르거나 네 손가락(혹은 세 손가락)으로 트랙패드를 위로 쓸어올려 Mission Control을 실행합니다.

2 Mission Control이 실행된 상태에서 옮기려는 앱 윈도우를 클릭한 뒤 Spaces 막대에 표시되는 작은 데스크탑 이미지 위로 앱 윈도우를 드래그해서 옮길 수도 있습니다.

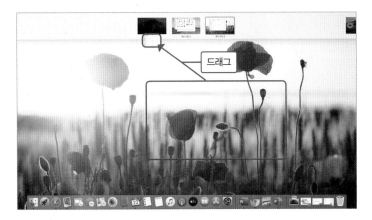

07 | Mission Control에서 Split View 사용하기

Mission Control에서도 2개의 앱 윈도우를 데스크탑에 나란히 정렬하는 Split View를 사용할 수 있습니다. Mission Control에서 Split View를 사용하는 방법을 알아보겠습니다.

1 Mission Control에서 '데스크탑 1'에 있는 Finder 윈도우를 Spaces 막대로 드래그하면 Spaces 막대에 'Finder' Spaces가 추가되고 Finder 윈도우는 전체 화면으로 전환되어 표시됩니다.

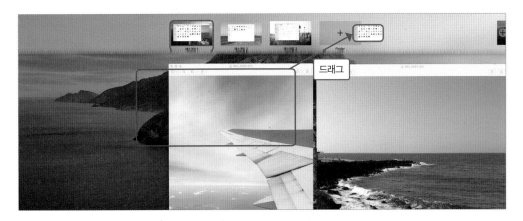

잠깐만요 ───
앱 윈도우의 [최대화] ●를 클릭하거나 제목 표시줄을 클릭해 Mission Control 화면에서 Spaces 막대의 빈 공간으로 드래그하면 앱 윈도우을 전체 화면으로 전환할 수 있습니다.

2 다른 Spaces의 앱 윈도우 중 Split View로 표시할 앱 윈도우를 Spaces 막대에 추가된 'Finder' Spaces 위로 드래그합니다.

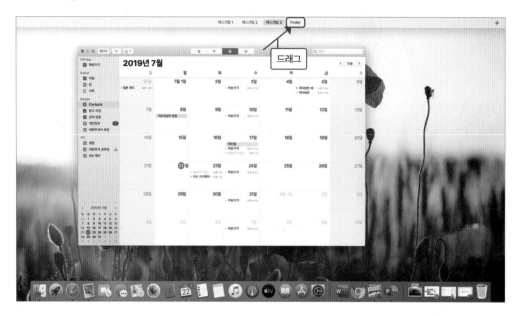

3 Spaces 막대에 추가된 'Finder' Spaces의 작은 그림이 왼쪽이나 오른쪽으로 밀리면서 드래그한 앱 윈도우가 들어갈 자리가 만들어집니다. Finder 윈도우가 밀려 원하는 위치에 공간이 생겼을 때 마우스 버튼에서 손을 뗍니다.

4 Spaces 막대로 드래그한 두 앱 윈도우의 이름으로 Spaces 이름이 수정되고 Spaces 막대의 작은 그림도 Split View로 표시됩니다. 예를 들어, Finder와 Safari를 Split View로 표시했다면 Spaces 막대에는 'Finder 및 Safari'로 표시되는 것이죠. 이렇게 만들어진 Split View Spaces는 Mission Control의 다른 Spaces와 똑같이 사용할 수 있습니다.

잠|깐|만|요
Spaces 막대에 표시되는 Split View Spaces의 작은 그림 왼쪽 위 ⊡ 아이콘을 클릭하면 Split View가 해제되면서 앱 윈도우가 데스크탑 화면으로 돌아갑니다.

08 | iPad를 보조 모니터로 사용하는 Sidecar

macOS Catalina에는 iPad를 Mac의 보조 모니터로 사용할 수 있는 Sidecar 기능이 추가되었습니다. Sidecar를 사용하려면 최신 iPadOS가 설치된 iPad가 Bluetooth로 Mac과 쌍으로 연결되어 있어야 합니다.

iPad와 연결 및 연결 해제하기

최신 iPadOS가 설치된 iPad와 Mac이 Bluetooth로 쌍으로 연결된 상태에서 Mac의 메뉴 막대에서 [AirPlay] ☐를 선택한 후 내 iPad의 이름을 클릭하면 바로 Sidecar를 사용할 수 있습니다.

잠 | 깐 | 만 | 요

Sidecar 지원 정보는 애플 홈페이지(https://www.apple.com/kr/macos/catalina/)에서 확인할 수 있습니다.

Sidecar가 활성화되면 iPad의 홈 화면의 배경이 Catalina 화면으로 바뀌며 바로 Mac 보조 모니터로 사용할 수 있습니다. Apple Pencil을 지원하는 iPad라면 Apple Pencil을 마우스처럼 사용할 수도 있습니다.

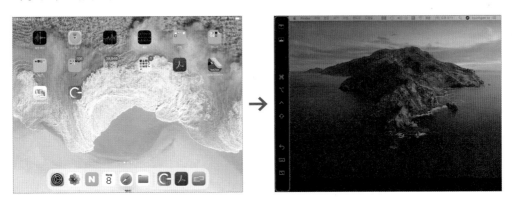

iPad가 Mac에 연결된 상태에서 iPad의 홈 버튼을 누르면 iPad의 앱을 사용할 수 있고, 다른 앱을 사용하다가 Sidecar 화면으로 돌아올 수 있습니다.

Sidecar 연결을 해제하려면 Mac이나 iPad의 메뉴 막대에서 [AirPlay] █ 를 선택한 후 [연결 해제]를 선택합니다.

◀ 연결 해제하기

Sidecar 화면 살펴보기

iPad의 Sidecar 화면에는 사이드바와 Touch Bar가 표시됩니다.

❶ **메뉴 막대 표시하기/감추기** : iPad에서 앱 윈도우를 전체 화면으로 표시할 때 이 아이콘을 클릭해서 메뉴 막대를 표시하거나 감춥니다.

❷ **Dock 표시하기/감추기** : 클릭할 때마다 화면 아래쪽에 Dock을 표시하거나 감춥니다.

❸ **보조키** : Apple Pencil로 선택하거나 클릭할 때 command나 option 같은 보조키가 필요하다면 사이드바에 있는 보조키를 손으로 누른 상태로 Apple Pencil을 사용합니다. 순서대로 command, option, control, shift 키입니다.

❹ **작업 취소** : 이전 작업을 취소합니다.

❺ **키보드** : iPad에 키보드가 표시되어 텍스트를 입력할 수 있습니다. 한 번 더 클릭하면 키보드를 감춥니다.

❻ **연결 해제** : 클릭한 후 [연결 해제]를 선택하면 iPad와 Mac 기기 간의 연결이 끊깁니다.

Sidecar를 사용하면 일부 MacBook에서만 사용할 수 있었던 Touch Bar를 iPad에서도 사용할 수 있습니다. Touch Bar는 자주 사용하는 메뉴나 기능이 나열되는 영역으로, 실행한 앱에 따라 Touch Bar에 다양한 도구가 표시됩니다.

▲ Finder에서 Touch Bar

▲ 브라우저에서 Touch Bar

앱 윈도우 옮기기

Sidecar는 iPad를 Mac의 보조 모니터로 사용하기 때문에 기본적으로 화면을 확장합니다. 그래서 필요할 때마다 Mac이나 iPad 화면에 앱 윈도우를 옮기면서 사용할 수 있습니다.

각각의 앱 윈도우의 제목 표시줄을 드래그해서 원하는 화면으로 옮길 수도 있지만, 조금 더 편리한 방법으로 앱 윈도우를 옮길 수도 있습니다. 앱 윈도우 왼쪽 위에 있는 [최대화]🟢 위로 마우스 포인터를 올리면 단축 메뉴가 표시됩니다. 이 중 [고경희의 iPad로 이동]과 같이 iPad 이름이 표시된 메뉴를 선택해 보세요. 바로 해당 앱 윈도우가 iPad 화면으로 이동합니다. iPad에 있는 앱 윈도우를 Mac으로 옮길 때도 Mac 이름이 표시된 메뉴를 선택하면 됩니다.

▲ Mac에서 iPad로 앱 윈도우 옮기기

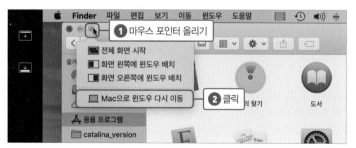

▲ iPad에서 Mac으로 앱 윈도우 옮기기

Sidecar 환경설정하기

Sidecar의 설정을 변경하려면 시스템 환경설정 윈도우에서 [Sidecar]🖥를 선택합니다.

'사이드바 보기'나 'Touch Bar 표시' 항목의 체크를 해제하면 사이드바나 Touch Bar를 화면에 표시하지 않을 수 있고 목록을 펼쳐 표시 위치를 지정할 수 있습니다. 'Apple Pencil의 이중 탭 활성화'를 체크하면 Apple Pencil로 더블클릭을 할 수 있습니다.

잠 깐 만 요
[연결 해제]를 클릭해 iPad와 Mac의 연결을 해제할 수도 있습니다.

Mac과 iPad 화면을 똑같이 만들려면

Sidecar의 목적은 기본적으로 Mac의 화면을 확장해 iPad를 보조 모니터와 같이 사용하는 것이지만, 같은 화면을 보여 주어야 한다면 Mac와 iPad 양쪽 화면을 똑같이 유지할 수도 있습니다. Mac과 iPad의 화면을 똑같이 표시하려면 시스템 환경설정 윈도우에서 [디스플레이]를 선택한 후 '디스플레이 미러링' 항목을 체크하면 됩니다.

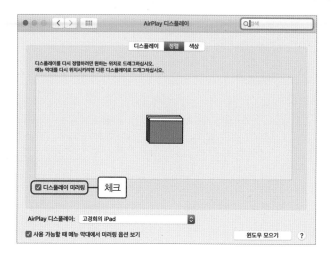

09 | 무엇이든 척척 찾아 주는 Spotlight

검색 상자

무엇이든 찾고 싶은 것이 있다면 Spotlight에 검색해 보세요. 하드 디스크에 있는 앱은 물론이고 폴더나 파일, 메일이나 메시지, 그리고 검색어가 포함된 웹페이지까지 다양한 정보를 찾을 수 있습니다.

Spotlight로 검색하기

1 메뉴 막대 오른쪽 끝에 있는 🔍 을 클릭하거나 Spotlight의 단축키인 command + spacebar 키를 누르면 데스크탑 화면에 Spotlight가 표시됩니다.

2 Spotlight 검색 상자에 검색어를 입력하면 검색어가 포함된 앱이나 문서, 메일, 웹사이트 등 다양한 카테고리의 정보가 검색됩니다. 검색어를 모두 입력하지 않아도 입력하는 글자에 따라 자동으로 검색 결과가 나타납니다. 검색 결과에서 앱 이름을 선택하면 앱을 실행할 수도 있고 웹사이트를 선택해서 검색어가 포함된 웹사이트로 바로 이동할 수 있습니다.

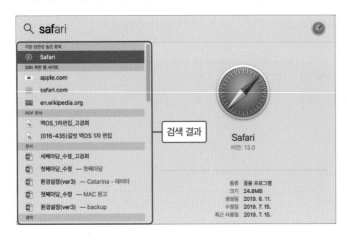

검색 결과

잠 깐 만 요 —————
Spotlight 검색 상자에서 두 가지 단어가 모두 들어간 항목을 검색하려면 각각의 단어를 + 기호나 AND로 구분하여 입력하면 됩니다.

Spotlight 설정 변경하기

Spotlight 검색 결과에 너무 많은 카테고리의 항목이 표시된다면 Spotlight로 검색할 카테고리를 지정할 수 있습니다. 또 개인 정보 보호를 위해 Spotlight 검색에서 제외할 폴더를 선택할 수도 있습니다.

1 Spotlight로 검색할 카테고리를 선택하려면 [■]-[시스템 환경설정]-[Spotlight]를 차례로 선택합니다.

2 Spotlight 환경설정 윈도우에서 [검색 결과] 탭을 클릭합니다. 체크 표시가 되어 있는 항목은 Spotlight 검색 결과에 포함되는 카테고리입니다. Spotlight 검색에서 제외할 카테고리의 체크 표시를 해제하면 이후 Spotlight로 검색할 때 해당 카테고리는 검색하지 않습니다.

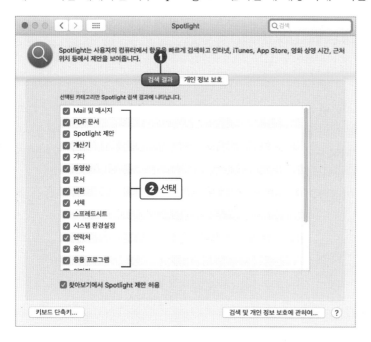

3 [개인 정보 보호] 탭을 클릭하고 [+]를 클릭하면 Spotlight 검색에 제외할 위치를 추가할 수 있습니다. 만약 '다운로드' 폴더를 검색에서 제외하려면 [+]를 클릭한 뒤 Finder 윈도우에서 '다운로드' 폴더를 선택하고 [선택]을 클릭하면 됩니다.

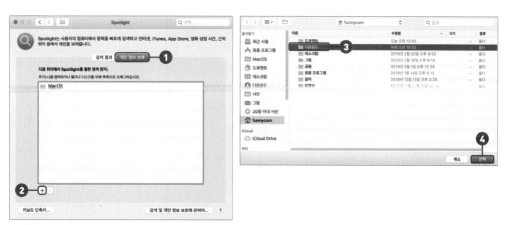

잠 깐 만 요
제외한 검색 위치를 다시 Spotlight 검색 위치로 지정하려면 환경설정 윈도우에서 검색에 포함할 위치를 선택한 후 [–]를 클릭합니다.

10 | 알림 센터에서 알림 확인하기

알림 센터

알림 센터는 새로운 이메일이나 메시지, 미리 알림 등의 일정 및 이벤트나 macOS의 각종 앱 알림을 한 번에 확인하고 관리할 수 있는 공간입니다. 알림 센터를 살펴보고 위젯을 추가하거나 삭제하는 방법을 알아보겠습니다.

알림 센터 사용하기

메뉴 막대의 오른쪽 끝에 있는 [알림 센터] ☰ 를 클릭하거나 두 손가락으로 트랙패드의 오른쪽 밖에서 안으로 쓸어넘기면 알림 센터를 열 수 있습니다. 알림 센터 위에는 [오늘] 탭과 [알림] 탭이 있는데, [오늘] 탭에는 캘린더나 미리 알림 등에 등록한 오늘 날짜와 관련된 일정이나 이벤트와 날씨, 주식 등의 위젯이 표시됩니다.

[오늘] 탭에 표시된 알림 항목이나 위젯의 이름을 클릭하여 드래그하면 원하는 위치로 옮길 수 있습니다.

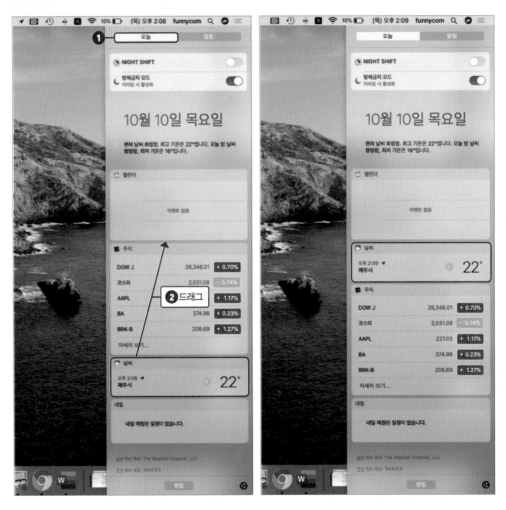

알림 센터 편집하기

알림 센터 아래의 [편집]을 클릭하면 알림 센터에
표시할 위젯이나 알림 항목을 추가하거나 삭제할
수 있습니다.

알림 센터가 확장되면서 왼쪽의 사용 중인 알림 항
목이나 위젯에 ⊖가 표시되고 오른쪽에는 알림 센
터에 추가할 수 있는 위젯이 표시됩니다. 이미 사용
중인 알림 항목이나 위젯을 삭제하려면 ⊖를 클릭
하면 됩니다.

삭제한 알림 항목이나 위젯이 오른쪽으로 옮겨집니다.

알림 센터에 알림 항목이나 위젯을 추가하려면 오른쪽 목록에서 추가할 항목의 ⊕을 클릭하거나 추가할 항목의 이름을 클릭해 왼쪽으로 드래그하면 됩니다.

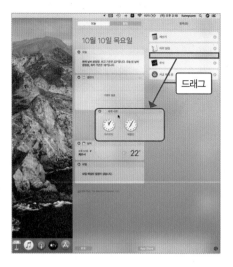

알림 센터 편집 화면 아래의 [App Store]를 클릭하면 App Store에서 알림 센터 위젯을 지원하는 앱을 확인할 수 있습니다.

알림 센터 사용자화하기

알림 센터에 표시된 위젯 중 마우스 포인터를 올렸을 때 [정보]ⓘ가 표시되는 위젯은 사용자화가 가능합니다. 날씨 위젯의 지역 정보를 변경하거나 세계 시간 위젯에 새로운 나라를 추가할 수 있습니다. 예를 들어 세계 시간 위젯에 새로운 나라를 추가하려면 [정보]ⓘ를 클릭한 뒤 추가할 나라의 도시 이름을 입력하면 됩니다.

방해금지 모드 사용하기

자주 표시되는 알림 메시지가 번거롭거나 집중해서 작업해야 할 경우 방해금지 모드를 켜서 알림 메시지가 표시되지 않도록 할 수 있습니다. 방해금지 모드 상태에서 도착한 알림 메시지는 나중에 알림 센터에서 확인할 수 있습니다.

[]–[시스템 환경설정]–[알림]–[방해금지 모드]를 차례로 선택합니다. 방해금지 모드를 켤 시간 및 상황이나, 방해금지 모드일 때 전화를 어떻게 처리할지 선택할 수 있습니다.

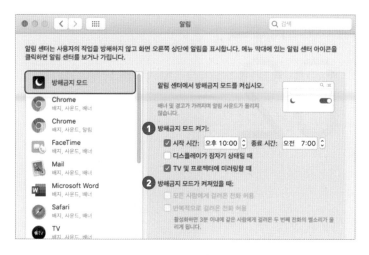

❶ **방해금지 모드 켜기** : 자동으로 방해금지 모드가 켜지는 상황을 선택합니다. 방해금지 모드가 켜지고 꺼지는 시간을 지정할 수도 있습니다.

❷ **방해금지 모드가 켜져있을 때** : 방해금지 모드가 켜져 있을 때 전화만 받을 수도 있고, 여러 번 걸려오는 전화만 받도록 설정할 수도 있습니다.

알림 센터 위쪽에 있는 '방해금지 모드'를 '켬'으로 바꾸면 일시적으로 방해금지 모드를 켤 수 있습니다. '끔'으로 바꾸면 방해금지 모드가 꺼지겠죠.

더 간단한 방법도 있습니다. 메뉴 막대의 오른쪽 끝에 있는 ☰을 (option)+클릭하면 방해금지 모드가 켜집니다. 방해금지 모드가 켜진 상태에서는 ☰처럼 회색 아이콘으로 바뀌죠. 방해금지 모드를 끄려면 ☰을 (option)+클릭합니다.

Apple ID와
iCloud 설정하기

iCloud는 Apple의 iOS, iPadOS나 macOS를 사용하는 iPhone, iPad, MacBook, iMac 등과 가장 궁합이 잘 맞습니다. iPhone이나 iPad에서 찍은 사진을 손쉽게 옮겨올 수도 있고, 전화나 메시지 등도 함께 사용할 수도 있죠. 다양한 Apple 기기에서 만들고 수집한 자료를 iCloud에 저장해 자유롭게 공유해 보세요.

01 │ Apple ID 설정하기

여러 Apple 기기를 사용하더라도 각각의 Apple 기기에 하나의 Apple ID를 연결하여 사용합니다. 여기서는 나의 Apple ID를 확인하고 관리하는 방법에 대해 알아보겠습니다.

Apple ID를 확인하려면 [🍎]-[시스템 환경설정]-[Apple ID]🔳 를 차례로 선택합니다.

요약 : Apple ID에 대한 설명이 표시됩니다. 화면 왼쪽 아래에는 해당 Apple ID로 로그인한 기기들이 표시됩니다.

macOS 활용

본격적으로 사용하기

이름, 전화번호, 이메일 : Apple ID에 등록된 이름과 전화번호, 이메일이 표시됩니다. [수정]을 클릭하면 해당 정보를 수정할 수 있습니다.

암호 및 보안 : Apple ID의 암호를 변경할 수 있고, 신원 확인용 전화번호를 추가하거나 삭제할 수 있습니다.

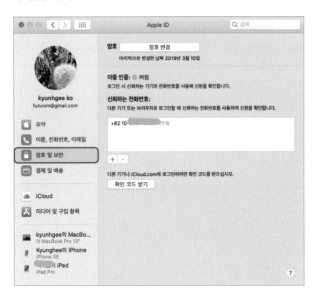

결제 및 배송 : Apple ID와 연결된 App Store나 Apple 온라인 스토어에서 사용할 지불 방법과 배송지 주소를 확인할 수 있습니다. '지불 방법'의 [세부사항]을 클릭하면 지불 방법을 변경할 수 있고, '배송지 주소'의 [수정]을 클릭하면 주소를 수정할 수 있습니다.

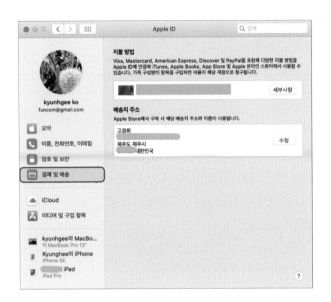

02 | iCloud 환경설정하기

iCloud를 사용하면 같은 Apple ID을 사용하는 모든 Apple 기기에서 iCloud에 저장된 자료를 공유할 수 있습니다. 이미 Apple ID가 있다면 따로 iCloud를 신청하지 않아도 5GB의 iCloud 공간이 무료로 제공됩니다.

[Apple ID] 의 사이드바에서 [iCloud]를 선택하면 어떤 정보를 iCloud에 저장할지 선택할 수 있습니다. 기본적으로 Mail을 제외한 모든 항목이 선택되어 있는데, 필요하지 않은 항목은 체크를 해제하면 됩니다.

iCloud에서 선택할 수 있는 항목은 다음과 같습니다. 무료로 제공되는 5GB의 공간이 그리 넉넉하지 않으니 상황에 맞게 필요한 항목을 체크하세요.

iCloud Drive ☁ : 이 항목을 선택하면 iCloud가 Finder 윈도우에 폴더처럼 추가되고, Apple 기기에서 생성한 파일을 iCloud에 저장합니다. iCloud Drive 항목의 [옵션]을 클릭하면 iCloud로 저장할 앱을 선택할 수 있습니다.

사진 ✹ : 사진을 많이 찍는다면 Apple 기기에서 찍은 사진을 모두 iCloud에 동기화하기엔 용량이 부족합니다. 보관할 사진이 많다면 이 항목은 선택하지 않는 것이 좋습니다.

Mail ✉ : Apple 기기에 저장한 메일을 iCloud에 동기화합니다. 각 메일 계정의 웹 페이지에서도 확인할 수 있기 때문에 꼭 동기화하지 않아도 됩니다.

연락처 ▤ : Apple 기기에 저장한 연락처를 iCloud에 동기화합니다. 연락처 정보는 항상 최신 상태를 유지하는 것이 좋기 때문에 iCloud에 공유해 두는 것이 편리합니다.

캘린더 ▦ : Apple 기기의 캘린더 앱에 저장한 자료를 iCloud에 동기화합니다. 캘린더 앱으로 일정을 관리한다면 선택하는 것이 좋습니다.

미리 알림 ▯ : Apple 기기의 미리 알림 자료를 iCloud에 동기화합니다. 미리 알림의 자료는 대부분 텍스트이기 때문에 많은 용량을 차지하지 않습니다. 미리 알림 앱을 자주 사용한다면 선택하는 것이 좋습니다.

Safari ◉ : Safari의 방문 기록이나 책갈피 등을 iCloud에 동기화합니다. Safari를 주로 사용한다면 이 항목을 선택하여 사용하는 것이 편리합니다.

메모 ▭ : Apple 기기의 메모 앱에 저장된 메모를 iCloud에 동기화합니다. 메모 앱의 자료 역시 iCloud에서 큰 공간을 차지하지 않기 때문에 메모 앱을 자주 사용한다면 선택하는 것이 좋습니다.

Siri ◉ : Apple 기기에서 Siri에게 물어봤던 정보나 Siri가 제안했던 정보를 iCloud에 동기화합니다.

키체인 ☖ : Apple 기기에 저장한 로그인 정보나 보안 정보를 iCloud에 동기화합니다. 이 항목을 체크하여 만든 6자리 보안 코드만 있으면 모든 Apple 기기에서 암호 정보를 확인할 수 있습니다. 매번 로그인 암호를 기억하기 힘들다면 이 항목을 선택하세요.

나의 Mac 찾기 ◉ : Apple 기기 분실에 대비해 이 항목을 선택합니다.

주식 ▥ : Apple 기기를 사용해 주식 정보를 확인한다면 이 항목을 선택합니다.

홈 ⌂ : Apple 기기로 제어하는 전등이나 콘센트 등의 홈 액세서리를 사용한다면 iCloud에 관련 정보를 동기화할 수 있습니다.

03 | 안전하게 iCloud Drive 비활성화하기

macOS에서 iCloud를 기본 설정 그대로 사용한다면 iCloud Drive가 활성화되어 데스크탑과 문서 폴더에 있는 파일이 자동으로 iCloud에 저장됩니다. 이렇게 iCloud를 사용하던 중 iCloud의 공간이 부족하여 iCloud Drive를 비활성화하려면 주의해야 할 것이 있습니다.

iCloud의 공간이 부족해 iCloud Drive에 데스크탑이나 문서 폴더에 있는 파일을 더 이상 동기화하지 않으려면 iCloud Drive를 비활성화해야 합니다. 그런데 단순히 iCloud Drive 항목을 체크 해제하면 그동안 저장한 자료가 삭제될 수 있으므로 주의해야 합니다.

1 시스템 환경설정 윈도우에서 [Apple ID]–[iCloud]를 차례로 선택한 후 'iCloud Drive'를 클릭하여 체크를 해제합니다.

2 iCloud Drive의 사용을 중단하면 그동안 동기화했던 '데스크탑'과 '문서' 폴더의 자료 가 삭제되는데 [복사본 유지]를 클릭하면 iCloud로 동기화한 자료를 복사할 수 있습니다. [복사 본 유지]를 클릭하고 잠시 기다리면 동기화한 자료가 다운로드되기 시작합니다. 복사본이 저장 되는 위치는 내 Mac의 '사용자 홈' 폴더입니다.

3 Finder를 실행한 뒤 메뉴 막대에서 [이동]–[홈]을 선택합니다. '사용자 홈' 폴더의 'iCloud Drive(아카이브)' 폴더 안에 iCloud에 있던 내용이 저장되어 있습니다.

잠 깐 만 요
'사용자 홈' 폴더로 이동하면 Finder 윈도우의 제목 표시줄에 현재 사용자 이름이 표시됩니다. 사용자 이름이 'funnycom'이라면 이 Mac의 '사용자 홈' 폴더의 이름은 'funnycom'이 됩니다.

 ### '사용자 홈' 폴더를 즐겨찾기에 추가하기

'사용자 홈' 폴더에 접근하는 것이 번거롭다면 Finder 윈도우 사이드바에 있는 '즐겨찾기'에 추가할 수 있습니다. Finder를 실행한 뒤 Finder 메뉴 막대에서 [이동]–[홈]을 선택해 '사용자 홈' 폴더로 이동한 뒤 command + ↑ 키를 누르면 '사용자' 폴더로 이동합니다. 여기에서 '사용자 홈' 폴더를 클릭한 뒤 Finder 윈도우의 사이드바에 있는 '즐겨찾기'로 드래그하면 '사용자 홈' 폴더를 즐겨찾기에 추가할 수 있습니다.

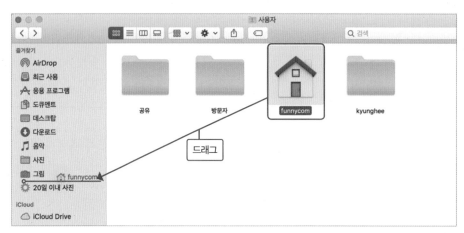

04 │ iPhone에서 외장 하드로 사진 옮기기

iPhone으로 찍은 사진을 내 Mac으로 옮기다가 iPhone의 용량이 부족하거나 Mac에서 편집하려고 한다면 우선 iPhone에 있는 사진을 Mac으로 옮겨야 합니다. Mac의 사진 앱에서 iPhone의 사진을 가져올 수도 있지만 Mac의 하드 디스크에 사진이 저장되기 때문에 그만큼 하드 디스크의 용량을 차지하게 되죠. 여기에서는 이미지 캡처 기능을 사용해 외장 하드로 옮기는 방법을 알아보겠습니다.

1 라이트닝 케이블을 사용해 iPhone과 Mac을 연결한 뒤 [Launchpad]에서 [기타]–[이미지 캡처]를 클릭합니다.

2 이미지 캡처 앱에서 연결한 iPhone 이름을 클릭하면 iPhone의 잠금을 해제하는 메시지가 표시됩니다. 연결한 iPhone의 잠금을 해제하세요.

3 '다음으로 가져오기' 항목을 펼치면 사진을 옮길 수 있는 여러 폴더가 표시됩니다. 외장 하드 디스크에 저장하려면 [기타]를 선택합니다.

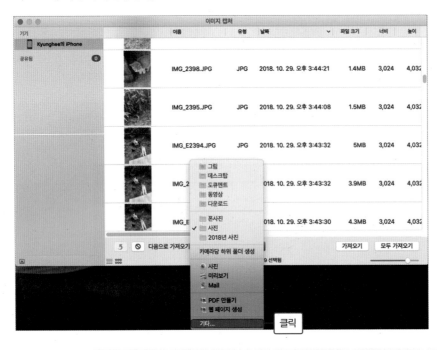

잠 깐 만 요

iPhone에 있는 사진 중 삭제할 사진이 있다면 사진을 선택한 후 목록 아래의 [삭제] ⊘ 를 클릭합니다.

4 외장 하드 디스크의 폴더를 연 후 [선택]을 클릭합니다.

5 사진을 저장할 폴더를 선택했다면 [모두 가져오기]를 클릭합니다.

잠 깐 만 요

iPhone에 저장된 사진 중 일부만 선택한 후 [가져오기]를 클릭하면 선택한 사진만 지정한 폴더로 가져올 수 있습니다.

6 파일 옮기기가 끝난 후 선택한 폴더를 확인하면 iPhone에서 옮긴 사진을 볼 수 있습니다. 옮긴 사진은 iPhone에도 그대로 남아 있습니다.

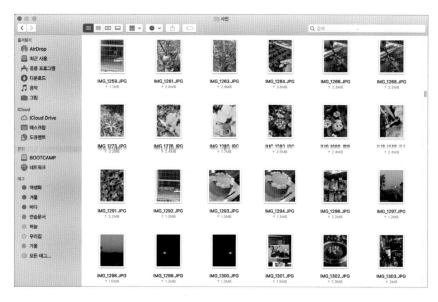

05 | AirDrop을 사용해 Mac에서 파일 주고받기

AirDrop을 사용하면 Mac에서 편집한 파일이나 사진을 다른 Mac이나 iPhone, iPad 등으로 보낼 수도 있고 파일을 주고받을 수도 있습니다. Mac에 있는 사진을 iPhone으로 보내는 방법을 알아보겠습니다.

1 Finder 윈도우에서 파일을 선택한 후 도구 막대에 있는 [공유] ⬆ 를 클릭하고 [AirDrop]을 선택합니다.

2 주변에 AirDrop이 켜진 Apple 기기가 표시됩니다. 파일을 보낼 기기를 클릭합니다.

3 Mac에서 파일을 보내면 상대방의 iPhone에는 AirDrop으로 파일을 받을 것인지 묻는 상자가 나타납니다. iPhone에서 [수락]을 누르면 파일 전송이 끝나고, iPhone의 사진 앨범에 추가됩니다.

4 상대방이 파일을 수락해서 전송받으면 Mac에는 '전송됨'이라고 표시됩니다. [완료]를 클릭해서 AirDrop 전송 창을 닫습니다.

06 | Handoff와 공통 클립보드 사용하기

macOS에는 iOS를 사용하는 Apple 기기와 연동할 수 있는 연속성 기능이 있습니다. 연속성 기능을 사용하면 iPhone에서 작업하던 것을 Mac으로 가져와 작업할 수 있고 Mac에서 작업하던 것을 iPhone으로 가져와 작업할 수도 있습니다. 연속성 기능으로는 Handoff, 공통 클립보드, 셀룰러 통화, iMessage 등이 있습니다.

Handoff 사용을 위한 설정

Handoff란 Apple 기기에서 사용하던 앱을 다른 Apple 기기에서 연속해 사용할 수 있는 기능을 말합니다. Handoff를 사용하면 iPhone에서 보고 있는 웹 페이지를 Mac에서 이어 보거나 반대로 Mac에서 보고 있는 웹 페이지를 iPhone에서 이어 볼 수 있습니다.
Handoff를 사용하려면 연속성 기능을 사용할 각각의 기기가 아래와 같이 설정되어 있어야 합니다.

잠 깐 만 요
Apple 기기는 iOS 및 iPadOS를 사용하는 iPhone, iPad, iPod 등과 macOS를 사용하는 MacBook, iMac 등이 있습니다.

- 각 기기에서 동일한 계정으로 iCloud에 로그인되어 있어야 합니다. iCloud에 대한 내용은 93쪽을 참고하세요.
- 각 기기가 Bluetooth로 연결되어 있어야 합니다. Bluetooth에 대한 내용은 413쪽을 참고하세요.
- 각 기기가 같은 Wi-Fi에 연결되어 있어야 합니다. Wi-Fi에 대한 내용은 412쪽을 참고하세요.
- 각 기기의 Handoff가 켜져 있어야 합니다. iPhone이나 iPad라면 [설정]−[일반]−[Handoff]에서 설정할 수 있고, Mac 에서는 [🍎]−[시스템 환경설정]−[일반]을 선택한 후 '이 Mac과 iCloud 기기 간에 Handoff 허용'에 체크합니다.

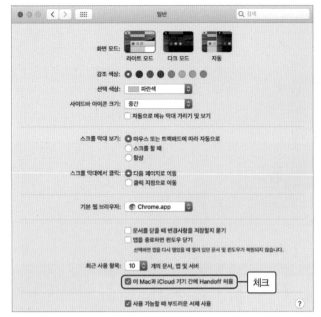

▲ Mac에서 Handoff 설정하기

잠 깐 만 요 ──────
Mac을 비롯해 다양한 Apple 기기에서 연속
성 기능을 사용하기 위한 시스템 사양을 확인
하려면 https://support.apple.com/ko-kr/
HT204689를 참고하세요.

Handoff 기능 사용하기

Handoff가 설정된 상태에서 Safari로 웹 페이지를 열면 Mac의 Dock에 아이콘이나 iPhone
의 멀티태스킹 화면에 배너가 표시됩니다. 원하는 기기의 아이콘이나 배너를 선택하면 연결된
기기에서 보고 있던 웹 페이지를 이어 볼 수 있습니다.

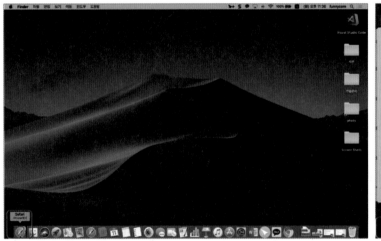

▲ iPhone에서 Safari를 열었을 때 Mac 화면

▲ Mac에서 Safari를 열었을 때
iPhone 멀티태스킹 화면

공통 클립보드

Handoff가 켜져 있는 상태라면 연속성 기능 중 공통 클립보드를 사용할 수 있습니다. 공통 클립보드는 Apple 기기 간에 클립보드를 공유하는 기능입니다. Mac에서 텍스트나 이미지, 사진 등을 복사한 후 iPhone 앱에 붙여 넣을 수 있습니다. 반대도 가능하죠. 예를 들어, iPhone의 Safari에서 텍스트 내용을 복사하면 그 내용을 Mac의 Pages에 붙여 넣을 수 있습니다.

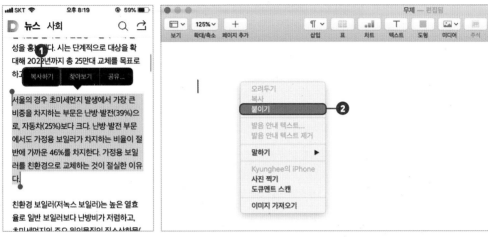

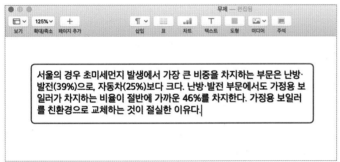

연속성 기능을 사용할 수 없다면?

연속성 기능을 위한 설정을 했는데도 연속성 기능을 사용할 수 없다면 각 기기의 iCloud에 로그아웃한 뒤 다시 로그인해보세요. 또한 연속성 기능은 각각의 기기를 Bluetooth로 연결하기 때문에 연속성 기능을 사용할 기기가 서로 가까이 있어야 합니다.

07 | Mac에서 전화하고 메시지 전달하기

연속성 기능을 사용하면 iPhone으로 걸려온 전화를 iPad나 Mac에서 받을 수 있습니다. 또한 iPhone에 도착한 메시지를 그대로 Mac에서
확인하고 전달할 수도 있습니다.

셀룰러 통화를 위한 설정

Mac에서 셀룰러 통화를 사용하려면 Handoff를 위한 기본 설정 외에 iPhone과 Mac에서 몇
가지 설정을 변경해야 합니다.

1 iPhone에서 [설정]-[FaceTime]을 선택한 후 [FaceTime용 Apple ID 사용]을 터치해
Mac의 iCloud에 로그인한 계정과 같은 계정으로 로그인합니다.

2 iPhone에서 [설정]-[전화]-[다른 기기에서의 통화]를 선택한 후 [다른 기기에서의 통화 허
용]을 '켬'으로 설정합니다.

3 iPhone의 설정이 끝나면 Mac 화면에 iPhone의 전화번호와 Apple 계정이 연결되었다는 메시지가 표시됩니다. [예]를 클릭합니다.

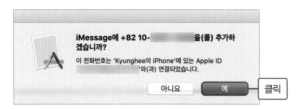

4 Launchpad에서 [FaceTime] 을 클릭해 FaceTime을 실행합니다. 메뉴 막대에서 [Face Time]-[환경설정]을 선택한 후 'iPhone 통화'에 체크합니다.

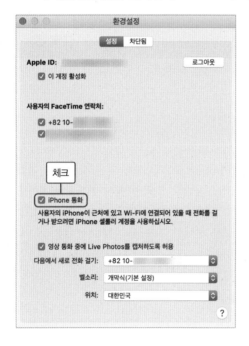

Mac에서 전화 걸기

Mac에서 연락처나 FaceTime, Mail, Spotlight 등 전화번호가 표시되는 앱에서는 언제든지 전화를 걸 수 있습니다. 예를 들어, 연락처 앱에 등록되어 있는 연락처로 전화를 걸고 싶다면 [통화]-[휴대 전화]를 선택합니다.

상대방의 기기가 FaceTime을 사용할 수 없는 기기라면 [통화]를 클릭했을 때 [FaceTime]이 나타나지 않습니다.

Mac에서 전화를 걸거나, Mac으로 전화가 걸려오면 데스크탑의 오른쪽 위에 알림 메시지가 표시됩니다.

▲ Mac에서 전화를 걸 때　　　　　　　　　　　▲ Mac으로 전화가 걸려올 때

iPhone 문자 메시지 전달하기

Mac의 메시지 앱을 사용하면 Mac에서도 간단하게 iMessage를 보낼 수 있습니다. iMessage를 보낸 상대방과의 대화는 메시지 앱에 표시되지만 iPhone으로 도착하는 다른 사람과의 대화는 확인할 수 없죠. Mac의 연속성 기능을 사용하면 iPhone으로 도착한 메시지를 Mac에서도 확인할 수 있습니다.

우선 iPhone에서 [설정]-[메시지]-[문자 메시지 전달]을 선택한 후 자신의 Mac을 '켬'으로 바꿉니다. iPhone에 확인 코드 입력 메시지가 표시되면 Mac에 표시되는 6자리 숫자를 입력하면 됩니다.

설정을 마치면 iPhone에서 주고받은 메시지를 Mac에서 확인할 수 있고, Mac에서 주고받은 메시지를 iPhone에서 확인할 수 있습니다.

▲ iPhone의 iMessage 앱

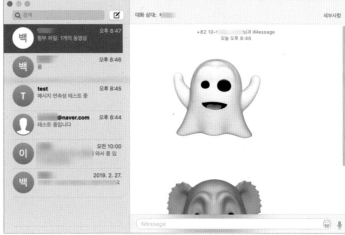

▲ Mac의 메시지 앱

macOS에서
파일 관리하기

폴더나 파일의 복사, 저장, 이동, 삭제 등은 컴퓨터 작업의 기본 중의 기본입니다. Windows
에서도 그랬지만 macOS에서도 마찬가지죠. 본격적으로 macOS의 유용한 앱과 다양한 기
능에 대해 알아보기 전, macOS에서 파일과 폴더를 다루는 방법에 대해 살펴보겠습니다. 특
히 Finder의 훑어보기는 파일을 열어 실행하지 않아도 거의 모든 파일의 내용을 미리 살펴
볼 수 있는 유용한 기능입니다.

macOS
Catalina

Finder
살펴보기

Finder는 macOS에서 각종 앱이나 파일과 폴더를 관리하는 앱으로 macOS의 가장 기본적인 앱입니다. Finder는 Windows의 파일 탐색기와 비슷하지만 훨씬 다양하고 편리한 기능을 제공합니다. Finder의 사용법만 익혀도 macOS를 훨씬 편리하게 사용할 수 있을 것입니다.

01 | Finder 윈도우 살펴보기

어떤 앱도 실행하지 않은 상태의 macOS 메뉴 막대에는 Finder의 메뉴가 표시됩니다. 그만큼 Finder는 macOS의 기본이 되는 중요한 앱입니다. Finder의 기능을 잘 활용한다면 macOS에서의 작업 시간이 훨씬 줄어들 것입니다.

Dock에서 [Finder]🗂를 클릭하면 Finder를 실행할 수 있습니다. Finder는 다음과 같은 화면으로 구성되어 있습니다.

❶ **제목 표시줄 :** 선택한 Finder 윈도우의 이름이 표시됩니다.

❷ **윈도우 조절 :** Finder 윈도우를 전체 화면으로 전환하거나 최소화하는 등 크기를 조절할 수 있습니다. 앱 윈도우 조절에 대한 자세한 내용은 32쪽을 참고하세요.

❸ **이전/다음 :** 이전 화면이나 다음 화면으로 이동합니다.

❹ **도구 막대 :** Finder에서 자주 사용하는 기능이나 동작에 쉽게 접근할 수 있습니다.

❺ **검색 상자 :** 검색 상자에 검색어를 입력하면 사용자의 Mac에서 폴더나 파일을 검색합니다. 검색 상자에 대한 자세한 설명은 141쪽을 참고하세요.

❻ **사이드바 :** '즐겨찾기'와 'iCloud' 등의 폴더 목록이나 자주 사용하는 항목과 태그 등을 표시합니다. 사이드바에 대한 자세한 설명은 118쪽을 참고하세요.

❼ **내용 :** Finder 윈도우에서 선택한 폴더나 파일 등의 내용을 표시합니다. 내용 영역에서는 파일을 선택해 내용을 미리 보거나 훑어볼 수 있고, 파일을 더블클릭하여 연결 앱을 실행해 파일을 열어볼 수 있습니다.

❽ **미리보기 패널 :** 각종 문서나 이미지 등의 파일을 실행하지 않고도 내용을 살펴볼 수 있고, 선택한 파일의 생성일과 수정일 등을 확인할 수 있습니다. 이미지 파일 경우 해상도나 색상 정보도 확인할 수 있습니다.

잠 깐 만 요

Finder 윈도우에 사이드바나 미리보기가 표시되지 않는다면 Finder 메뉴 막대에서 [보기]-[사이드바 보기], [미리보기 보기]를 선택하면 됩니다.

Finder 윈도우의 도구 막대에는 자주 사용하는 기능을 아이콘으로 표시합니다. 기본적으로 표시되는 도구 이외에도 다른 도구들이 있는데 그중에서 원하는 기능들을 사용해 도구 막대를 다시 구성할 수 있습니다.

도구 막대의 보기 방법 변경하기

Finder 윈도우의 도구 막대를 control+클릭한 후 [아이콘 및 텍스트]를 선택하면 도구 막대에 도구 아이콘과 텍스트가 함께 표시되고, [아이콘만]을 선택하면 도구 아이콘만 표시됩니다. [텍스트만]을 선택하면 아이콘 없이 도구 텍스트만 표시되겠죠?

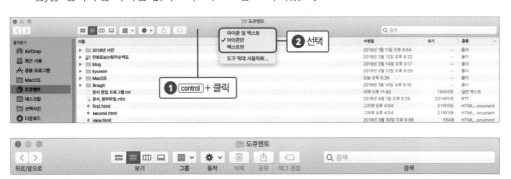

▲ [아이콘 및 텍스트]를 선택했을 때

▲ [아이콘만]을 선택했을 때

▲ [텍스트만]을 선택했을 때

도구 막대 사용자화하기

Finder 윈도우의 도구 막대를 control+클릭한 후 [메뉴 막대 사용자화]를 선택하거나 Finder 메뉴 막대에서 [보기]–[도구 막대 사용자화]를 선택합니다.

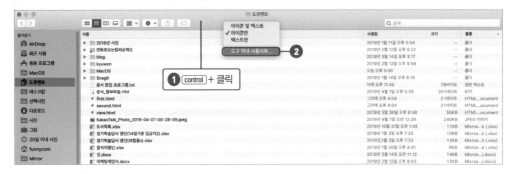

도구 상자에서 도구를 클릭한 후 도구 막대로 드래그해 원하는 도구를 추가할 수 있습니다. 반대로, 도구 막대에 있는 도구 아이콘을 클릭해서 도구 상자로 드래그해 제거할 수 있습니다. 원하는 도구를 모두 추가/제거한 뒤 [완료]를 클릭하면 Finder 도구 막대를 사용자화할 수 있습니다.

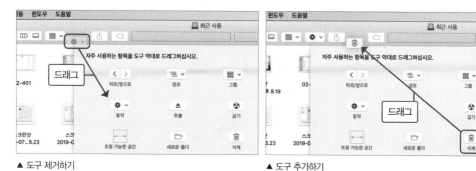

▲ 도구 제거하기　　　　　　　　　　　　　　　　　▲ 도구 추가하기

Finder 도구 살펴보기

Finder 도구 막대에는 여러 가지 도구를 추가할 수 있는데 각 도구의 기능을 간단히 살펴보겠습니다.

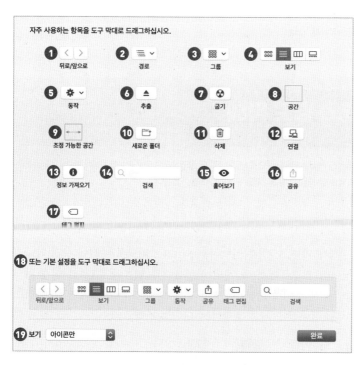

❶ **뒤로/앞으로** < > : 이전 화면이나 다음 화면으로 이동합니다.

❷ **경로** ≡ ⌄ : 현재 폴더의 위치를 표시합니다.

❸ **그룹** ⊞ ⌄ : [이름], [종류], [날짜] 등의 기준으로 파일이나 폴더 등의 항목을 그룹으로 묶어 표시합니다.

❹ **보기** ⊞ ≡ ▥ ⬚ : Finder 윈도우의 보기 방식을 [아이콘 보기], [목록 보기], [계층 보기], [갤러리 보기]로 변경합니다.
　자세한 설명은 124쪽을 참고하세요.

⑤ 동작 ⚙️✓ : [새로운 폴더], [휴지통으로 이동] 등 Finder 도구 막대에서 자주 사용하는 기능을 단축 메뉴로 표시합니다.

⑥ 추출 ⏏ : 외장 하드 디스크나 Bootcamp 등의 디스크를 추출합니다.

⑦ 굽기 ⚙ : CD/DVD 드라이브가 장착되어 있거나 외장 DVD 드라이브가 연결되어 있을 경우 CD나 DVD를 굽습니다.

⑧ 공간 ☐ : Finder 윈도우의 도구 막대에 공간을 추가합니다.

⑨ 조정 가능한 공간 ⠿ : Finder 윈도우의 도구 막대에 빈 공간을 추가합니다. 도구 막대로 추가할 때마다 빈 공간이 추가됩니다.

⑩ 새로운 폴더 📁 : 새로운 폴더를 만듭니다.

⑪ 삭제 🗑 : 선택한 파일이나 폴더 등의 항목을 삭제합니다.

⑫ 연결 🖥 : 네트워크에 있는 다른 컴퓨터에 연결합니다.

⑬ 정보 가져오기 ⓘ : 선택한 파일이나 폴더 등의 항목에 대한 정보를 표시합니다.

⑭ 검색 🔍검색 : Finder 윈도우에서 파일이나 폴더 등의 항목을 검색할 수 있는 검색 상자를 표시합니다.

⑮ 훑어보기 👁 : 파일을 열지 않고도 Finder 윈도우에 있는 파일의 내용을 훑어볼 수 있습니다. 자세한 설명은 149쪽을 참고하세요.

⑯ 공유 ⬆ : 선택한 파일이나 폴더 등의 항목을 Mail, 메시지, AirDrop 등으로 공유합니다.

⑰ 태그 편집 🏷 : 선택한 파일이나 폴더 등의 항목에 태그를 지정하거나 편집합니다.

⑱ 기본 설정 : 이 도구를 도구 막대로 드래그하면 도구 막대를 기본 설정으로 변경합니다.

⑲ 보기 : 도구 막대의 도구 표시 방법을 변경합니다.

03 | 상태 막대와 경로 막대

⊞ 파일 탐색기

Windows의 파일 탐색기에 표시되는 파일 경로를 Finder 윈도우에도 표시하고 싶다면 상태 막대와 경로 막대를 사용해 보세요. Finder에는 기본적으로 표시되어 있는 구성 요소 외에도 필요에 따라 표시하거나 감출 수 있는 요소들이 있습니다.

상태 막대

Finder 메뉴 막대에서 [보기]–[상태 막대 보기]를 선택하면 Finder 윈도우 아래에 상태 막대가 표시됩니다. 상태 막대에는 Finder 윈도우에서 몇 개의 항목을 선택했는지, 그리고 현재 나의 Mac에 여유 공간이 얼마나 남았는지 표시해 줍니다. 또한 상태 막대 오른쪽 끝에 있는 슬라이드 막대를 움직이면 화면에 표시된 아이콘 크기를 조절할 수도 있습니다.

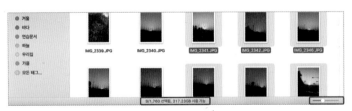

▲ 상태 막대

> **잠 깐 만 요**
> 상태 막대의 슬라이드 막대는 보기 방식을 [아이콘]으로 선택했을 때만 표시됩니다. 보기 방식에 대한 내용은 124쪽을 참고하세요.

경로 막대

Finder 메뉴 막대에서 [보기]-[경로 막대 보기]를 선택하면 Finder 윈도우 아래에 경로 막대가 표시됩니다. 경로 막대를 표시하면 Windows의 파일 탐색기 위에 표시되는 전체 경로와 같이 Finder 윈도우 아래에 경로가 표시되어 현재 어느 위치에 있는지 쉽게 알아볼 수 있습니다.

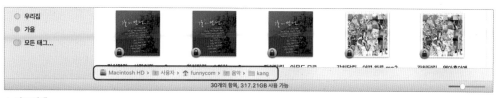

▲ 경로 막대

원모어 띵 상태 막대와 보기 막대를 표시하는 또 다른 방법

❶ 상태 막대 표시하기 : command + /   ❷ 경로 막대 표시하기 : command + option + P

04 | Finder 윈도우에서 탭 사용하기

macOS의 Finder는 Windows의 파일 탐색기와 비슷하지만 파일 탐색기에는 없는 편리한 기능이 있습니다. 이번에는 오직 Finder에만 있는 특별하고 유용한 탭 기능을 소개합니다.

Dock에서 Finder 단축 메뉴를 열고 [새로운 Finder 윈도우]를 선택하면 여러 개의 Finder 윈도우를 열 수 있습니다. 그러나 여러 개의 Finder 윈도우를 찾아다니면서 폴더나 파일을 선택하기 힘들다면 탭 방식으로 열어 편리하게 사용할 수 있습니다

Finder 윈도우에서 새 탭 열기

1 Finder 윈도우가 열린 상태에서 Finder 메뉴 막대의 [파일]-[새로운 탭]을 선택하거나 탭 막대 끝의 [+]를 클릭하면 Finder 윈도우에 '최근 사용' Finder 윈도우가 탭으로 추가됩니다.

잠 깐 만 요

Finder 윈도우를 선택한 뒤 command + T 키를 눌러도 새로운 탭을 추가할 수 있습니다.

2 탭 막대의 탭 이름을 클릭한 뒤 좌우로 드래그하면 표시되는 탭의 순서를 바꿀 수 있습니다.

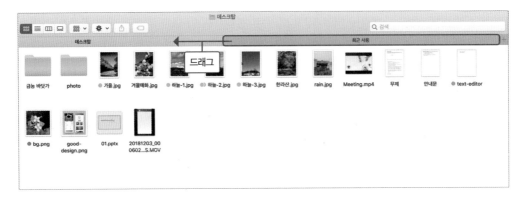

3 열려 있는 탭을 닫으려면 탭 이름 왼쪽에 있는 [×]를 클릭하면 됩니다.

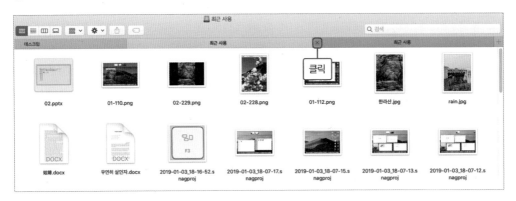

4 탭 막대에 있던 탭 이름을 클릭해서 밖으로 드래그하면 별개의 Finder 윈도우로 분리할 수 있습니다.

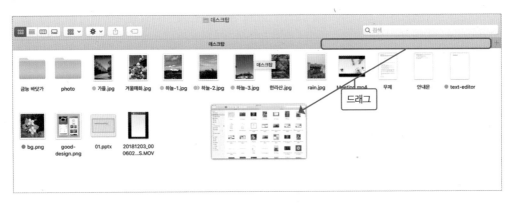

여러 개의 Finder 윈도우를 탭으로 합치기

1 여러 개의 Finder 윈도우가 열린 상태에서 기준이 될 Finder 윈도우를 선택한 뒤 Finder 메뉴 막대에서 [윈도우]–[모든 윈도우 통합]을 선택합니다.

2 열려 있던 모든 Finder 윈도우가 하나의 Finder 윈도우에 탭으로 합쳐져 쉽게 살펴볼 수 있게 바뀝니다.

05 | 사이드바 살펴보기

Finder 윈도우의 사이드바에는 즐겨찾기, 디스크 및 태그 등의 자주 사용하는 항목이 있습니다. 우선 사이드바가 어떻게 구성되어 있는지 살펴보고 사이드바를 설정하는 방법에 대해 알아보겠습니다.

사이드바 살펴보기

Finder의 사이드바는 크게 4개의 부분으로 구분됩니다.

❶ 즐겨찾기 : AirDrop, 최근 사용한 파일, 응용 프로그램, 다운로드 등 자주 사용하는 폴더를 표시합니다. 원하는 폴더를 추가할 수도 있고 기존의 항목을 제거할 수도 있습니다.

> **잠깐만요**
> '즐겨찾기'에 폴더를 추가/제거하는 방법은 120쪽을 참고하세요.

❷ iCloud : 인터넷 계정 환경설정에서 iCloud의 [iCloud Drive]-[데스크탑 및 문서 폴더]를 설정했다면 사이드바에 'iCloud Drive'와 '문서', '데스크탑'이 표시됩니다.

> **잠깐만요**
> iCloud 설정에 대한 내용은 93쪽을 참고하세요.

❸ 위치 : 컴퓨터의 하드 디스크나 외장 디스크, 네트워크의 컴퓨터 등을 표시합니다.

❹ 태그 : 태그 항목을 표시합니다. 태그 이름을 클릭하면 해당 태그가 있는 폴더나 파일만 모아서 볼 수 있습니다.

> **잠깐만요**
> 폴더나 파일에 태그를 추가하는 방법에 대해서는 133쪽을 참고하세요.

사이드바 가리기 및 보기

Finder 윈도우에는 기본적으로 화면 왼쪽에 사이드바가 표시되지만, 메뉴 막대에서 [보기]-[사이드바 가리기/사이드바 보기]를 선택해서 화면에서 감추거나 표시할 수 있습니다.

▲ 사이드바 가리기　　　　　　　　▲ 사이드바 보기

사이드바 아이콘 크기 조절하기

사이드바에 표시되는 '즐겨찾기'와 '위치' 등의 아이콘 크기를 조금 더 작거나 크게 조절할 수 있습니다.

사이드바의 아이콘 크기를 조절하려면 [🍎]-[시스템 환경설정]-[일반]을 차례로 선택한 후 '사이드바 아이콘 크기'

항목에서 [작게] 또는 [크게]를 선택하면 됩니다. 기본값은 [중간]입니다.

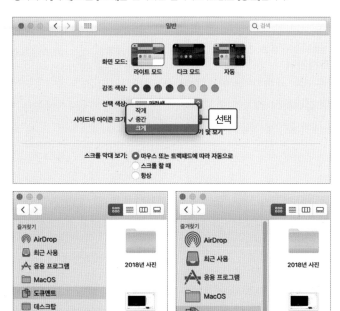

▲ [중간]일 때   ▲ [크게]일 때

잠 깐 만 요

command + option + S 키를 눌러도 사이드바를 감추거나 표시할 수 있습니다.

06 | 사이드바의 즐겨찾기 항목 설정하기

Finder 윈도우 사이드바에 표시되는 '즐겨찾기'에 자주 사용하지 않는 폴더를 제거하거나 원하는 폴더가 표시되도록 설정할 수 있습니다.

기본 항목 중 원하는 항목 표시하기

Finder 메뉴 막대에서 [Finder]–[환경설정]을 선택하면
Finder 환경설정 윈도우가 표시됩니다. [사이드바] 탭을
클릭하면 사이드바에 표시할 항목을 체크할 수 있습니다.
원하는 항목 앞의 체크 상자를 클릭하여 체크하거나 체크
해제하면 즉시 Finder 윈도우 사이드바에 적용됩니다.

즐겨찾기에 폴더 추가하기

기본 항목에 없는 폴더도 사이드바에 추가할 수 있습니다. 원하는 폴더를 클릭한 후 사이드바의
'즐겨찾기'로 드래그합니다. 원하는 위치에 가로 선이 표시될 때 마우스 버튼에서 손을 떼면 바
로 사이드바의 '즐겨찾기'에 드래그한 폴더가 추가됩니다.

잠 깐 만 요 ─────────────────────────────
사이드바에서 폴더를 위아래로 드래그해서 위치를 바꿀 수도 있습니다.

'즐겨찾기'에 추가한 폴더를 제거하려면 폴더를 [control]+클릭한 후 [사이드바에서 제거]를 선택합니다.

07 | 단축키로 폴더 이동하기

⊞ 파일 탐색기/바로 가기

Windows의 파일 탐색기에서는 내 컴퓨터의 모든 폴더가 사이드바에 표시되어 하위 폴더나 상위 폴더를 찾아가기 쉬운데, macOS의 Finder에서는 하위 폴더나 상위 폴더의 이동이 쉽지 않습니다. 하지만 단축키를 사용하면 상위 폴더와 하위 폴더뿐만 아니라 원하는 폴더로 쉽게 이동할 수 있습니다.

방향키로 상위, 하위 폴더 이동하기

Finder 윈도우가 열린 상태에서 키보드의 방향키를 누르면 폴더나 파일을 선택할 수 있습니다.

잠 깐 만 요

폴더나 파일이 선택된 상태에서 [return]키를 누르면 선택한 폴더나 파일을 여는 것이 아니라 이름을 변경하는 상태로 바뀝니다.

Finder 윈도우에서 command + ↓ 키를 누르면 하위 폴더로 이동하거나 선택한 파일을 실행할 수 있습니다.

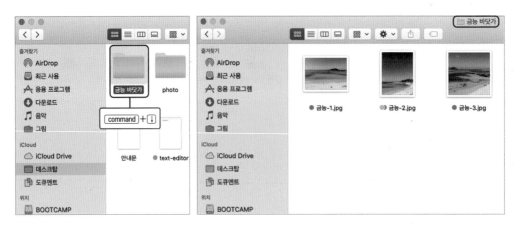

선택한 폴더나 파일이 있는 위치에서 상위 폴더로 이동하려면 command + ↑ 키를 누릅니다. 이렇게 단축키를 사용하면 '데스크탑' 폴더의 상위 폴더까지도 이동할 수 있습니다.

잠 | 깐 | 만 | 요

command + [키나 command +] 키를 누르면 이전 폴더나 다음 폴더로 이동할 수 있습니다.

단축키로 원하는 폴더로 이동하기

command + ↓ , ↑ 키로는 상위, 하위 폴더로만 이동할 수 있지만 단축키를 사용하면 원하는 폴더로 바로 이동할 수 있습니다. 단축키로 이동할 수 있는 폴더는 Finder의 메뉴 막대에서 [이동]을 클릭하면 확인할 수 있습니다. 단축키로 이동할 수 있는 폴더는 command + shift 키와 함께 각 항목의 이름 중 괄호 안의 글자를 사용합니다.

① 문서 : command + shift +dOcument

② 데스크탑 : command + shift +Desktop

③ 다운로드 : command + option +downLoad

④ 홈 : command + shift +Home

⑤ 컴퓨터 : command + shift +Computer

⑥ AirDrop : command + shift +aiRdrop

⑦ 네트워크 : command + shift +networK

⑧ iCloud Drive : command + shift +Icloud drive

⑨ 응용 프로그램 : command + shift +Applications

⑩ 유틸리티 : command + shift +Utilities

익숙하지 않은 '데스크탑'과 '사용자 홈' 폴더

'데스크탑'과 '사용자 홈' 폴더는 익숙한 이름이 아니지만 Windows과 비교하면 쉽게 이해할 수 있습니다.

macOS	데스크탑	홈	네트워크
Windows	바탕화면	내 컴퓨터	네트워크 위치

08 | Finder 윈도우의 보기 방식 변경하기

▦ 파일 탐색기/보기 레이아웃

Finder 윈도우는 기본적으로 폴더나 파일을 아이콘 형식으로 표시합니다. Finder 윈도우의 보기 방식을 변경하면 폴더나 파일을 목록이나 갤러리 형식으로 나열할 수도 있습니다. 또한 특정 조건에 맞는 폴더나 파일을 그룹으로 묶어서 표시할 수도 있습니다.

Finder 윈도우의 도구 막대 중 보기 항목(▦ ≡ ▥ ▭)의 각 아이콘을 선택하면 보기 방식을 변경할 수 있습니다.

아이콘 보기 ▦ : Finder 윈도우의 폴더나 파일을 아이콘 형태로 나열합니다. 파일 아이콘은 미리보기로도 표시할 수 있습니다.

> **잠 깐 만 요**
> 아이콘 보기의 보기 옵션에 대해서는
> 126쪽을 참고하세요.

목록 보기 ≡ : 폴더나 파일의 이름과 크기, 종류 등의 정보를 목록으로 나열합니다. 폴더나 파일의 정보가 표시되는 계층 이름을 클릭하면 클릭한 계층을 기준으로 오름차순이나 내림차순으로 정렬할 수 있습니다.

> **잠 깐 만 요**
> 목록 보기의 보기 옵션에 대해서는
> 127쪽을 참고하세요.

계층 보기 ▥ : 여러 개의 하위 폴더를 포함한 중첩된 폴더 간의 관계를 계층별로 표시합니다. 계층 보기는 중첩된 폴더 간의 관계를 쉽게 구별하는 데 유용합니다.

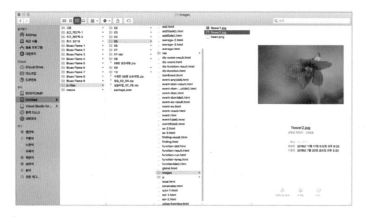

갤러리 보기 🖿 : Finder 윈도우의 파일을 앱으로 실행하지 않아도 내용을 미리 볼 수 있는 갤러리 형태로 표시합니다. 갤러리 보기 상태에서 Finder 메뉴 막대의 [보기]–[미리보기 보기]를 선택하면 미리보기 패널에서 선택한 파일의 형식, 생성일 등의 구체적인 정보도 함께 확인할 수 있습니다.

미리보기 패널

 단축키로 보기 방식 변경하기

❶ 아이콘 보기 : `command` + `1` 　　❷ 목록 보기 : `command` + `2`

❸ 계층 보기 : `command` + `3` 　　❹ 갤러리 보기 : `command` + `4`

어떤 보기 방식이 편리할까요?

Finder 윈도우의 보기 방식 중 어떤 것이 더 편리하고, 덜 편리하다고 할 수 없습니다. 각각의 보기 방식이 쓰고 용도가 다르기 때문이죠.

아이콘 보기는 사진이나 그림 파일의 내용을 아이콘 형태로 미리 볼 수 있어서 편리합니다. 목록 보기는 여러 개 파일의 세부 정보를 확인해 파일을 생성일순으로 정렬해야 할 때 유용합니다. 계층 보기는 한 개의 폴더 안에 여러 개의 하위 폴더가 포함되어 있을 경우, 폴더 안의 구조를 확인하기에 편리할 것입니다. 갤러리 보기는 여러 개의 PDF 파일이나 문서 파일의 내용을 미리 볼 수 있어 편리하죠. 각각의 보기 방식은 용도가 다르기 때문에 필요에 따라 변경하는 것이 좋습니다.

09 | 보기 옵션 설정하기

Finder 메뉴 막대에서 [보기]-[보기 옵션]을 선택하면 아이콘 보기의 아이콘 크기를 변경하거나 목록 보기에 새로운 계층을 추가하는 등 나만의 Finder 윈도우를 설정할 수 있습니다.

아이콘 보기의 보기 옵션

▲ 아이콘 보기의 보기 옵션

1 **항상 아이콘 보기로 열기** : 선택한 Finder 윈도우를 항상 아이콘 보기로 표시합니다.

2 **다음으로 그룹화** : Finder 윈도우 안의 폴더나 파일을 종류나 크기, 생성일 등 선택한 조건으로 그룹화하여 표시합니다.

3 **정렬** : Finder 윈도우 안의 폴더나 파일을 이름, 종류, 크기 등 선택한 조건으로 정렬합니다. 특정 조건으로 그룹화되어 있는 경우 각각의 그룹 안에서 선택한 조건에 맞게 정렬됩니다.

4 **아이콘 크기** : 슬라이드 막대를 움직여 아이콘 크기를 조절합니다.

5 **격자 간격** : 슬라이드 막대를 움직여 아이콘과 아이콘 사이의 간격을 조절합니다.

6 **텍스트 크기** : 아이콘 레이블(이름)의 텍스트 크기를 지정합니다.

7 **레이블 위치** : 아이콘 레이블(이름)이 표시될 위치를 지정합니다.

8 **항목 정보 보기** : 아이콘과 함께 간단한 정보를 표시합니다. 이미지 파일의 경우 이미지 크기가 표시되고 문서 파일의 경우 파일의 용량이 표시됩니다.

9 **아이콘 미리보기** : 아이콘에 미리보기를 표시합니다.

10 **배경** : Finder 윈도우의 배경을 지정합니다.

11 **기본값으로 사용** : 변경한 설정을 아이콘 보기의 기본값으로 사용합니다.

목록 보기의 보기 옵션

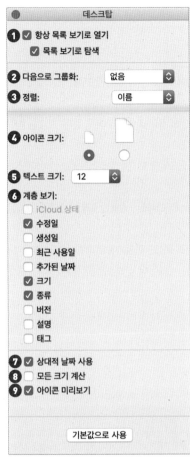

▲ 목록 보기의 보기 옵션

❶ 항상 목록 보기로 열기 : 선택한 Finder 윈도우를 항상 목록 보기로 표시합니다.

❷ 다음으로 그룹화 : Finder 윈도우 안의 폴더나 파일을 종류나 크기, 생성일 등 선택한 조건으로 그룹화하여 표시합니다.

❸ 정렬 : Finder 윈도우 안의 폴더나 파일을 이름, 종류, 크기 등 선택한 조건으로 정렬합니다. 특정 조건으로 그룹화되어 있는 경우 각각의 그룹 안에서 선택한 조건에 맞게 정렬됩니다.

❹ 아이콘 크기 : Finder 윈도우에 표시할 아이콘 크기를 지정합니다.

❺ 텍스트 크기 : Finder 윈도우에 표시할 목록의 텍스트 크기를 지정합니다.

❻ 계층 보기 : Finder 윈도우에 표시할 목록을 지정할 수 있습니다. 기본적으로 '수정일'과 '크기', '종류'가 표시되어 있습니다.

❼ 상대적 날짜 사용 : 이 항목을 체크하면 '어제', '그저께'와 같이 오늘을 기준으로 한 상대적 날짜가 표시됩니다.

❽ 모든 크기 계산 : 이 항목을 체크하면 폴더 안에 있는 파일 크기(용량)를 계산해서 폴더의 크기도 함께 표시됩니다. 기본적으로 폴더의 크기는 표시되지 않습니다.

❾ 아이콘 미리보기 : 아이콘에 미리보기를 표시합니다.

계층 보기의 보기 옵션

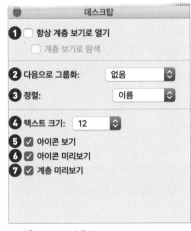

▲ 계층 보기의 보기 옵션

❶ 항상 계층 보기로 열기 : 선택한 Finder 윈도우를 항상 계층 보기로 표시합니다.

❷ 다음으로 그룹화 : Finder 윈도우 안의 폴더나 파일을 종류나 크기, 생성일 등 선택한 조건으로 그룹화하여 표시합니다.

❸ 정렬 : Finder 윈도우 안의 폴더나 파일을 이름, 종류, 크기 등 선택한 조건으로 정렬합니다. 특정 조건으로 그룹화되어 있는 경우 각각의 그룹 안에서 선택한 조건에 맞게 정렬됩니다.

❹ 텍스트 크기 : Finder 윈도우에 표시할 계층의 텍스트 크기를 지정합니다.

❺ 아이콘 보기 : 이 항목을 체크하면 각 폴더나 파일 이름과 함께 아이콘을 표시합니다.

6 아이콘 미리보기 : 이 항목을 선택하면 아이콘에 미리보기를 표시합니다.

7 계층 미리보기 : Finder 윈도우에서 선택한 파일의 정보를 표시합니다.

갤러리 보기의 보기 옵션

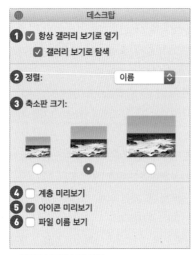

▲ 갤러리 보기의 보기 옵션

1 항상 갤러리 보기로 열기 : 선택한 Finder 윈도우를 항상 갤러리 보기로 표시합니다.

2 정렬 : Finder 윈도우 안의 폴더나 파일을 이름, 종류, 크기 등 선택한 조건으로 정렬합니다.

3 축소판 크기 : Finder 윈도우에 표시할 갤러리의 축소판 이미지 크기를 지정합니다.

4 계층 미리보기 : Finder 윈도우에서 선택한 파일의 정보를 표시합니다.

5 아이콘 미리보기 : 갤러리 축소판 이미지에 미리보기를 표시합니다.

6 파일 이름 보기 : Finder 윈도우에서 선택한 폴더나 파일의 이름을 표시합니다.

---

10 | 목록 보기의 계층 활용하기

파일 탐색기/보기 탭

Finder 윈도우의 보기 방식을 목록 보기로 설정하면 '수정일'과 '크기', '종류' 등의 목록이 각각의 계층으로 표시되어 많은 폴더나 파일 등의 항목을 다양한 기준으로 쉽게 정렬할 수 있습니다.

Windows의 파일 탐색기에서 보기 방식을 '자세히'로 선택했을 때 표시되는 '크기', '종류', '수정한 날짜' 등의 영역을 열(column)이라고 합니다. 반면에 macOS에서는 Finder 윈도우에 표시되는 '크기', '종류', '수정일' 등의 영역을 계층이라고 합니다. Finder 윈도우의 보기 방식을 목록 보기로 선택하면 Finder 윈도우에 계층을 표시할 수 있고 각각의 계층을 기준으로 많은 폴더나 파일을 다양한 기준으로 쉽게 정렬할 수 있습니다.

계층 추가/삭제하기

Finder 윈도우의 계층 이름을 control+클릭하면 추가할 수 있는 계층 보기 목록이 표시됩니다. 계층 보기 목록에서 체크되어 있는 항목은 이미 Finder 윈도우에 표시된 계층입니다.

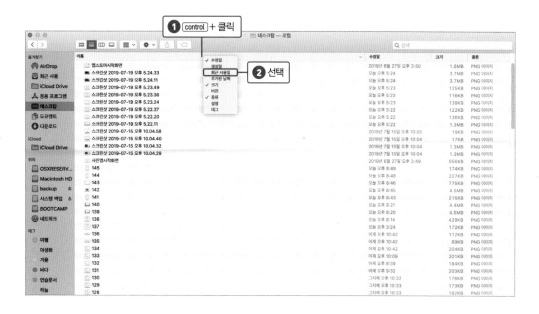

계층 보기 목록에서 Finder 윈도우에 표시하고 싶은 항목은 클릭하여 체크하고, 표시하지 않을 항목은 체크를 해제합니다.

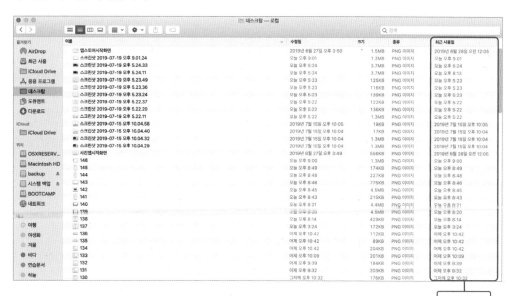

추가된 계층

계층 위치 옮기기

Finder 윈도우에 표시한 계층 목록의 순서를 원하는 위치로 옮길 수도 있습니다. 계층 이름을 클릭한 후 좌우로 드래그하면 계층 목록의 순서를 원하는 위치로 옮길 수 있습니다.

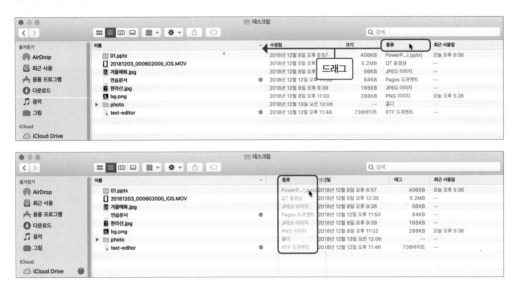

계층 목록 너비 조절하기

계층 목록에 표시되는 정보가 많아 모두 표시되지 않거나 빈 공간이 생긴 계층 목록의 너비를 조절하고 싶다면 계층 이름 사이에 있는 계층 구분선을 클릭한 후 좌우로 드래그하여 너비를 조절할 수 있습니다. 계층 구분선을 더블클릭하면 계층 목록의 너비가 자동으로 조절됩니다.

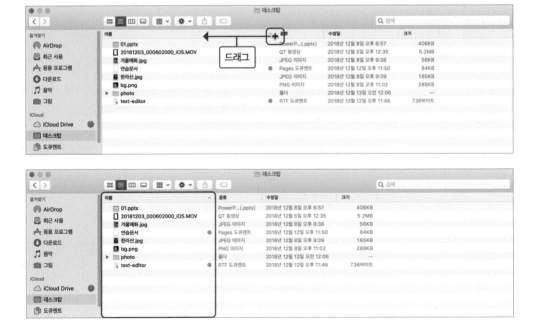

전문가의 조언 파일 확장자 표시하기

Finder 윈도우에는 기본적으로 이미지 파일이나 동영상 파일 등 일부 파일에만 확장자가 표시됩니다. Finder 윈도우의 모든 파일에 확장자를 표시하려면 Finder 메뉴 막대에서 [Finder]-[환경설정]을 선택한 후 [고급] 탭의 '모든 파일 확장자 보기'에 체크하고 환경설정 윈도우를 닫습니다.

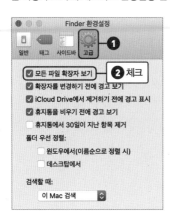

Finder
활용하기

macOS의 Finder는 폴더나 파일을 쉽게 정리하고 검색할 수 있는 다양한 기능들을 제공합니다. 또한 훑어보기나 미리보기처럼 앱을 실행하지 않고도 파일의 내용을 미리 훑어보고 간단한 편집까지 할 수 있는 기능도 있죠. Finder를 똑똑하게 활용하는 여러 가지 방법을 알아봅니다.

01 | 태그로 폴더와 파일 관리하기

macOS의 태그를 사용하면 미리 지정한 나만의 주제로 모든 폴더나 파일을 더욱 쉽게 관리할 수 있습니다. 사진 파일에 찍은 장소나 사진 주제로 태그를 붙여 놓으면 많은 사진 파일 중 원하는 태그가 붙은 사진 파일만 확인할 수 있죠. 한 개의 폴더나 파일에 둘 이상의 태그를 붙일 수 있고 태그를 색상으로 구별할 수도 있습니다.

Finder 윈도우에서 태그 붙이기

Finder 윈도우에서 태그를 붙일 폴더나 파일을 선택하고 [control]+클릭한 후 단축 메뉴에서 [태그]를 선택하거나 도구 막대에서 [태그 편집] ⬭ 을 클릭합니다.
태그 지정 상자에서 원하는 태그의 이름을 입력하고 태그 색상 목록에서 원하는 색상을 선택하면 선택한 폴더나 파일에 태그가 붙습니다.

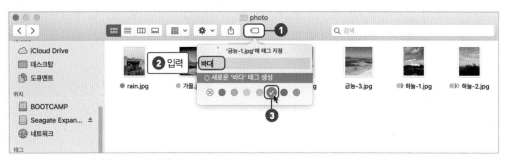

▲ 원하는 태그 직접 입력하기

잠 깐 만 요

둘 이상의 태그를 입력하려면 쉼표(,)로 각 태그를 구분합니다.

새로운 태그를 추가하면 Finder 윈도우 사이드바에도 추가한 태그가 표시됩니다. 다른 폴더나 파일 등의 항목에 이미 만들어 놓은 태그를 지정하려면 원하는 항목을 선택한 뒤 사이드바의 태그로 드래그하면 됩니다. 이미 태그가 추가된 항목에도 여러 개의 태그를 추가할 수 있습니다.

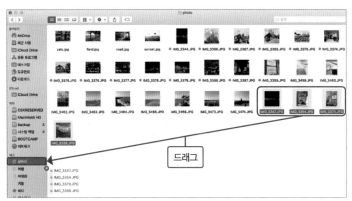

드래그

▲ 이미 지정된 태그에 추가하기

잠 깐 만 요

태그를 지정할 항목을 선택한 후 [control]+클릭하여 원하는 태그를 선택해도 됩니다.

앱 윈도우에서 태그 지정하기

macOS의 여러 앱에서 새로운 문서를 만들 때 파일을 저장하면서 태그를 지정할 수 있습니다. 파일을 저장할 때 표시되는 [태그]를 클릭한 후 이미 지정된 태그를 선택하거나 새로운 태그를 지정합니다.

이미 저장해 놓은 문서를 편집하면서 태그를 지정할 수 있습니다. 사용하는 앱 윈도우의 제목 표시줄의 [v]를 선택한 뒤 [태그]를 클릭하면 기존의 태그를 선택하거나 새로운 태그를 입력할 수 있습니다.

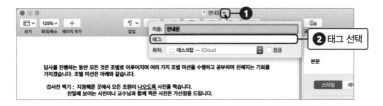

태그로 분류하기

다양한 방법으로 지정한 모든 태그는 Finder 윈도우 사이드바에 표시됩니다. 사이드바의 태그를 클릭하면 해당 태그가 붙은 폴더나 파일 등의 항목만 모아 한꺼번에 살펴볼 수 있습니다. 태그를 지정하면 태그가 지정된 항목이 어떤 위치에 있더라도 쉽게 분류하여 한 번에 확인할 수 있습니다.

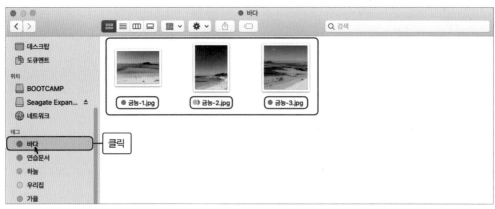

▲ '바다' 태그로 분류해서 보기

02 | 폴더를 만드는 다양한 방법

macOS의 Finder에서 새로운 폴더를 만드는 방법은 Windows의 파일 탐색기와 크게 다르지 않습니다. 하지만 Finder에는 파일 탐색기에 없는 '항목을 포함한 새로운 폴더 만들기'라는 편리한 기능이 있습니다.

새로운 폴더 만들기

새로운 폴더는 Finder 윈도우나 데스크탑 화면 어디에서나 만들 수 있습니다. 여기에서는 Finder 윈도우의 '데스크탑' 폴더에 새로운 폴더를 만들어 보겠습니다.

> **잠 깐 만 요**
> Finder 윈도우의 '데스크탑' 폴더는 macOS의 데스크탑 화면을 폴더 형태로 표시한 것입니다.

1 Finder 윈도우 사이드바에서 [데스크탑]을 클릭합니다. 오른쪽 내용 영역의 빈 공간을 `control`
+클릭한 뒤 단축 메뉴에서 [새로운 폴더]를 선택합니다.

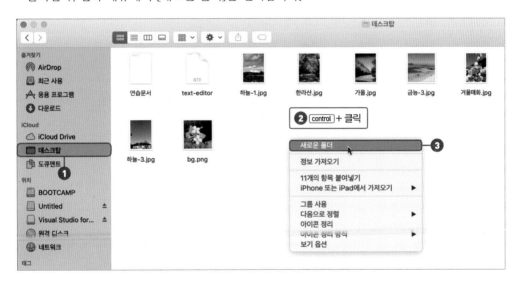

원모어 딩 새로운 폴더를 만드는 다양한 방법

❶ **단축키로 새로운 폴더 만들기 :** `command` + `shift` + `N`
❷ **단축 메뉴에서 새로운 폴더 만들기 :** Finder 윈도우 내용 영역에서 `control` + 클릭한 후 [새로운 폴더] 선택하기
❸ **Finder 메뉴 막대에서 새로운 폴더 만들기 :** Finder 메뉴 막대에서 [파일] – [새로운 폴더] 선택하기

2 새로운 폴더를 만들면 폴더 이름이 "무제 폴더"로 입력된 상태에서 파란색으로 블록 지정되어 있습니다. 원하는 폴더 이름을 입력한 뒤 ⌈return⌋키를 누르거나 화면 빈 공간을 클릭하면 폴더 이름이 변경됩니다.

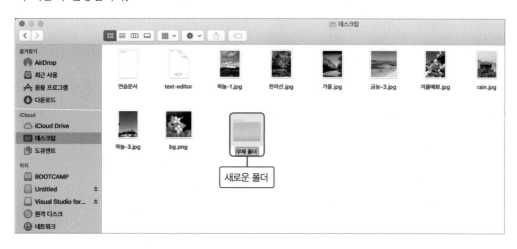

잠 깐 만 요 ─────────────────────────
폴더 이름을 변경하려면 이름을 변경할 폴더를 선택한 후 ⌈return⌋ 키를 누르거나, ⌈control⌋ + 클릭한 뒤 단축 메뉴에서 [이름 변경]을 선택하면 됩니다.

선택한 항목을 폴더로 만들기

macOS에서는 새로운 폴더를 만들어 원하는 폴더나 파일을 복사하거나 이동하는 과정을 조금 더 간단하게 처리할 수 있습니다. 여기에서는 원하는 파일을 선택해 새로운 폴더로 만드는 방법을 알아보겠습니다.

1 새로운 폴더로 옮길 파일을 선택한 후 Finder 메뉴 막대에서 [파일]-[선택 항목이 있는 새로운 폴더]를 선택합니다.

2 폴더가 생성되고 폴더 이름이 "항목을 포함하는 새로운 폴더"라고 입력된 상태에서 파란색으로 블록 지정됩니다. 원하는 폴더 이름을 입력한 뒤 [return]키를 누르거나 화면 빈 공간을 클릭하면 폴더 이름이 변경됩니다.

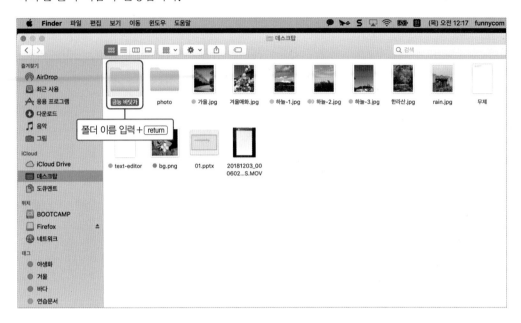

선택 항목이 있는 새로운 폴더를 만드는 다양한 방법

❶ **단축키로 선택 항목이 있는 새로운 폴더 만들기** : 파일을 선택한 상태에서 [control] + [command] + [N]

❷ **단축 메뉴에서 선택 항목이 있는 새로운 폴더 만들기** : 선택한 파일을 [control] + 클릭한 후 [선택 항목이 있는 새로운 폴더] 선택하기

❸ **Finder 메뉴 막대에서 선택 항목이 있는 새로운 폴더 만들기** : Finder 메뉴 막대에서 [파일]−[선택 항목이 있는 새로운 폴더] 선택하기

폴더나 파일을 복사하거나 다른 폴더로 이동할 때 여러 개의 항목을 한꺼번에 선택해야 할 경우가 있습니다. macOS에서 여러 개의 항목을
선택하는 다양한 방법에 대해 알아보겠습니다.

하나씩 여러 개의 항목 선택하기

Finder 윈도우에서 command 키를 누른 상태로 원하는 폴더나 파일을 클릭하면 여러 개의 항
목을 한 번에 선택할 수 있습니다. Windows에서 여러 파일을 선택할 때 사용하던 Ctrl 키가
macOS에서는 command 키인 것이죠.

▲ command + 항목 클릭

연속한 여러 개의 항목 선택하기

연속한 폴더나 파일 등의 항목을 선택할 때는 Finder 윈도우의 보기 방식을 목록 보기나 계층
보기로 바꾸면 편리합니다. 연속한 항목 중 첫 번째 항목을 클릭하여 선택한 후 마지막 항목을
shift +클릭하면 첫 번째 항목과 마지막 항목 사이에 있는 모든 항목을 한 번에 선택할 수 있습
니다.

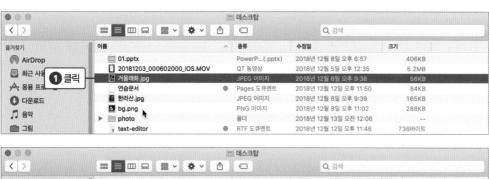

04 | 항목 복사 및 이동하기

파일 탐색기/파일 복사 및 이동

Finder 윈도우에 있는 폴더나 파일 등의 항목을 다른 폴더로 드래그하면 선택한 항목을 복사하거나 옮길 수 있습니다. 하지만 복사하거나 옮겨지는 대상 폴더가 선택한 항목과 같은 디스크에 있는지, 다른 디스크에 있는지에 따라 항목을 복사하고 이동하는 방법이 달라집니다.

같은 디스크로 항목 복사/이동하기

폴더나 파일 등의 항목을 선택한 후 같은 디스크의 다른 폴더로 드래그하면 선택한 항목을 옮길 수 있습니다. 같은 디스크에 있는 항목을 드래그하여 다른 폴더로 옮길 때의 기본 동작은 '이동'이기 때문에 기존 폴더에 있던 항목을 드래그하여 옮긴 폴더로 이동합니다. 선택한 항목을 기존 폴더에 유지한 채 다른 폴더로 복제하려면 option 키를 누른 상태로 드래그하면 됩니다.

> **잠 깐 만 요**
> 폴더나 파일 등의 항목을 선택한 후 Finder 메뉴 막대에서 [파일]-[복제]를 클릭하면 같은 폴더에 선택한 항목의 복제본(복사본)이 만들어집니다.

다른 디스크로 항목 복사/이동하기

폴더나 파일 등의 항목을 선택한 후 다른 디스크의 폴더로 드래그하면 선택한 항목을 복사할 수 있습니다. 다른 디스크의 폴더로 항목을 드래그할 때의 기본 동작은 '복사'로, 기존 폴더에 있던 항목을 복사하여 다른 디스크에 있는 폴더로 붙여 넣을 수 있습니다. 이때 선택한 항목을 복사하지 않고 다른 디스크의 폴더로 옮기려면 command 키를 누른 상태로 드래그하면 됩니다.

전문가의 조언

가상본 만들기

macOS의 '가상본'은 Windows의 '바로 가기'와 같은 기능으로, 가상본은 실제로 폴더나 파일 등의 항목을 복사한 것이 아니라 선택한 항목의 위치를 유지한 채 쉽게 접근할 수 있도록 연결해 주는 것입니다. 그렇기 때문에 가상본을 삭제하더라도 실제 항목에는 영향을 주지 않죠. 가상본은 폴더나 파일 아이콘 왼쪽 아래에 화살표가 함께 표시되기 때문에 일반 폴더나 파일과 구별됩니다.

폰사진 가상본

가상본을 만들려면 폴더나 파일 등의 항목을 control + 클릭한 후 단축 메뉴에서 [가상본 만들기]를 선택하거나 Finder 메뉴 막대에서 [파일]-[가상본 만들기]를 선택하면 됩니다. 원하는 항목을 선택한 후 command + option 키를 누른 상태로 드래그해도 가상본을 만들 수 있습니다.

파일 관리 | Finder 활용하기

05 | 항목 압축 및 압축 해제하기

여러 개의 폴더나 파일을 메일에 첨부하거나 공유할 때나 다른 저장 장치로 옮길 경우 압축해서 사용할 때가 많습니다. Finder에는 폴더나 파일을 압축하거나 압축 해제할 수 있는 기능까지 모두 갖춰져 있습니다.

압축하기

1 Finder 윈도우에서 압축할 폴더나 파일 등의 항목을 선택한 후 Finder 메뉴 막대에서 [파일]-[##개의 항목 압축]을 선택합니다. 만약 3개의 항목을 선택했다면 [3개의 항목 압축]으로 표시됩니다.

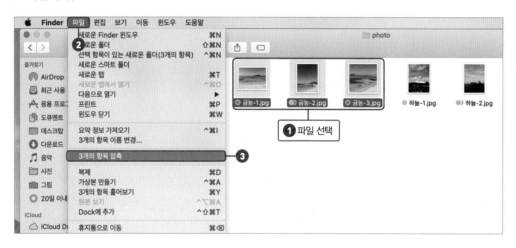

> **잠 깐 만 요**
>
> 압축할 폴더나 파일 등의 항목을 `control`+클릭한 뒤 단축 메뉴에서 [##개의 항목 압축]을 선택해도 됩니다.

2 [##개의 항목 압축]을 선택하면 바로 압축이 실행되고 선택한 항목이 있던 폴더에 '아카이브.zip'이라는 압축 파일이 만들어집니다. 압축 파일의 이름을 클릭하거나 단축 메뉴를 열어 원하는 이름으로 압축 파일의 이름을 변경할 수 있습니다.

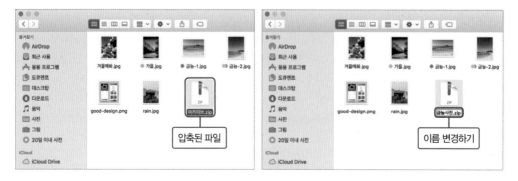

압축 해제하기

압축된 파일도 간단하게 해제할 수 있습니다. 압축 파일을 더블클릭하면 압축 파일과 같은 이름의 폴더가 만들어지면서 압축이 해제됩니다.

잠깐만요 ─────────────────────────────────

압축 파일을 선택한 상태에서 Finder 메뉴 막대의 [파일]-[열기]를 선택하거나 단축 메뉴에서 [열기]를 선택해도 압축이 해제됩니다. 여러 개의 압축 파일을 한 번에 압축 해제하려면 Finder 메뉴 막대나 단축 메뉴를 사용하는 것이 편리합니다.

06 | Finder에서 원하는 항목 검색하기

파일 탐색기/검색

Finder 윈도우에서 필요한 폴더나 파일 등의 항목 찾기 위해 직접 살펴볼 수도 있지만 Finder 윈도우 도구 막대의 검색 상자를 사용하면 원하는 기준으로 필요한 항목을 빠르게 찾을 수 있습니다.

1 Finder 윈도우의 검색 상자에 원하는 검색어를 입력합니다. 검색어를 입력하고 return 키를 누르지 않아도 입력한 검색어와 일치하는 검색 결과가 표시됩니다. Finder 윈도우의 특정 폴더에서 검색하더라도 Mac 전체에서 검색하여 결과를 보여 줍니다.

2 검색 대상을 '문서' 폴더만으로 제한하고 싶다면 검색 결과 위에 표시된 검색 막대에서 '문서'
를 클릭합니다.

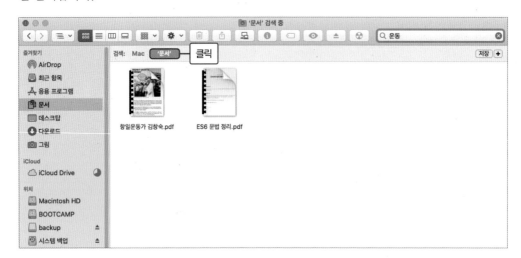

 현재 폴더만 검색하려면

Finder 윈도우의 검색 상자에 검색어를 입력하면 어떤 폴더에서 검색하든 전체 Mac을 검색하여 검색 결과를 보여
줍니다. 검색 대상을 검색어를 입력한 폴더로만 제한하고 싶다면 검색 범위를 조절할 수 있습니다.
Finder 메뉴 막대에서 [Finder]-[환경설정]을 선택한 후 [고급] 탭을 클릭합니다. '검색할 때' 항목을 펼쳐 [현재 폴
더 검색]을 선택하면 검색어를 입력한 폴더에서만 검색한 결과를 확인할 수 있습니다.

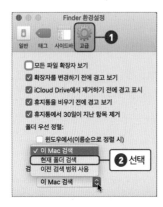

Finder 윈도우 검색 상자에서 검색했는데도 원하는 폴더나 파일 등의 항목을 찾지 못했다면 조금 더 다양한 조건으로 검색할 수 있습니다. 검색 결과가 너무 많을 때도 검색 조건을 추가하면 더욱 정확한 검색 결과를 얻을 수 있습니다.

1 Finder 윈도우의 검색 상자에서 검색한 결과가 너무 많을 경우 몇 가지 조건을 더 추가할 수 있습니다. 검색 조건을 추가하려면 검색 상자 아래의 검색 막대 오른쪽 끝에 있는 [+]를 클릭합니다.

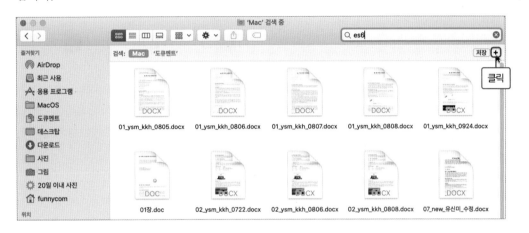

> **잠 깐 만 요** ────────
> Finder 윈도우의 검색 상자에서 검색하기 전에 추가 검색 조건을 표시하려면 command + F 키를 누릅니다.

2 추가 검색 조건에는 기본적으로 [종류]가 선택되어 있습니다. [종류] 외에도 여러 가지 조건을 추가할 수 있습니다. 예를 들어, 특정 단어가 포함된 파일을 검색하려면 목록에서 [이름]을 선택하면 됩니다.

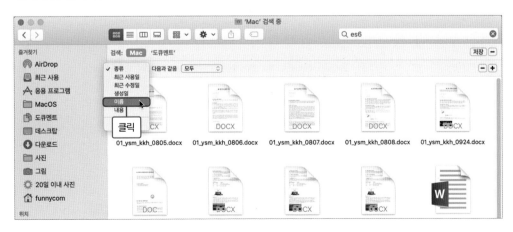

3 [이름]을 선택하면 오른쪽에 새로운 검색 상자가 표시되어 추가 검색 조건인 이름을 입력할수 있습니다. 처음의 검색 결과 중에서 두 번째 검색 조건에 맞는 결과만 골라서 보여 줍니다.

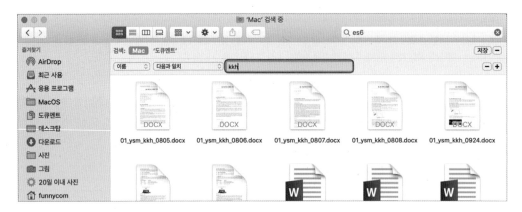

4 선택한 추가 검색 조건에 따라 오른쪽에 표시되는 항목이 달라집니다. 만약 추가 검색 조건으로 [종류]를 선택했다면 [PDF], [동영상] 등의 종류를 선택할 수 있는 새로운 목록이 표시됩니다. 검색 조건 목록에서 [기타]를 선택하면 검색 조건으로 추가할 수 있는 다른 조건이 표시됩니다.

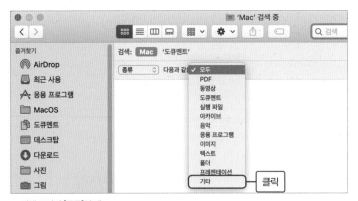

▲ 검색 조건이 [종류]일 때

잠 깐 만 요

검색 조건을 추가하면 Finder 윈도우의 검색 상자에 검색어를 입력하지 않고 추가한 조건만으로도 검색할 수 있습니다.

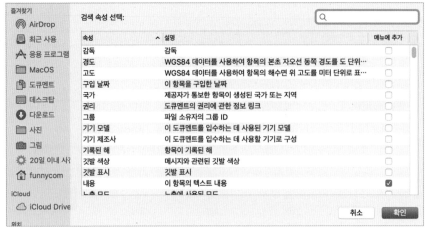

▲ 검색 조건이 [기타]일 때

스마트 폴더는 지정한 조건과 일치하는 폴더나 파일 등의 항목을 모아 놓은 폴더로, 지정한 조건에 맞는 새로운 항목이 추가된다면 어떤 위치에 있더라도 스마트 폴더에서 확인할 수 있습니다. 여기에서는 '최근 20일 내의 사진'만 볼 수 있는 스마트 폴더를 만들어 보겠습니다.

1 조건으로 지정할 폴더나 파일 등의 항목이 있는 Finder 윈도우를 열고 Finder 메뉴 막대에서 [파일]−[새로운 스마트 폴더]를 선택합니다.

2 '새로운 스마트 폴더'라는 이름의 새로운 Finder 윈도우가 나타납니다. 스마트 폴더의 검색 조건을 지정하기 위해 검색 막대 오른쪽 끝에 있는 [+]를 클릭합니다.

> **잠 깐 만 요**
> 검색 막대에는 기본적으로 'Mac'이 선택되어 Mac 전체를 대상으로 검색합니다. 검색 대상을 스마트 폴더를 만든 폴더로만 지정하고 싶다면 'Mac' 오른쪽의 폴더 이름을 클릭합니다.

3 검색 조건을 이미지로 지정하기 위해 조건 목록에서 [종류]를 선택하면 오른쪽으로 새로운 종류 목록이 표시됩니다. 종류 목록에서 [이미지]를 선택합니다.

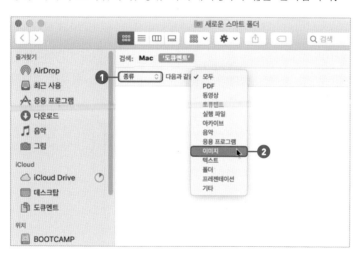

4 검색 대상으로 지정한 폴더에 있는 모든 이미지가 표시됩니다. 여기에 조건을 하나 더 추가해 보겠습니다. 검색 막대 오른쪽 끝에 있는 [+]를 클릭하세요.

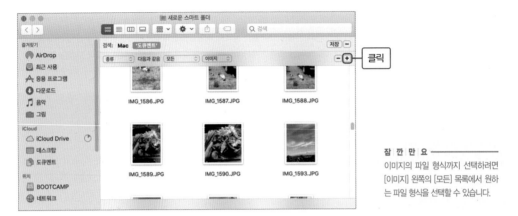

잠깐만요 ─────
이미지의 파일 형식까지 선택하려면 [이미지] 왼쪽의 [모든] 목록에서 원하는 파일 형식을 선택할 수 있습니다.

5 검색 결과의 이미지 중에서 '생성일'이 '최근 20일 내'인 이미지만 표시하도록 조건을 지정합니다. 검색 조건에서 [생성일]과 [최근]을 선택하고 '20'을 입력합니다.

6 원하는 조건을 모두 지정했다면 새로운 스마트 폴더에 조건과 일치하는 항목만 표시됩니다. 검색 막대에 있는 [저장]을 클릭하세요. 스마트 폴더의 이름을 입력하고 저장할 위치를 선택한 뒤 [저장]을 클릭합니다.

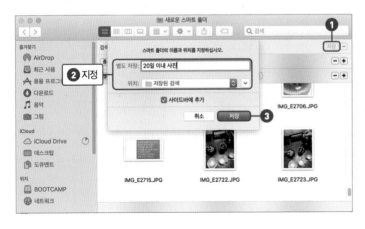

잠깐만요 ─────
상자 아래의 '사이드바에 추가'를 체크하면 저장한 스마트 폴더가 Finder 윈도우 사이드바에 추가됩니다.

7 '최근 20일 내의 이미지'의 조건으로 하는 스마트 폴더가 만들어졌습니다. 이렇게 만든 스마트 폴더에서는 오늘 날짜를 기준으로 항상 20일 내에 생성된 이미지만 확인할 수 있습니다.

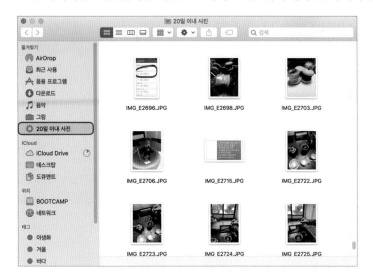

잠 깐 만 요
스마트 폴더는 특정한 조건에 맞는 파일을 모아서 보여 주는 역할만 하기 때문에 스마트 폴더에 있는 파일을 삭제하더라도 원래 파일은 삭제되지 않습니다.

09 | 중요한 항목 잠그기

폴더나 파일 등의 항목이 실수로 수정되는 것을 방지하려면 잠금 기능을 사용해 보호할 수 있습니다. 폴더나 파일 등의 항목을 잠그는 방법과 잠겨 있는 파일을 수정하는 방법에 대해 알아보겠습니다.

폴더나 파일 잠그기

폴더나 파일 등의 항목을 control+클릭하고 단축 메뉴에서 [정보 가져오기]를 선택한 후 '잠금'을 체크하면 선택한 항목을 잠글 수 있습니다.

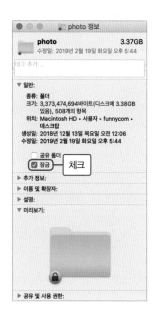

항목이 잠기면 아이콘에 작은 자물쇠가 표시됩니다. 폴더를 잠글 경우 폴더를 열어 폴더 안의
파일을 확인하거나 복사하는 것은 가능하지만 폴더에 새로운 파일을 추가할 수 없습니다.

잠깐만요 ─────
잠금이 설정되지 않은 항목의 경우 현
재 폴더와 같은 디스크의 폴더로 드래
그하면 '이동'되지만, 잠금이 설정된 항
목의 경우 원본을 그대로 남겨 두고
'복사'됩니다.

잠긴 파일 수정하기

잠금 상태의 파일은 더블클릭하여 내용을 확인할 수 있지만 내용을 수정할 수는 없습니다. 잠금
상태의 파일을 수정하면 다음과 같은 상자가 표시됩니다.

① 복제 : 원본 파일의 복사본을 만듭니다. 복사본은 잠겨 있지 않으므로 자유롭게 수정할 수 있습니다. 복사본의 파일 이
름 부분을 클릭하면 다른 이름으로 저장할 수 있습니다.

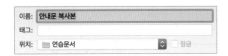

② 취소 : 수정하지 않습니다.
③ 잠금 해제 : 파일의 잠금을 해제하고 파일을 더 이상 보호하지 않습니다.

 미리보기 윈도우에서 잠금 해제하기

잠금 상태의 파일을 미리보기 윈도우에 표시하면 제목 표시줄에 파일 이름과 함께 '잠김'이라고 표시됩니다. 미리보
기 윈도우에서 잠긴 파일을 살펴보는 동안에 원한다면 잠금을 해제할 수도 있습니다.
미리보기 윈도우의 제목 표시줄을 클릭하면 파일 이름과 태그를 입력할 수 있는 항목과 체크 표시된 '잠금' 항목이
보이는데, '잠금' 항목 왼쪽에 있는 체크 표시를 해제하면 파일의 잠금을 해제할 수 있습니다.

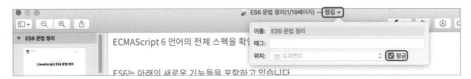

10 | 앱을 실행하지 않고 훑어보기

Finder에는 앱을 실행하지 않고도 파일의 내용을 확인할 수 있는 훑어보기 기능이 있습니다. 훑어보기 기능을 사용하면 문서나 이미지, 음악, 동영상 등 다양한 파일의 내용을 앱을 실행하지 않아도 확인할 수 있고 간단한 편집도 할 수 있습니다.

훑어보기 사용하기

Finder 윈도우에서 훑어볼 파일을 선택한 후 spacebar 키를 누르면 훑어보기 윈도우에 선택한 파일의 내용이 표시됩니다. 훑어보기 윈도우 제목 표시줄에는 도구 막대가 함께 표시되는데 선택한 파일의 종류에 따라 도구 막대에서 표시되는 도구가 조금씩 달라집니다.

◀ 문서 훑어보기
◀ 이미지 훑어보기
◀ 동영상 훑어보기

① 훑어보기 윈도우를 닫습니다.

② 훑어보기 윈도우를 전체 화면으로 표시합니다.

③ 선택한 파일의 이름이 표시됩니다.

④ 선택한 파일을 연결된 앱에서 확인할 수 있습니다.

⑤ 선택한 파일을 Mail이나 메시지 등의 앱으로 공유합니다.

⑥ 이전 파일이나 다음 파일로 이동합니다. ↑, ↓ 키를 눌러도 이전/다음 파일로 이동할 수 있습니다.

⑦ 선택한 여러 개의 파일을 격자 형태로 모두 표시합니다. 여러 개의 파일을 선택했을 때만 사용할 수 있는 도구입니다.

⑧ 이미지 파일을 왼쪽으로 90도 회전합니다. 이미지 파일이나 동영상 파일에서만 사용할 수 있는 도구입니다.

⑨ 마크업 도구 막대를 표시합니다. 마크업 도구를 사용하면 이미지 파일에 그림을 그리거나 텍스트를 입력할 수 있습니다. 사진이나 그림 등의 이미지 파일이나 PDF 등의 문서 파일에서만 사용할 수 있는 도구입니다.

⑩ 간단한 동영상을 편집할 수 있습니다. 동영상 파일에서만 사용할 수 있는 도구입니다.

 전문가의 조언

폴더도 훑어볼 수 있나요?

Finder 윈도우에서 폴더를 선택한 뒤 spacebar 키를 누르면 폴더의 훑어보기 윈도우가 표시됩니다. 폴더 훑어보기 윈도우에는 선택한 폴더에 용량, 폴더에 포함된 파일의 수, 최근 수정일을 확인할 수 있습니다.

슬라이드 쇼로 훑어보기

여러 개의 파일을 선택한 상태에서 [spacebar]키를 눌러 훑어보기 윈도우에 표시하면 선택한 파일을 슬라이드 쇼 보기로 재생할 수 있습니다. 슬라이드 쇼 보기는 전체 화면에서만 사용할 수 있는 기능으로, 도구 막대에서 [최대화] 🔘 를 클릭해서 훑어보기 윈도우를 전체 화면으로 표시합니다.

❶ 이전 파일로 이동합니다.

❷ 슬라이드 쇼를 시작합니다. 다시 한번 누르면 슬라이드 쇼가 중지됩니다.

❸ 다음 파일로 이동합니다.

❹ 선택한 여러 개의 파일을 격자 형태로 모두 표시합니다. [esc]키를 누르면 한 개의 파일만 전체 화면에 표시됩니다.

❺ 선택한 여러 개의 파일 Mail, 메시지 등의 앱으로 공유합니다.

❻ 전체 화면을 종료합니다.

❼ 훑어보기 윈도우를 닫습니다.

❙❙ ❘ 훑어보기 윈도우에서 동영상 편집하기

동영상 파일을 훑어보기 윈도우에 표시하면 동영상 재생 앱을 실행하지 않아도 동영상을 열어 볼 수 있습니다. 그리고 훑어보기 윈도우의 도구를 사용하면 간단한 동영상 편집도 가능합니다.

1 동영상 파일을 선택한 후 [spacebar]키를 눌러 훑어보기를 실행한 뒤 도구 막대에서 있는 [다듬기] 🔘 를 클릭합니다.

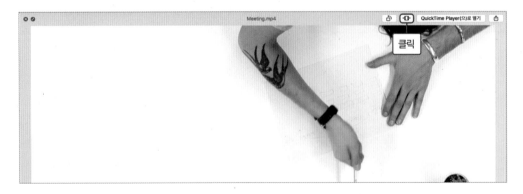

잠 깐 만 요
[다듬기] 버튼은 동영상 및 오디오 파일의 훑어보기 윈도우에만 표시됩니다.

2 [다듬기]를 클릭하면 훑어보기 윈도우의 동영상 재생 막대에 노란색 다듬기 막대가 표시됩니다. 다듬기 막대의 양 끝의 핸들을 좌우로 드래그하여 동영상의 앞부분과 뒷부분을 잘라낼 수 있습니다.

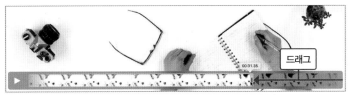

잠 깐 만 요
재생 막대에 표시되는 노란색 다듬기 막대의 밖으로 표시되는 영역이 잘려서 지워지는 부분입니다.

3 동영상 재생 막대의 [재생]▶을 클릭해 동영상을 재생할 수 있고, 다듬기 막대 양 끝의 핸들을 길게 클릭하면 자를 부분을 미세하게 조절할 수 있습니다.

4 동영상 편집을 취소하려면 도구 막대에서 [복귀]를 클릭하면 됩니다. 편집을 마친 뒤 동영상을 저장하려면 [완료]를 클릭합니다. 이때 저장 방법을 다음 중에서 선택할 수 있습니다.

- **대치** : 원본 동영상을 삭제하고 편집한 동영상을 저장합니다.
- **취소** : 저장을 취소합니다.
- **새로운 클립** : 원본 동영상을 그대로 유지하고 편집한 동영상을 새로운 이름으로 저장합니다.

PART 4

쉽고 편리하게
정보 수집하기

macOS의 기본 브라우저인 Safari는 인터넷에서 정보를 검색하는 것은 물론이고 원하는 웹
페이지를 PDF로 저장하는 등 다양한 기능을 제공합니다. 또한 macOS의 기본 앱인 Mail 앱
을 사용하면 여러 계정의 메일을 모아 한 번에 관리할 수 있죠. macOS의 기본 앱으로 인터
넷과 메일을 통해 중요한 정보를 수집하고 관리하는 방법에 대해 알아보겠습니다.

macOS
Catalina

Safari

Safari는 다양한 Apple 기기의 기본 브라우저로 Apple 기기에
같은 iCloud 계정으로 연결되어 있다면 Handoff와 같은 연속성
기능을 사용할 수 있습니다. 그리고 키체인을 사용하면 가입한
사이트의 암호를 저장하고 관리할 수 있죠. Safari를 활용하여
인터넷에서 정보를 수집하고 관리하는 방법에 대해 알아보겠습
니다.

01 | 다른 브라우저의 즐겨찾기 가져오기

macOS의 Safari가 아닌 오페라, 파이어폭스, 크롬 등의 웹 브라우저를 사용하고 있었다면 해당 웹 브라우저의 즐겨찾기와 방문 기록을 Safari로 가져올 수 있습니다.

1 Launchpad에서 Safari◎를 실행한 뒤, Safari 메뉴 막대에서 [파일]-[가져오기]를 선택한 뒤 가져올 정보가 있는 브라우저를 선택합니다.

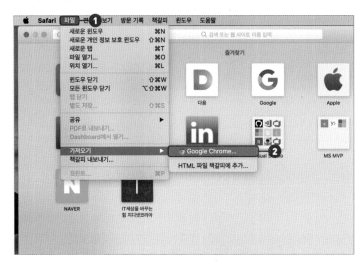

잠 깐 만 요 ———
macOS에 설치된 다른 브라우저가 없다면 브라우저 이름이 표시되지 않습니다.

2 Safari로 가져올 항목을 체크합니다. 크롬의 정보를 가져올 경우 북마크는 '즐겨찾기'로, 그 외의 정보는 '책갈피'로 가져옵니다.

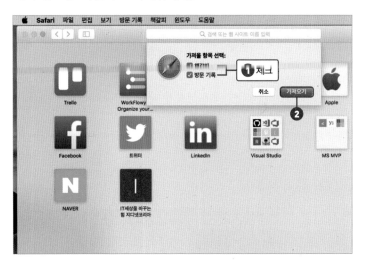

3 Safari 메뉴 막대에서 [책갈피]–[즐겨찾기 보기]를 선택하면 크롬에서 가져온 북마크를 확인할 수 있습니다.

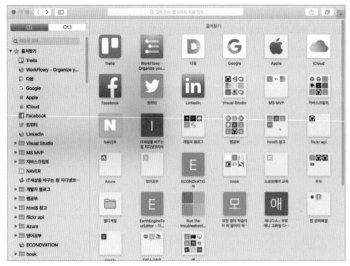

▲ 크롬에서 가져온 북마크

잠 깐 만 요 ─────
Safari 메뉴 막대에서 [보기]–[즐겨찾기 막대 보기]를 선택하면 Safari에 즐겨찾기 막대를 표시할 수 있습니다.

02 | Safari 윈도우의 도구 막대 사용자화하기

Safari를 처음 실행하면 도구 막대에 사용할 있는 도구가 몇 개 없지만 도구 막대를 사용자화하면 더 많은 도구를 추가할 수 있습니다. 유용한 Safari의 도구 막대를 사용자화하는 방법에 대해 알아봅니다.

Safari 도구 막대 사용자화하기

Safari 윈도우의 도구 막대를 [control]+클릭한 후 [도구 막대 사용자화]를 선택하거나 Safari 메뉴 막대에서 [보기]–[도구 막대 사용자화]를 선택하면 도구 상자가 나타납니다.

도구 상자에서 도구를 클릭한 후 도구 막대로 드래그해 원하는 도구를 추가할 수 있습니다. 반대로, 도구 막대에 있는 도구 아이콘을 클릭해서 도구 상자로 드래그해 제거할 수 있습니다. 원하는 도구를 모두 추가/제거한 뒤 [완료]를 클릭하면 Safari 도구 막대를 사용자화할 수 있습니다.

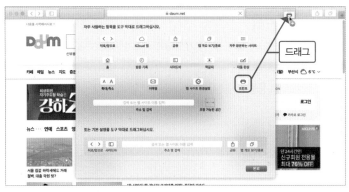

▲ 도구 막대에 도구 추가하기

Safari 도구 살펴보기

Safari 도구 막대에 추가할 수 있는 각 도구의 기능을 간단히 살펴보겠습니다.

① 뒤로/앞으로 ‹ › : 이전 페이지나 다음 페이지로 이동합니다.

② iCloud 탭 ☁ : iCloud 계정으로 연결된 다른 Apple 기기에서 열린 탭을 볼 수 있습니다.

③ 공유 ⬆ : 현재 보고 있는 페이지를 읽기 목록이나 책갈피로 추가할 수도 있고, AirDrop이나 메시지 등 다른 앱과 공유할 수 있습니다.

④ 탭 개요 보기/종료 ☐ : Safari에 열려 있는 탭을 바둑판 형식으로 표시합니다.

⑤ 자주 방문하는 사이트 ⠿ : 즐겨찾기 페이지와 자주 방문하는 사이트를 바둑판 형식으로 표시합니다.

⑥ 홈 ⌂ : 설정된 홈페이지로 이동합니다.

⑦ 방문 기록 ⊙ : 모든 방문 기록을 표시합니다. 메뉴 막대에서 [방문 기록]–[모든 방문 기록 보기]를 선택한 것과 같습니다.

⑧ 사이드바 ▭ : 브라우저 왼쪽에 사이드바를 표시합니다.

⑨ 책갈피 ☆ : 주소 표시줄 아래에 즐겨찾기 막대를 표시합니다. 즐겨찾기 막대에서 [즐겨찾기 보기]를 클릭하면 브라우저에 즐겨찾기 사이트와 자주 방문하는 사이트가 표시됩니다.

⑩ 자동 완성 ☑ : 사용자의 결제 정보나 연락처, 암호 등을 저장해 두었다가 자동으로 입력합니다.

⑪ 확대/축소 A A : 페이지를 확대/축소합니다.

⑫ 이메일 ✉ : 현재 페이지를 이메일에 첨부합니다.

⑬ 웹 사이트 환경설정 ⚙ : 현재 사이트의 탐색 방법을 사용자화합니다.

⑭ 프린트 🖶 : 현재 페이지를 인쇄합니다.

⑮ 주소 및 검색 : Safari 윈도우에 주소 표시줄을 표시합니다.

⑯ 조정 가능한 공간 ▭ : 도구 막대에 빈 공간을 추가하고, 필요하다면 도구 막대에서 빈 공간의 크기를 조절할 수 있습니다.

⑰ 이 도구를 도구 막대로 드래그하면 Safari 도구 막대를 기본 설정으로 변경합니다.

03 | 탭 브라우징 사용하기

Safari를 비롯한 최신 브라우저는 새 브라우저 윈도우를 여는 대신 하나의 윈도우에 여러 개의 탭을 여는 탭 브라우징 방식을 사용합니다. Safari 탭 브라우징을 사용하는 방법에 대해 알아보겠습니다.

새로운 탭 추가하기

Safari 윈도우의 주소 표시줄 오른쪽 끝에 있는 [+]를 클릭하면 새로운 탭이 열리고 즐겨찾기가 바둑판 형식으로 표시됩니다. 주소 표시줄에 원하는 주소를 입력하거나 즐겨찾기 중 원하는 사이트의 아이콘을 클릭하면 새로운 탭에서 원하는 사이트로 이동할 수 있습니다.

추가한 각 탭에는 사이트의 이름이 표시되기 때문에 어떤 사이트가 열려 있는지 쉽게 확인할 수 있습니다. 탭이 여러 개 열려 있을 경우 탭의 제목 표시줄을 클릭해서 드래그하면 탭의 위치를 옮길 수 있고 탭을 위아래로 드래그하면 새로운 Safari 윈도우로 분리할 수 있습니다. 열려 있는 탭을 닫으려면 탭의 제목 표시줄의 [×]을 클릭하면 됩니다.

잠깐만요
현재 탭을 control+클릭한 후 [다른 탭 닫기]를 선택하면 현재 표시된 탭을 제외한 나머지 탭을 한꺼번에 닫을 수 있습니다.

Safari 윈도우의 도구 막대에서 [탭 개요 보기]를 클릭하면 Safari 윈도우에 열려 있는 모든 탭을 바둑판 형식으로 볼 수 있습니다. 열려 있는 모든 탭이 작은 이미지로 표시되기 때문에 원하는 사이트를 쉽게 찾을 수 있습니다. 탭 개요 화면에서 원래 화면으로 돌아가려면 열려 있는 탭 중에서 하나를 선택하거나 다시 한번 [탭 개요 가리기]를 클릭합니다.

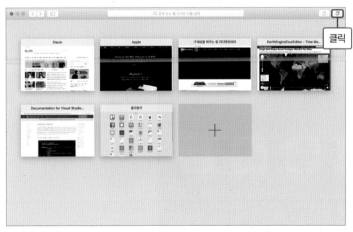

▲ 탭 개요 보기

여러 개의 Safari 윈도우를 탭으로 합치기

Safari를 사용하다 보면 Safari 윈도우가 여러 개 열려 있어서 한눈에 살펴보기 불편할 때가 있습니다. 이럴 때는 열려 있는 여러 개의 Safari 윈도우를 한 윈도우에 탭으로 합칠 수 있습니다. 여러 개의 윈도우 중 기준이 될 윈도우가 열린 상태에서 Safari 메뉴 막대의 [윈도우]–[모든 윈도우 통합]을 선택합니다.

선택된 Safari 윈도우를 기준으로 나머지 윈도우가 기준 윈도우에 탭으로 표시됩니다.

실수로 닫은 탭 다시 열기

실수로 닫은 탭이 있는데 사이트 주소가 생각나지 않는다면 닫은 탭을 간단하게 다시 열 수 있습니다. Safari 윈도우에서 [shift]+[command]+[T]키를 누르면 이전에 닫은 탭이 바로 Safari 윈도우에 다시 열립니다. 만약 닫은 탭이 여러 개라면 [shift]+[command]+[T]키를 누를 때마다 최근 닫은 탭의 순서대로 다시 열 수 있습니다. 닫은 탭 중 필요한 탭만 다시 열고 싶다면 Safari 메뉴 막대의 [방문 기록]-[최근에 닫은 항목]에서 필요한 탭을 선택하면 됩니다.

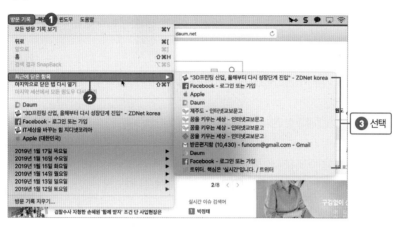

04 | 사이트 환경설정하기

Safari에서는 각 웹 페이지의 보기 비율을 변경하고 광고가 많은 웹 페이지에서 광고를 없애고 본문만 표시하여 저장하거나 팝업을 관리할 수 있죠. 이번에는 Safari에서 사이트의 환경설정을 변경하는 방법에 대해 알아보겠습니다.

Safari로 자주 접속하는 사이트의 페이지 크기나 팝업 사용 등의 설정을 저장하고 사용할 수 있습니다. 자주 접속하는 사이트의 환경설정을 해 두면 설정한 내용이 모두 저장되어 다시 접속했을 때 설정한 값으로 사이트를 사용할 수 있습니다.

사이트 환경설정하기

사이트 환경설정을 변경할 사이트로 이동합니다. Safari 메뉴 막대에서 [Safari]-[이 웹 사이트 설정]을 선택하거나 주소 표시줄을 [control]+클릭한 뒤, [이 웹 사이트 설정]을 선택하면 해당 사이트의 설정을 변경할 수 있습니다.

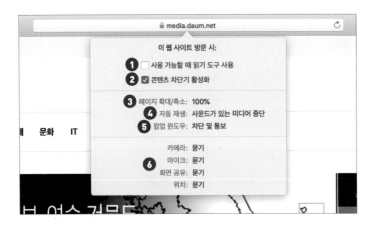

❶ 사용 가능할 때 읽기 도구 사용 : 읽기 도구를 사용할 수 있는 사이트인 경우 읽기 도구로 표시합니다. 읽기 도구에 대한 내용은 164쪽을 참고하세요.

❷ 콘텐츠 차단기 활성화 : 사이트에서 광고 및 원하지 않는 기타 콘텐츠를 차단합니다.

❸ 페이지 확대/축소 : 웹 페이지의 보기 비율을 지정합니다.

❹ 자동 재생 : 자동으로 재생되는 미디어의 재생 방법을 선택합니다.

　　• **자동 재생 모두 허용** : 사이트에 있는 모든 비디오가 자동으로 재생될 수 있습니다.

　　• **사운드가 있는 미디어 중단** : 사운드가 없는 비디오만 자동 재생됩니다.

　　• **자동 재생 안 함** : 모든 비디오가 자동 재생되지 않습니다.

❺ 팝업 윈도우 : 팝업 윈도우에 표시 방법을 선택합니다. 팝업에 대한 내용은 164쪽을 참고하세요.

　　• **차단 및 통보** : 팝업 윈도우를 차단하면 주소 표시줄에 아이콘을 표시합니다.

　　• **차단** : 사이트에 팝업 윈도우를 표시하지 않습니다.

　　• **허용** : 사이트에 팝업 윈도우를 표시합니다.

❻ 카메라, 마이크, 화면 공유, 위치 : 카메라, 마이크, 위치 서비스의 사용 여부를 선택합니다.

　　• **묻기** : 사이트에서 카메라, 마이크, 위치 서비스 기능의 사용 전 사용 여부를 물어보고 허용/거부를 선택할 수 있습니다.

　　• **거부** : 사이트에서 카메라, 마이크, 위치 서비스 기능의 사용을 모두 거부합니다.

　　• **허용** : 사이트에서 카메라, 마이크, 위치 서비스 기능의 사용을 모두 허용합니다.

자주 접속하는 사이트가 아닐 경우 필요할 때마다 보기 비율이나 팝업 등 원하는 설정을 변경할 수도 있습니다. [이 웹 사이트 설정]에서 변경하는 것과 달리 변경한 설정은 저장되지 않습니다.

사이트 확대해서 보기

Safari 메뉴 막대에서 [보기]-[확대]/[축소]를 선택하면 사이트의 전체를 확대하거나 축소할 수 있습니다.

웹 페이지 확대(command + +)/축소(command + -) 단축키를 사용하면 더욱 편리하게 웹 페이지를 확대/축소할 수 있습니다. command + + 키를 누를 때마다 웹 페이지가 한 단계씩 확대되고 command + - 키를 누를 때마다 한 단계씩 축소됩니다. 다시 기본 보기 비율로 돌아가려면 command + 0 키를 누르면 됩니다.

▲ 기본 보기   ▲ 확대 보기

웹 페이지에서 이미지를 제외한 텍스트의 크기만 확대/축소할 수도 있습니다. 웹 페이지 전체를 확대/축소하는 단축키에 option 키를 추가하여 command + option + + / - 키를 누르면 이미지를 제외한 텍스트만 확대/축소할 수도 있습니다. 웹 페이지 전체 확대/축소 단축키와 마찬가지로 다시 기본 보기 비율로 돌아가려면 command + 0 키를 누르면 됩니다.

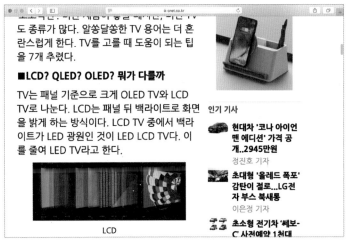

▲ 텍스트 확대

팝업 관리하기

Safari는 기본적으로 팝업을 차단합니다. 팝업이 있는 사이트에 접속하면 주소 표시줄에 ▭ 아이콘이 나타나 팝업의 유무를 확인할 수 있죠. ▭ 아이콘을 클릭하면 차단된 팝업 윈도우를 표시할 수 있습니다.

읽기 도구

뉴스 사이트나 개인 블로그를 둘러볼 때 광고 때문에 본문 내용을 읽기 어려웠다면 읽기 도구를 사용해 보세요. 광고를 감추거나 읽기 편한 형태로 보고 싶은 페이지에서 주소 표시줄의 [읽기 도구]☰를 클릭하면 사이트에서 제목과 본문만 추출해서 읽기 좋은 형태로 표시합니다. 읽기 도구 보기로 표시된 페이지에서는 읽기 도구 아이콘이 ☰로 바뀝니다. 다시 원래 페이지로 되돌리려면 주소 표시줄의 [읽기 도구]☰를 클릭하면 됩니다.

▲ [읽기 도구] 보기

[읽기 도구] 📄 아이콘 오른쪽의 [추가] ⊕ 를 클릭하면 읽기용 사이트를 따로 읽기 목록에 모아둘 수도 있습니다. 추가한 읽기용 사이트는 [사이드바] ▢ 를 클릭한 후 사이드바에서 [읽기 목록] ∞ 을 선택하면 사이드바에 표시됩니다. 주소 표시줄에서 [읽기 도구] 📄 아이콘을 클릭하면 읽기 목록에 저장한 페이지를 언제든지 편리하게 읽을 수 있습니다.

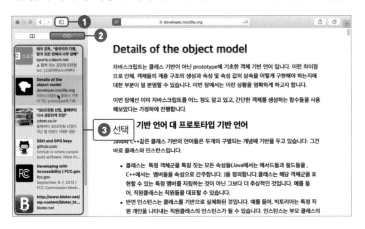

읽기 목록에 저장한 웹 페이지를 control + 클릭한 후 [오프라인으로 저장]을 선택하면 브라우저에 저장되어 인터넷에 연결하지 않은 상태에서도 페이지를 열어 볼 수 있습니다.

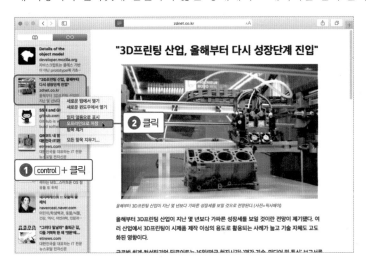

자주 방문하는 웹 페이지를 즐겨찾기로 추가하면 즐겨찾기 막대와 즐겨찾기 탭에 표시되어 쉽게 열어 볼 수 있습니다. 만약 나중에 다시 보고 싶은 웹 페이지가 있다면 책갈피에 추가하여 따로 보관할 수 있고 책갈피로 추가한 웹 페이지를 즐겨찾기로 옮길 수도 있습니다.

Safari의 사이드바는 책갈피 사이드바와 읽기 목록 사이드바로 구성되어 있습니다. 책갈피 사이드바는 다시 즐겨찾기와 책갈피 항목으로 나뉘어 있죠. 즐겨찾기와 책갈피 항목이 비슷하게 보일 수도 있지만 역할이 서로 다릅니다.

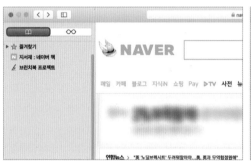
▲ 책갈피

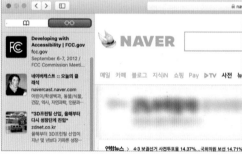
▲ 읽기 목록

만약 웹 페이지를 책갈피로 추가하면 책갈피 사이드바의 책갈피 항목에만 추가되지만, 즐겨찾기로 추가했다면 책갈피 사이드바의 즐겨찾기 항목에 추가됩니다. 책갈피 사이드바에 표시되는 것 자체는 큰 차이가 없지만 웹 페이지를 즐겨찾기로 추가하면 즐겨찾기 막대와 Safari 윈도우에서 새로운 탭을 열었을 때 표시되는 즐겨찾기 탭에도 표시되기 때문에 책갈피로 추가했을 때보다 편하게 추가한 페이지를 다시 열어 볼 수 있습니다.

즐겨찾기는 자주 방문하는 사이트들을 모아 놓는 곳입니다. 반면에 책갈피 항목은 사이트나 웹 페이지를 둘러보다 중요하다고 생각해서 표시해 두는 것입니다. 책을 읽다가 중요한 곳에 책갈피를 꽂아 놓듯이 나중에 찾아보기 쉽도록 표시해 두는 것이죠. Safari에서 책갈피는 즐겨찾기와 책갈피 항목을 함께 말하는 것입니다.

잠 깐 만 요

Safari 윈도우에 사이드바를 표시하려면 Safari 메뉴 막대에서 [보기]-[사이드바 보기]를 선택하면 됩니다.

만약 웹 페이지를 읽기 목록으로 추가하면 읽기 목록 사이드바에 추가됩니다. 읽기 목록으로 추가한 웹 페이지는 오프라인으로 저장할 수 있어 인터넷에 접속하지 않고도 그 내용을 확인할 수 있죠. 웹 페이지를 읽기 목록으로 추가하면 마치 종이 신문을 스크랩하는 것같이 사용할 수 있습니다.

즐겨찾기/책갈피 추가 및 삭제하기

1 즐겨찾기에 추가하려는 웹 페이지가 있다면 Safari 윈도우에 있는 [공유] ⬆️ 를 클릭한 뒤 [책갈피 추가]를 선택합니다.

잠깐만요 ─────
도구 막대에 [공유] ⬆️ 를 추가하려면 156쪽을 참고하세요.

2 '이 페이지를 다음에 추가' 항목에 [☆ 즐겨찾기]가 선택되어 있는지 확인합니다. 즐겨찾기 항목 이름은 자동으로 입력되는데 원하는 즐겨찾기 항목 이름으로 수정하거나 설명을 추가할 수 있습니다. 원하는 이름과 설명을 입력한 후 [추가]를 클릭합니다.

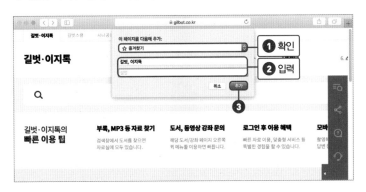

잠깐만요 ─────
웹 페이지를 책갈피로 추가하려면 '이 페이지를 다음에 추가' 항목에서 [책갈피]를 선택한 후 추가합니다.

3 주소 표시줄을 클릭하거나 [+]을 클릭하여 새 탭을 열면 즐겨찾기로 추가된 웹 페이지를 확인할 수 있습니다. Safari 윈도우에 즐겨찾기 막대가 표시되어 있다면 즐겨찾기 막대에서도 추가한 웹 페이지가 즐겨찾기 항목 이름으로 표시됩니다.

잠 깐 만 요 ─────
Safari 윈도우에 즐겨찾기 막대를 표시하려면 Safari 메뉴 막대에서 [보기]-[즐겨찾기 막대 보기]를 선택하면 됩니다.

원모어 띠 **즐겨찾기/책갈피를 추가하는 다양한 방법**

즐겨찾기/책갈피에 추가할 웹 페이지에서
❶ 주소 표시줄의 [추가] ⊕ 를 길게 클릭한 후 [읽기 목록], [즐겨찾기], [책갈피] 중 선택하기
❷ 도구 막대에서 [공유] 🔲 를 클릭한 후 [읽기 목록에 추가], [책갈피 추가] 중 선택하기
❸ 주소 표시줄의 주소나 링크 클릭하여 사이드바로 드래그하기

---

4 추가한 즐겨찾기나 책갈피 항목을 삭제하려면 책갈피 사이드바나 즐겨찾기 막대에서 삭제할 항목을 ⌷control⌷+클릭한 뒤 [삭제]를 선택하면 됩니다.

잠 깐 만 요 ─────
사이드바나 즐겨찾기 막대 밖으로 삭제할 항목을 드래그해서도 삭제할 수 있습니다.

책갈피 편집하기

Safari에서 추가한 즐겨찾기나 책갈피 항목은 언제든지 편집할 수 있습니다. Safari 메뉴 막대에서 [책갈피]-[책갈피 편집]을 선택하면 책갈피 윈도우가 나타납니다.

책갈피 항목을 control+클릭한 후 [삭제]를 선택하면 책갈피를 삭제할 수 있고, 책갈피 이름을 수정하거나 책갈피 주소를 수정할 수도 있습니다.

▲ 책갈피 편집하기

▲ 책갈피 주소 수정하기

단축 메뉴에서 [새로운 폴더]를 클릭하면 책갈피에 폴더를 만들 수 있고 책갈피를 추가할 때 폴더를 선택하거나, 기존의 책갈피를 폴더 안으로 드래그해서 옮길 수도 있습니다.

▲ 새로운 폴더 추가

▲ 책갈피 폴더로 옮기기

06 | 자주 가는 사이트 고정하기

하루에도 몇 번씩 확인해야 하는 웹 페이지가 있다면 즐겨찾기나 책갈피보다 더 쉽게 접근할수록 탭이나 Dock에 고정할 수 있습니다. 자주
확인해야 하는 사이트를 고정하는 방법에 대해 알아봅니다.

Safari 탭에 자주 가는 사이트 고정하기

1 고정할 사이트의 탭을 control+클릭한 후 [탭 고정]을 선택하거나 탭을 클릭하고 탭 막대 왼
쪽 끝으로 드래그합니다.

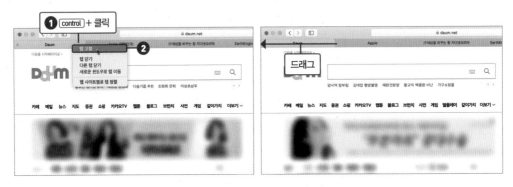

2 고정한 탭이 왼쪽 끝에 아이콘으로 표시됩니다. 이렇게 고정한 탭은 Safari를 종료한 뒤,
다시 실행해도 탭 막대에 고정되어 있습니다.

잠 깐 만 요

고정한 탭을 제거하려면 제거할 탭을 control+클릭한 뒤 [탭 고정 해제]나 [탭 닫기]를 클릭하면 됩니다.

Dock에 자주 가는 사이트 추가하기

자주 가는 사이트를 Dock에 추가해 놓으면 Safari를 실행하지 않아도 바로 열 수 있습니다.

1 Dock에 추가할 사이트의 주소 표시줄을 클릭한 후 왼쪽 사이트 아이콘을 Dock의 오른쪽 마지막 영역으로 드래그합니다.

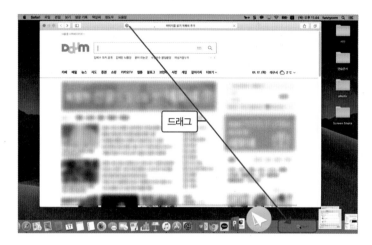

잠 깐 만 요
Dock의 오른쪽 마지막 영역에는 실행 중인 앱이나, 열려 있는 폴더나 파일 등 의 항목, 휴지통 아이콘이 표시됩니다.

2 Dock에 추가된 사이트는 지구 아이콘으로 표시되고 마우스 포인터를 올리면 사이트 이름을 확인할 수 있습니다. 지구 아이콘을 클릭하면 기본 브라우저에서 바로 해당 사이트가 열립니다.

잠 깐 만 요
Dock에 추가한 사이트를 제거하려면 지구 아이콘을 control +클릭한 뒤 [Dock에서 제거]를 선택하거나 Dock 밖으로 드래그하면 됩니다.

07 | Safari 시작 화면 바꾸기

Safari를 실행했을 때, 그리고 Safari에서 새로운 윈도우나 탭을 열었을 때 기본적으로 즐겨찾기가 표시되는데 즐겨찾기 외에 다양한 항목을 지정할 수 있습니다.

Safari를 실행한 뒤 Safari 메뉴 막대에서 [Safari]—[환경설정]을 선택한 후 Safari 환경설정 윈도우에서 [일반] 탭을 클릭하면 Safari를 실행할 때나 또는 새로운 윈도우나 탭을 열었을 때 표시할 항목을 선택할 수 있습니다.

 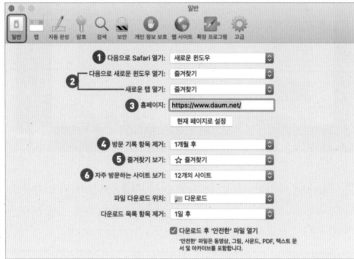

❶ **다음으로 Safari 열기** : Safari를 실행할 때 표시할 항목을 선택할 수 있습니다.
  • **새로운 윈도우** : 새로운 윈도우를 표시합니다. 이 항목을 선택하면 아래의 '다음으로 새로운 윈도우 열기'에서 선택한 항목이 표시됩니다.
  • **새로운 개인 정보 보호 윈도우** : 방문 기록을 저장하지 않는 개인 정보 보호 윈도우를 표시합니다.
  • **마지막 세션의 모든 윈도우** : Safari를 종료하기 전 열려 있던 개인 정보 보호 윈도우를 포함한 모든 윈도우를 표시합니다.
  • **마지막 세션의 모든 공개 윈도우** : Safari를 종료하기 전 열려 윈도우 중 개인 정보 보호 윈도우를 제외한 모든 윈도우를 표시합니다.
❷ **다음으로 새로운 윈도우 열기/새로운 탭 열기** : Safari에서 새로운 윈도우나 탭을 열 때 표시할 항목을 선택할 수 있습니다.
  • **즐겨찾기** : 즐겨찾기에 추가한 사이트를 바둑판 형식으로 표시합니다.
  • **자주 방문하는 사이트** : 자주 방문하는 사이트를 바둑판 형식으로 표시합니다.
  • **홈페이지** : 사용자가 '홈페이지' 항목에 설정한 사이트를 표시합니다.
  • **빈 페이지** : 아무 내용이 없는 빈 페이지를 표시합니다.
  • **같은 페이지** : 현재 표시된 사이트를 새 윈도우나 탭에 표시합니다.
  • **즐겨찾기에 대한 탭** : 즐겨찾기에 추가한 모든 웹 페이지를 탭으로 표시합니다.
  • **탭 폴더 선택** : 즐겨찾기에 대한 탭으로 열 즐겨찾기가 있는 폴더를 선택합니다.

❸ **홈페이지** : 입력한 사이트를 홈페이지로 지정합니다. 홈페이지로 지정하려는 사이트에서 항목 아래의 [현재 페이지로 설정]을 선택해도 홈페이지를 지정할 수 있습니다.

❹ **방문 기록 항목 제거** : 저장된 방문 기록을 자동으로 제거할 기간을 지정할 수 있습니다. 1일부터 1년까지 지정할 수 있으며 [수동으로]를 선택하면 방문 기록을 수동으로 제거합니다.

잠 깐 만 요

수동으로 방문 기록을 제거하려면 Safari 도구 막대에서 [방문 기록]-[방문 기록 지우기]를 선택하면 됩니다.

---

❺ **즐겨찾기 보기** : 새로운 윈도우나 탭에 표시할 즐겨찾기 폴더를 선택합니다

❻ **자주 방문하는 사이트 보기** : Safari 윈도우에 표시할 자주 방문하는 사이트의 수를 지정합니다. 6, 12, 24개 중 선택할 수 있습니다.

08 | 방문 기록 확인 및 삭제하기

최근에 방문했던 사이트나 실수로 닫았는데 주소가 기억나지 않는 사이트가 있다면 방문 기록을 확인해 보세요. 날짜별로 방문했던 사이트를 확인할 수 있습니다. 만약 다른 사람에게 방문 기록을 보여 주고 싶지 않다면 방문 기록을 삭제할 수도 있습니다.

방문 기록 확인하기

1 Safari 메뉴 막대에서 [방문 기록]을 클릭하면 오늘 방문한 사이트의 이름이 표시되고 아래로는 최근 일주일간의 방문 기록이 표시됩니다. 확인하려는 날짜 위로 마우스 포인터를 가져가면 해당 날짜에 방문한 사이트가 표시됩니다.

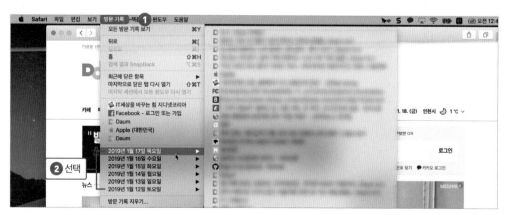

잠 깐 만 요

iCloud에 다른 Apple 기기와 같은 계정으로 연결되어 있고 [Safari] 항목을 공유한다면 다른 Apple 기기에서 Safari를 통해 방문한 기록도 확인할 수 있습니다.

---

2 최근 일주일이 아닌 더 오래된 날짜의 방문 기록을 확인할 수도 있습니다. Safari 메뉴 막대에서 [방문 기록]-[모든 방문 기록 보기]를 선택하면 더 오랜 기간의 방문 기록을 확인할 수 있고 저장된 방문 기록에서 검색을 할 수도 있습니다.

잠깐만요 ─────
각각의 방문 기록을 control +클릭하면 해당 방문 기록을 복사하거나 삭제할 수 있습니다.

방문 기록 삭제하기

1 방문 기록을 삭제하려면 Safari 메뉴 막대에서 [Safari]-[방문 기록 지우기]를 선택하거나 [방문 기록]-[방문 기록 지우기]를 선택합니다.

2 방문 기록을 삭제하는 지금 시점을 기준으로 [1시간 전], [오늘], [오늘 및 어제], [모든 방문 기록] 중 원하는 기간의 방문 기록을 선택할 수 있습니다. 원하는 기간을 선택한 후 [방문 기록 지우기]를 클릭하면 선택한 기간의 방문 기록이 삭제됩니다.

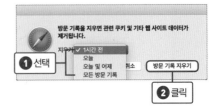

잠깐만요 ─────
저장된 방문 기록은 기본적으로 1년 후 자동 삭제됩니다.

09 | 웹 페이지 저장하기

웹 페이지를 별도의 파일로 저장하면 인터넷에 접속하지 않은 상태에서도 웹 페이지의 내용을 살펴볼 수 있고 PDF 파일로 저장하여 macOS 를 사용하지 않는 사용자와도 함께 볼 수 있습니다.

웹 페이지 저장하기

웹 페이지를 파일로 저장하면 인터넷에 접속하지 않은 상태에서도 웹 페이지를 살펴볼 수 있습니다. 웹 페이지에서 광고나 메뉴, 외부 링크가 많을 경우 주소 표시줄의 [읽기 도구] ≡ 를 클릭해서 읽기 상태로 바꾼 후 저장하는 것이 좋겠죠?

1 저장할 웹 페이지가 열린 상태에서 Safari 메뉴 막대의 [파일]–[별도 저장]을 선택합니다. '포맷' 항목에서 선택할 수 있는 저장 옵션은 두 가지인데, 기본적으로 [웹 아카이브]가 선택되어 있습니다. Safari 윈도우에서 보이는 그대로 저장하려면 [웹 아카이브]가 선택된 상태로, 저장할 파일 이름과 태그, 위치를 지정한 후 [저장]을 클릭합니다.

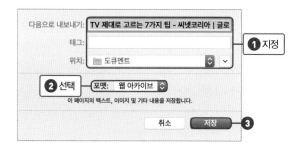

> **잠 깐 만 요** ─────────
> [읽기 도구] ≡ 로 저장할 웹 페이지를 읽기 상태로 바꾸면 광고나 메뉴 등을 제거하고 꼭 필요한 내용만 저장할 수 있습니다.

2 Finder 윈도우에서 웹 페이지를 저장한 위치로 이동하면 Safari에서 지정한 이름으로 저장된 파일을 확인할 수 있습니다. 저장한 파일을 더블클릭하세요.

> **잠 깐 만 요** ─────────
> Safari에서 저장한 웹 페이지 파일 이름 끝에는 '.webarchive'가 붙습니다.

3 Safari가 실행되고 저장한 웹 페이지가 표시됩니다. Safari 윈도우의 주소 표시줄에는 웹 페이지를 저장한 폴더의 경로가 표시됩니다. 이렇게 웹 페이지를 저장하면 인터넷이 연결되지 않은 상태에서도 인터넷에서 보던 웹 페이지를 살펴볼 수 있습니다.

 웹 페이지 소스만 저장하기

Safari에서 웹 페이지를 저장할 때 '포맷' 항목에서 [페이지 소스]를 선택하면 웹 페이지가 HTML 파일 형식으로 저장됩니다. 인터넷에 연결되어 있지 않은 상태에서 이 파일을 Safari에서 열면 인터넷에 연결되어 있을 때처럼 보기 좋은 형태는 아니지만 웹 편집기를 통해 페이지의 소스를 확인할 때 유용합니다.

▲ 웹 편집기에 소스 확인하기

웹 페이지를 PDF로 내보내기

웹 페이지를 PDF로 저장하면 macOS뿐만 아니라 Windows나 PDF 파일을 확인할 수 있는 기기에서도 확인할 수 있습니다.

1 저장할 웹 페이지가 열린 상태에서 Safari 메뉴 막대의 [파일]–[PDF로 내보내기]를 선택합니다.

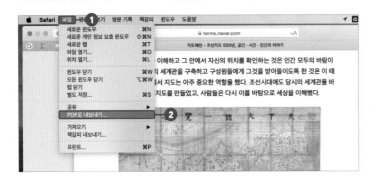

잠 깐 만 요 ─────

[읽기 도구]로 웹 페이지를 읽기 상태로 바꾸면 광고나 메뉴 등을 제거하고 꼭 필요한 내용만 저장할 수 있습니다.

2 PDF로 저장할 이름과 위치, 태그를 지정한 후 [저장]을 클릭합니다.

3 Finder 윈도우에서 웹 페이지를 PDF로 저장한 위치로 이동하면 PDF 파일 형태로 저장된 웹 페이지를 확인할 수 있습니다. 저장한 파일을 더블클릭하면 미리보기가 실행되고 저장한 웹 페이지가 PDF 문서로 표시됩니다.

▲ PDF로 저장된 웹 페이지

Mail

메일 앱을 사용하면 여러 개의 메일 계정을 한곳에서 관리할 수 있고 언제든지 원하는 계정으로 전환하며 메일 업무를 처리할 수 있습니다. 또한 여러 개의 메일 계정으로 온 메일을 쉽고 간 편하게 분류해 정리할 수도 있습니다.

01 | Mail 앱에 계정 추가하기

Mail 앱에 다른 계정을 추가하는 것은 간단합니다. 구글의 경우 계정에 저장되어 있는 캘린더나 메모까지 macOS로 가져올 수 있습니다. 국내 계정인 다음과 네이버는 POP/SMTP나 IMAP/SMTP를 설정해야 하지만 어렵지 않습니다.

구글 계정 추가하기

1 Launchpad에서 Mail▧ 앱을 실행한 뒤, 메일 계정을 선택하는 화면에서 [Google]을 선택하고 [계속]을 클릭합니다.

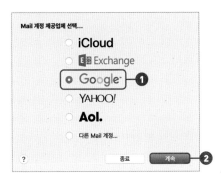

2 계정 인증을 위해 [Safari 열기]를 클릭합니다.

3 구글 ID와 비밀번호를 차례로 입력한 후 [다음]을 클릭합니다.

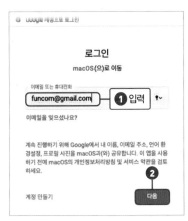

4 계정을 사용할 수 있도록 [허용]을 클릭합니다.

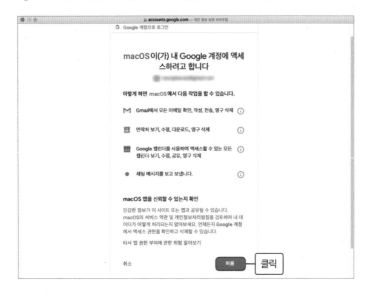

5 macOS에서 구글 계정 정보를 공유할 앱을 선택한 후 [완료]를 클릭합니다.

6 구글 계정의 추가가 완료되면 macOS의 Mail 앱에서 구글 계정의 지메일을 자유롭게 사용할 수 있습니다.

네이버/다음 계정 추가하기

네이버 메일이나 다음 메일(한메일) 계정을 Mail 앱에 추가하는 것은 미리 메일 사이트에서 POP/SMTP나 IMAP/SMTP를 설정해야 한다는 것을 제외하면 구글 계정을 추가할 때와 같습니다. 여기에서는 네이버 메일을 기준으로 설명합니다.

1 네이버에 로그인한 후 메일 페이지로 이동합니다. 네이버 메일 페이지 아래에 있는 [환경설정]을 클릭합니다.

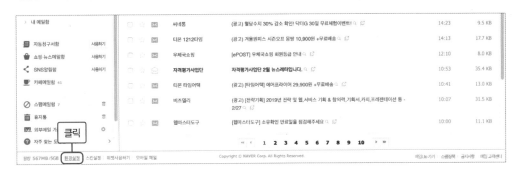

2 환경 설정 메뉴 중 [POP3/IMAP 설정]을 선택한 뒤 [IMAP/SMTP 설정] 탭에서 [IMAP/SMTP 사용]을 '사용함'으로 선택하고 [확인]을 클릭하면 Mail 앱에서 메일 계정을 사용할 수 있는 준비가 끝납니다.

3 Mail 앱을 실행한 뒤 Mail 메뉴 막대에서 [Mail]-[계정 추가]를 선택합니다. 메일 계정을 선택하는 화면에서 '다른 Mail 계정'을 선택한 후 [계속]을 클릭합니다.

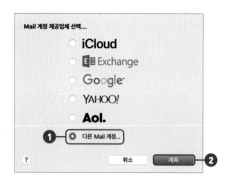

4 연결할 네이버 메일 계정에서 사용할 이름과 ID, 비밀번호를 입력한 후 [로그인]을 클릭하세요. 로그인에 성공하면 구글 계정을 연결할 때와 같이 macOS에서 네이버 계정 정보를 공유하여 사용할 앱을 선택할 수 있습니다. 네이버 계정의 추가가 완료되면 네이버 메일을 가져와 Mail 앱에 표시해 줍니다. 같은 방법으로 다음 메일 계정도 추가할 수 있습니다.

IMAP과 POP, SMTP는 무엇인가요?

다음 메일이나 네이버 메일 같은 웹 메일 서비스에서는 macOS의 Mail 앱이나 MS Outlook과 같은 외부 메일 앱에서도 메일을 읽을 수 있도록 허용하고 있습니다. 외부 메일 앱에서 메일을 가져오려면 다음 메일이나 네이버 메일에서 어떤 방식으로 메일을 가져올지 지정해야 하는데, 이때 IMAP이나 POP 중에서 선택해야 합니다.

외부 메일 앱에서 IMAP 방식으로 메일을 읽으면 메일 서버에서 메일을 읽어와도 메일 서버에 메일이 그대로 남아 있지만 POP 방식으로 메일을 읽으면 메일 서버에서 메일을 내려 받고 메일 서버에서는 메일이 사라집니다. 따라서 IMAP 방식으로 메일을 읽으면 서로 다른 기기에서도 같은 메일을 읽을 수 있지만 POP 방식으로 메일을 읽으면 서로 다른 기기에서 같은 메일을 읽을 수 없습니다.

요즘에는 macOS나 Windows의 컴퓨터뿐만 아니라 스마트폰, 태블릿 등 여러 장치에서 메일을 읽기 때문에 IMAP 방식을 많이 사용합니다.

Mail 앱에 추가한 계정의 암호가 변경되었거나 계정 정보를 공유하여 사용할 앱의 정보를 수정할 수도 있죠. 만약 더 이상 사용하지 않을 계정이라면 Mail에서 삭제할 수도 있습니다. 구글이나 네이버, 다음 메일은 웹 메일이기 때문에 Mail 앱에서 계정을 제거하더라도 메일 서버에 메일이 그대로 남아 있으니 안심하세요.

1 Mail 메뉴 막대에서 [Mail]-[계정]을 선택합니다. 현재 Mail 앱에 추가되어 있는 메일 계정이 인터넷 계정 윈도우 왼쪽에 표시됩니다. 계정 목록에서 수정할 계정을 선택하면 계정 정보와 계정 정보를 공유하는 앱이 표시되고 이름이나 암호를 수정하거나 사용할 서비스를 선택/해제할 수 있습니다.

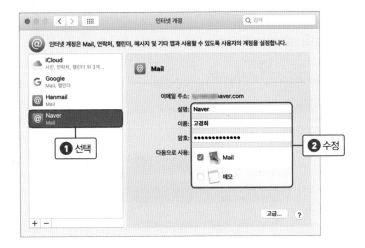

2 추가한 메일 계정을 삭제하려면 계정 목록에서 메일 계정을 선택한 후 목록 아래에 있는 ─ 를 클릭합니다.

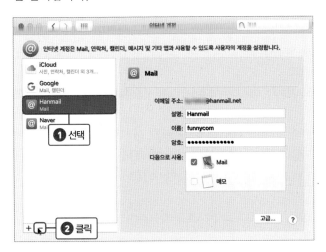

3 정말 삭제할 것인지 묻는 상자가 나타나면 [승인]을 클릭합니다. 추가한 메일 계정을 삭제하면 Mail 앱에서 더 이상 해당 메일 계정의 메시지를 읽을 수 없습니다.

03 | Mail 윈도우 살펴보기

■ 메일

Mail 앱의 화면이 어떻게 구성되어 있는지 살펴보고 조금 더 편리하게 메일을 확인할 수 있는 방법까지 알아보겠습니다.

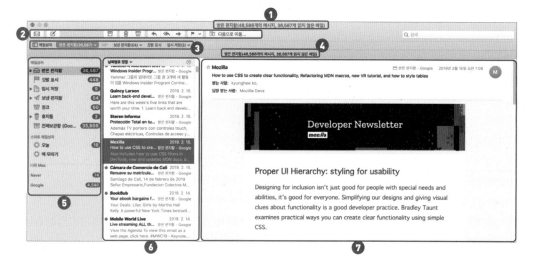

❶ 제목 표시줄 : 선택한 메일상자와 메일의 개수를 표시합니다.

❷ 도구 막대 : Mail 도구를 표시합니다. Mail 메뉴 막대에서 [보기]-[도구 막대 보기] 선택하면 표시할 수 있습니다. 도구 막대를 사용자화하는 방법은 188쪽을 참고하세요.

❸ 즐겨찾기 막대 : 자주 사용하는 메일상자를 표시합니다. Mail 메뉴 막대에서 [보기]-[즐겨찾기 막대 보기]를 선택하면 표시할 수 있습니다.

❹ 탭 막대 : [보기]-[탭 막대 보기]를 선택하면 제목 표시줄과 같은 내용이 표시됩니다. Mail 앱을 전체 화면으로 표시하면 제목 표시줄이 사라지기 때문에 탭 막대를 통해서 현재 보고 있는 메일상자와 메일 개수를 확인할 수 있습니다.

❺ 메일상자 목록 : 메일상자 목록을 표시합니다. Mail 메뉴 막대에서 [보기]-[메일상자 목록 보기]를 선택하면 표시할 수 있습니다.

❻ 메시지 목록 : 선택한 메일상자에 있는 메일 목록을 표시합니다. 메시지 목록에 대한 내용은 186쪽을 참고하세요.

❼ **내용 :** 메일 메시지 목록에서 선택한 메일의 내용을 표시합니다. 메일 내용을 대화로 구성하는 방법은 대해서는 187쪽을 참고하세요.

메일상자

다른 외부 메일 앱이나 웹 메일 서비스의 '편지함', '메일함'을 macOS의 Mail 앱에서는 '메일상자'라고 합니다. 메일상자 목록은 Mail 메뉴 막대에서 [보기]-[메일상자 목록 보기/가리기]를 선택하거나 즐겨찾기 막대의 📖 메일상자 를 클릭해서 표시하거나 가릴 수 있습니다.

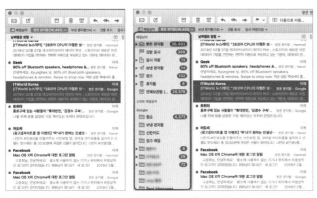

▲ 메일상자 목록을 감췄을 때　　▲ 메일상자 목록을 표시했을 때

만약 2개 이상의 메일 계정을 추가했을 경우, 추가한 계정의 모든 메일이 메일 메시지 목록에 표시되는데 메일상자에서 원하는 계정을 선택하면 선택한 계정의 메일 메시지 목록만 확인할 수 있습니다.

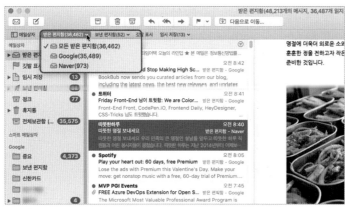

▲ 메일 계정 선택해서 보기

메일 메시지 목록

메일 메시지 목록은 기본적으로 날짜를 기준으로 정렬되어 가장 최근에 도착한 메일부터 표시합니다. 날짜가 아닌 다른 정렬 기준을 선택하려면 메일 메시지 목록 위에 있는 [날짜별로 정렬]을 클릭한 뒤 원하는 정렬 기준을 선택하면 됩니다. 원하는 정렬 기준을 선택하면 오름차순과 내림차순의 정렬 방식도 선택할 수 있습니다.

메일 메시지 목록에는 메일 제목과 함께 다양한 정보가 표시됩니다. 그래서 메일을 열어 보지 않고 메일 메시지 목록에 표시되는 정보만 훑어봐도 누가, 언제 보낸 메일인지 또는 첨부 파일이 있는지를 확인할 수 있습니다.

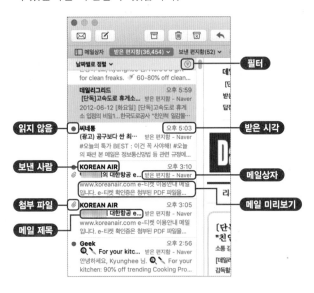

메일 메시지 목록의 파란색 원은 읽지 않은 메일에만 표시됩니다. 메일을 읽으면 파란색 원이 사라지죠. 메일 메시지 목록 위의 [필터] ◎를 클릭하면 읽지 않은 메일만 표시할 수도 있습니다. 첨부 파일이 있는 메일은 메일 메시지 목록에 클립 아이콘◎이 함께 표시됩니다.

메일 메시지를 대화로 구성하기

Mail 앱에서는 하나의 메일 메시지에 여러 개의 답장을 주고받았을 경우 메일 메시지와 답장을 개별적으로 나열하지 않고 대화 형태로 구성하여 그룹화합니다. 대화로 구성된 메시지는 "4 ≫"와 같이 메시지 목록에 메일 제목과 그룹화된 메시지의 개수를 표시합니다. 그룹화된 대화를 선택하면 메일 메시지와 답장을 오래된 것부터 시간순으로 정렬하여 표시합니다.

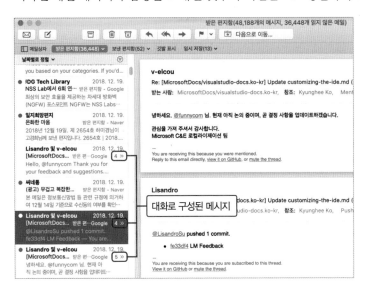

메일 메시지 목록에서 대화로 구성된 메시지의 숫자 옆의 [≫]를 클릭하면 [∨]로 바뀌며 그룹화된 메시지를 펼쳐서 확인할 수 있습니다. 다시 [∨]를 클릭하면 메일 메시지를 그룹화할 수 있습니다.

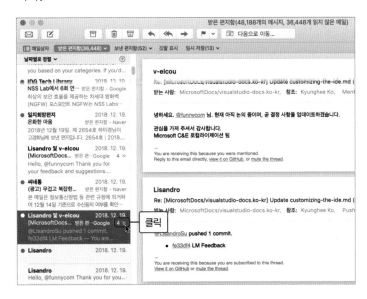

잠 깐 만 요
메시지를 대화로 구성하지 않으려면 Mail 메뉴 막대에서 [보기]−[대화로 구성]을 선택하여 체크를 해제하면 됩니다.

정보 수집

Mail

04 | Mail 앱의 도구 막대 사용자화하기

Mail 앱의 도구 막대에는 표시된 도구 외에도 자주 사용하는 도구를 추가하거나 필요 없는 도구를 없앨 수 있습니다. 도구 막대를 사용자화하는 방법과 Mail 앱의 도구에 대해 알아보겠습니다.

Mail 앱의 도구 막대를 [control]+클릭한 후 [도구 막대 사용자화]를 선택하면 도구 막대에서 필요 없는 도구를 제거하거나 추가할 수 있죠. 원하는 도구를 모두 추가/제거한 뒤 [완료]를 클릭하면 Mail 앱의 도구 막대를 사용자화할 수 있습니다.

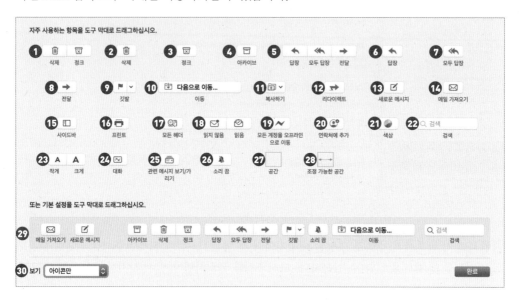

❶ **삭제/정크** 🗑 🗑 : 삭제 도구와 정크 도구를 하나의 도구로 추가합니다.

❷ **삭제** 🗑 : 선택한 메일을 삭제합니다.

❸ **정크** 🗑 : 선택한 메일을 정크 메일로 지정합니다. 정크로 지정한 메일은 정크 메일함에서 확인할 수 있습니다.

❹ **아카이브** 🗄 : 선택한 메일을 보관합니다. 보관한 메일은 전체보관함에서 확인할 수 있습니다.

❺ **답장/모두 답장/전달** ↩ ↞ → : 답장 도구와 모두 답장 도구, 전달 도구를 하나의 도구로 추가합니다.

❻ **답장** ↩ : 선택한 메일에 답장을 보냅니다.

❼ **모두 답장** ↞ : 선택한 메일에 참조한 사람이 있을 경우 참조한 사람도 모두 포함해 답장을 보냅니다.

❽ **전달** → : 선택한 메일을 전달합니다.

❾ **깃발** ⚐ ˅ : 선택한 메일에 깃발을 표시합니다.

❿ **이동** 📁 다음으로 이동 : 선택한 메일을 지정한 메일함으로 이동시킵니다.

⓫ **복사하기** 📁 ˅ : 선택한 메일을 지정한 메일함으로 복사합니다.

⓬ **리다이렉트** → : 선택한 메일을 다른 사람에게 전달합니다. 메일을 '전달' 받은 사람이 답장을 하면 메일을 전달한 사람에게 보내지지만 '리다이렉트'한 메일에 답장을 하면 전달한 메일의 작성자에게 보내집니다.

⓭ **새로운 메시지** ✎ : 새로운 메일 메시지를 작성합니다.

⓮ **메일 가져오기** ⊠ : 메일 서버에서 새로운 메일을 가져옵니다.

⓯ **사이드바** ▭ : Mail 윈도우에 사이드바를 표시하거나 감춥니다.

⓰ **프린트** 🖨 : 선택한 메일을 인쇄합니다.

⓱ **모든 헤더** 🔍 : 선택한 메일의 헤더를 표시합니다. 메일 헤더에는 메일을 주고받는 사람의 정보와 전달 경로 등이 암호화되어 있습니다.

⓲ **읽지 않음/읽음** ⊠ ⊠ : 선택한 메일을 '읽음'이나 '읽지 않음'으로 표시합니다.

⓳ **모든 계정을 오프라인으로 이동** ⌁ : Mail 앱에 추가한 모든 계정을 오프라인 상태로 바꿉니다. 이 경우 메일을 받거나 보낼 수 없지만 새 메일을 작성할 수 있고, 메일 계정이 온라인으로 바뀌면 전송됩니다.

⓴ **연락처에 추가** 👤 : 선택한 메일의 보낸 사람을 연락처에 추가합니다.

㉑ **색상** 🔵 : Mail 윈도우에 색상 윈도우를 표시합니다. 색상 윈도우에서 원하는 색을 선택하면 메일 메시지 목록에 선택한 색이 표시됩니다.

㉒ **검색** 🔍검색 : 보낸 사람이나 제목, 내용으로 메일을 검색합니다.

㉓ **작게/크게** A A : 선택한 메일의 글자 크기를 한 단계씩 작게, 혹은 크게 표시합니다.

㉔ **대화** ⊠ : 메일 메시지를 대화 형식으로 표시합니다.

㉕ **관련 메시지 보기/가리기** 📄 : 선택한 메일과 관련하여 주고받은 메일을 한꺼번에 표시하거나 가립니다.

㉖ **소리 끔** 🔔 : 새로운 메일 수신 알림 소리를 켜거나 끕니다.

㉗ **공간** ▭ : 도구 막대에 빈 공간을 추가합니다.

㉘ **조정 가능한 공간** : 도구 막대에 빈 공간을 추가하고, 원하는 크기로 조절할 수 있습니다.

㉙ **기본 설정** : 이 도구를 도구 막대로 드래그하면 사용자가 추가했던 도구를 취소하고 기본적인 도구들만 표시합니다.

㉚ **보기** : 도구 막대에 도구를 표시할 때 [아이콘 및 텍스트], [아이콘만], [텍스트만] 중에서 선택할 수 있습니다. 기본적으로 도구 막대에는 도구 아이콘만 표시됩니다.

05 | Mail 앱에서 메일 읽기 및 답장하기

Mail 앱에서 메일을 확인하는 것은 간단합니다. Mail 앱의 메일 메시지 목록에서 메시지를 클릭하면 Mail 윈도우 오른쪽에 내용이 표시되죠. 그럼 답장을 보내거나 다른 사람에게 전달하려면 어떻게 해야 할까요? 첨부 파일이 있는 메시지의 경우 첨부 파일을 다운로드하여 확인하거나, 다운로드하지 않고 내용을 확인할 수도 있습니다.

답장 및 전달하기

Mail 앱의 메일 메시지 목록에서 메시지를 클릭하면 Mail 윈도우 오른쪽에 내용이 표시됩니다. 지금 내용을 보고 있는 메시지에 답장하려면 도구 막대에서 [답장] ↩ 을 클릭하고 메시지를 전달하려면 [전달] → 을 클릭합니다. 만약 참조가 포함된 메시지로 메일을 보낸 사람과 참조로 포함된 모두에게 답장을 하려면 도구 막대에서 [모두 답장] ↩ 을 클릭하면 됩니다.

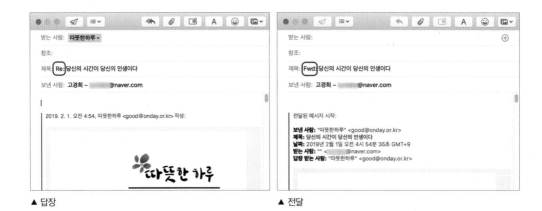

▲ 답장   ▲ 전달

도구 막대에 [답장]이나 [전달] 도구가 없더라도 오른쪽에 표시된 메일 내용 중 제목 부분에 마우스 포인터를 올리면 답장이나 전달을 위한 도구 아이콘이 표시됩니다.

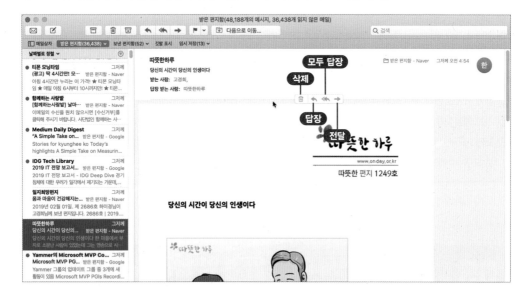

[답장]이나 [모두 답장], [전달]을 클릭한 뒤 메시지를 작성하고 [메일 보내기] ✈를 클릭하면 메시지가 발송됩니다.

> **잠 깐 만 요**
>
> 답장의 경우 원래 메시지 제목 앞에 Reply의 줄임말인 'Re:'가 자동으로 붙고, 전달일 경우에는 Forward의 줄임말인 'Fwd:'가 자동으로 붙습니다.

첨부 파일이 있는 메일 읽기

첨부 파일이 있는 메일은 메일 메시지 목록의 메시지 제목 옆에 클립 아이콘 ∅이 표시됩니다. 첨부 파일은 메일 메시지 내용 가장 아래쪽에서 확인할 수 있습니다.

첨부 파일을 다운로드하려면 메일 메시지 제목 부분에 마우스 포인터를 올려놓으면 표시되는 도구 아이콘 중에서 ⊘1ᵛ 을 클릭합니다.

만약 여러 개의 파일이 첨부되어 있고 이 중 파일 하나만 다운로드하려면 다운로드할 첨부 파일 이름을 선택하고, 첨부 파일 모두를 다운로드하려면 [모두 저장]을 선택하면 됩니다. 이렇게 다운로드한 첨부 파일은 Finder의 '다운로드' 폴더에 저장됩니다.

잠 깐 만 요

첨부 파일 아이콘을 control +클릭하여 [첨부 파일 저장]이나 [다운로드 폴더에 저장]을 선택해도 됩니다.

첨부 파일을 다운로드하지 않고 확인하려면 메일 메시지 내용 아래의 첨부 파일을 클릭한 후 spacebar 키를 누르거나 첨부 파일 아이콘을 control +클릭한 뒤 [첨부 파일 훑어보기]를 선택하면 훑어보기 윈도우에서 내용을 볼 수 있습니다. 또한 첨부 파일을 더블클릭하면 첨부 파일을 다운로드하지 않고도 연결된 앱을 실행하여 확인할 수도 있습니다.

메일 가져오는 시간 조절하기

Mail 앱에서는 일정 시간마다 메일 서버에서 새로운 메
일 메시지를 가져오는데, 지금 바로 새로운 메일 메시지
를 가져오려면 도구 막대에 있는 [메일 가져오기] ✉ 를
클릭합니다.

메일을 가져오는 시간을 조절할 수도 있습니다. Mail 메
뉴 막대에서 [Mail]-[환경설정]을 선택한 후 [일반] 탭의
'새로운 메시지 확인' 항목에서 원하는 시간을 선택합니
다. [수동]을 선택하면 [메일 가져오기] ✉ 를 클릭해야
새 메시지를 가져옵니다.

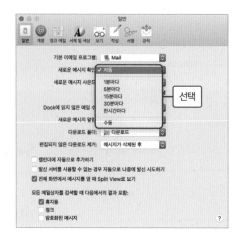

06 | 새로운 메일 메시지 작성하기

메일

Mail 앱에 메일 계정을 추가했다면 추가한 메일 계정의 메일을 확인하는 것뿐만 아니라 추가한 계정으로 새로운 메일을 보낼 수도 있습니다.
새로운 메일을 작성하는 방법과 메일 메시지를 꾸미고 사진이나 파일을 첨부하는 방법도 함께 알아보겠습니다.

새로운 메일 보내기

Mail 메뉴 막대에서 [파일]-[새로운 메시지]를 선택하거나 Mail 윈도우의 도구 막대에서 [새로
운 메시지] ✏ 를 클릭하면 새로운 메일 메시지를 작성할 수 있습니다. 새로운 메시지 윈도우에
서 '받는 사람'과 '제목', 내용을 입력하고 [메일 보내기] ✉ 를 클릭하면 메시지가 발송됩니다.
'보낸 사람'에는 지금 선택된 계정이 자동으로 입력되어 있고 메일 계정이 여러 개일 경우 '보낸
사람' 항목을 클릭하여 펼치면 메일을 보낼 때 사용할 계정을 선택할 수 있습니다.

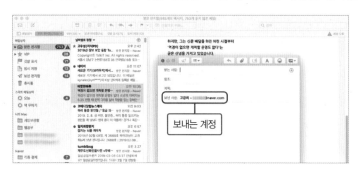

받는 사람 및 참조 추가하기

받는 사람을 추가하려면 각각의 메일 주소를 쉼표(,)로 구분하거나 ⊕를 클릭한 뒤 새로운 메일 주소를 입력하면 됩니다. 메일에 참조를 추가하려면 도구 막대에서 [헤더 필드] ≡⌄ 를 클릭하고 [참조 주소 필드]나 [숨은 참조 주소 필드]를 선택하여 참조나 숨은 참조를 추가할 수 있습니다.

메시지 내용 꾸미기

메일 메시지를 입력하며 텍스트를 꾸밀 수도 있습니다. 새로운 메시지 윈도우의 도구 막대에서 [포맷] A 을 선택하면 새로운 텍스트 포맷 막대가 표시되어 글자 색이나 크기, 스타일 등을 조절할 수 있습니다.

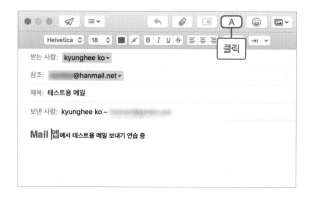

이미지나 파일 첨부하기

메일 메시지를 작성하며 Finder 윈도우를 함께 열어 놓고 Finder에 있는 이미지 파일을 새로운 메시지 윈도우로 드래그하면 이미지 파일을 삽입할 수 있습니다. 삽입한 이미지 위로 마우스 포인터를 옮기면 이미지 오른쪽 위에 표시되는 ⌄을 클릭한 후 [마크업]을 선택하면 메일에 삽입된 이미지에 마크업 도구로 원하는 내용을 표시할 수 있습니다.

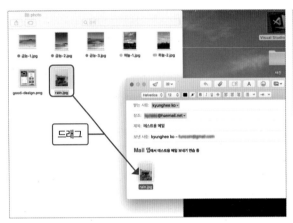

▲ 사진 삽입

▲ 사진 마크업하기

잠 깐 만 요

메일 메시지에 이미지를 추가할 때와 같이 Finder 윈도우에서 첨부할 파일을 직접 드래그하거나 도구 막대의 ⬮를 클릭한 후 파일을 선택해도 됩니다.

 Split View에서 새로운 메시지 작성하기

Mail 앱을 전체 화면에서 사용하는 중 [새로운 메시지] ✎를 클릭해 새로운 메시지 윈도우를 열면 새로운 메시지 윈도우가 Split View로 표시됩니다. 왼쪽에는 Mail 앱 윈도우가 표시되고, 반대쪽에는 새로운 메시지 윈도우가 표시되어 편리하게 메일을 작성할 수 있습니다.

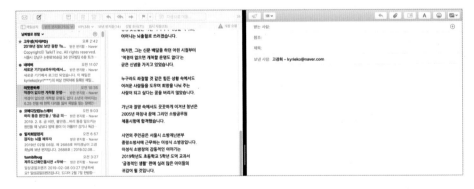

07 | 메일을 수동으로 분류하는 다양한 방법

하루에도 수십, 수백 통씩 도착하는 메일 중에는 중요한 메일이나 중요하지 않은 메일, 모아 두었다가 다음에 봐도 되는 메일 등 여러 종류의 메일이 뒤섞여 있죠. Mail 앱에는 수많은 메일을 분류하는 여러 기능들이 있습니다.

깃발 표시하기

1 메일 메시지 목록에서 메일 제목만 훑어보다가 중요하다고 생각하는 메일에는 깃발을 표시할 수 있습니다. 메일 메시지가 표시된 상태에서 도구 막대의 [깃발] 🏳 을 클릭하면 보낸 사람 옆에 깃발이 표시됩니다.

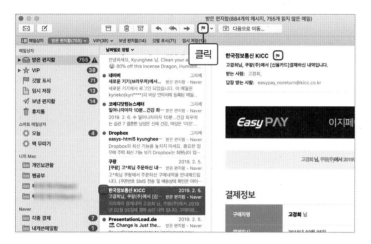

> **잠깐만요**
> 🏳▾ 아이콘을 펼쳐 깃발의 색상을 바꿀 수 있습니다. 중요도에 따라 깃발 색상을 다르게 할 수도 있겠죠?

2 메일상자 사이드바의 [깃발 표시] 항목에는 깃발을 표시한 메일 메시지의 개수가 표시되고 [깃발 표시] 항목을 선택하면 깃발을 표시해 둔 메시지만 모아서 살펴볼 수도 있습니다.

VIP에 추가하기

메일을 보내온 여러 사람들 중 가족이나 친한 친구, 중요한 업무 관련자와 같이 따로 관리하고 싶은 사람이 있다면 VIP로 추가할 수 있습니다.

1 메일 메시지 목록에서 VIP로 추가할 사람의 메일을 선택한 뒤, 내용의 제목과 함께 표시되는 보낸 사람 이름 위로 마우스 포인터를 가져가면 이름 오른쪽에 [∨]가 표시됩니다. [∨]를 클릭한 후 [VIP에 추가]를 선택하면 VIP로 추가한 사람은 메시지 목록에 ★이 표시됩니다.

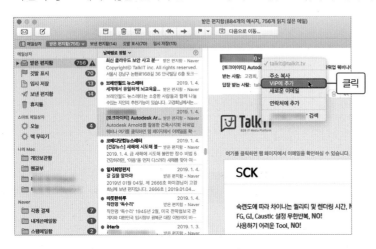

2 VIP로 지정된 사람이 있을 경우 메일상자 사이드바에 [VIP]라는 메일상자가 추가됩니다. 메일상자 VIP 항목 왼쪽의 ▶를 클릭하면 VIP로 지정된 사람의 메일 메시지만 확인할 수 있습니다.

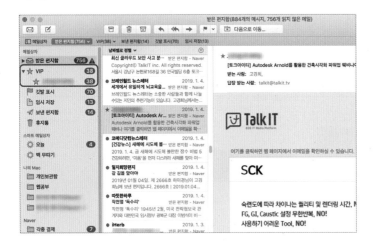

잠｜깐｜만｜요
VIP 지정을 취소하려면 사이드바에서 지정을 취소할 사람을 control +클릭한 뒤 [VIP에서 제거]를 선택하면 됩니다.

메일상자로 분류하기

Mail 앱에는 '받은 편지함'이나 '보낸 편지함'과 같은 기본 메일상자가 있습니다. 이외에 필요할 때마다 새로운 메일상자를 만들어 원하는 메일 메시지만 분류할 수 있습니다.

1 Mail 메뉴 막대에서 [메일상자]-[새로운 메일상자]를 선택합니다. 메일상자의 '위치'를 펼쳐 저장할 위치를 선택한 후 원하는 메일상자의 이름을 입력한 뒤 [확인]을 클릭하면 새로운 메일상자가 만들어집니다.

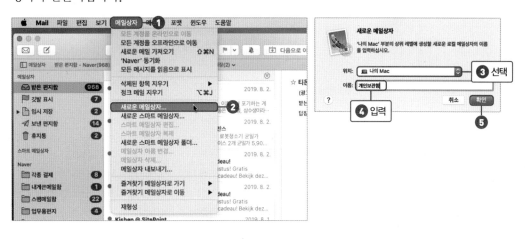

잠 깐 만 요

새로운 메일상자를 특정 메일 계정에 추가하고 싶다면 위치 항목의 화살표를 클릭한 후 원하는 계정이나 계정에 포함된 메일상자를 선택하면 됩니다.

2 메일상자 사이드바에 [나의 Mac]이라는 항목이 추가되고 새로 만든 메일상자가 표시됩니다. 새로운 메일상자로 옮길 메일 메시지가 있다면 메시지 목록에서 원하는 메일 메시지를 클릭하고 새로운 메일상자로 드래그합니다.

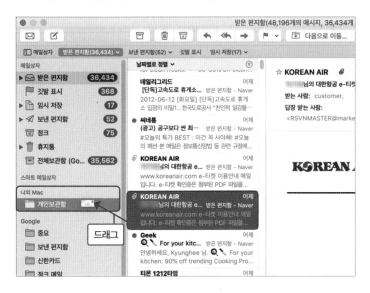

3 메일상자를 클릭하면 메일 메시지가 옮겨진 것을 확인할 수 있습니다.

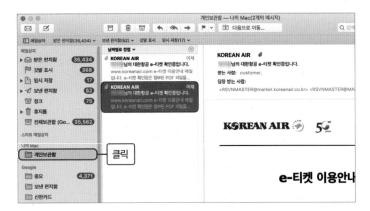

 메일상자 삭제하기

메일상자를 삭제하는 것은 간단하지만 메일상자를 삭제하면 메일상자에 있던 메일 메시지도 함께 삭제되어 버리기 때문에 메일상자에 보관된 메일 메시지를 삭제해도 되는지 반드시 확인하세요. 메일상자를 삭제하려면 메일상자 사이드바의 목록에서 삭제할 메일상자를 control + 클릭한 후 [메일상자 삭제]를 선택합니다.

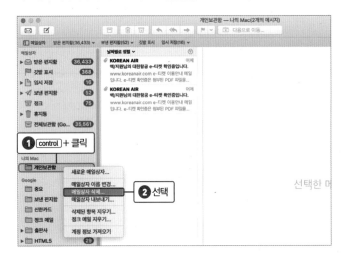

08 | 메일을 자동으로 분류하는 다양한 방법

메일 메시지를 확인하면서 필요할 때마다 수동으로 깃발을 표시하거나 VIP로 분류할 수도 있지만 원하는 규칙에 맞는 메일 메시지를 자동으로 분류할 수도 있습니다. 메일의 제목이나 보낸 사람 등에 따라 메일을 구분할 수 있다면 필요한 메일만 골라서 살펴보기 쉽겠지요?

규칙으로 메일 자동 분류하기

Mail 앱에서는 원하는 규칙을 만들어 자동으로 메일 메시지를 분류할 수 있습니다. 메일 제목에 '(광고)'가 포함되어 있을 경우, 메일 메시지를 '읽은 메일로 표시' 처리하고 메일상자의 '휴지통'으로 옮기는 규칙을 만들어 보겠습니다.

1 Mail 메뉴 막대에서 [Mail]–[환경설정]을 선택한 뒤 Mail 환경설정 윈도우에서 [규칙] 탭을 클릭합니다. 기본적으로 'Apple 뉴스'라는 규칙이 만들어져 있습니다. [규칙 추가]를 클릭합니다.

2 [규칙 추가]를 클릭하면 여러 가지 조건으로 원하는 규칙을 추가할 수 있습니다. 각 설명과 조건, 동작에 이미지와 같이 입력한 뒤 [확인]을 클릭합니다. 조건이나 동작을 추가하려면 ＋를 클릭하고 둘 이상의 조건이나 동작 중 하나를 삭제하려면 －를 클릭하면 됩니다.

❶ 추가한 규칙에 대한 설명을 입력합니다. '설명' 항목에 입력한 내용이 규칙의 이름이 됩니다.

❷ 둘 이상의 조건으로 규칙을 지정한 경우, [일부]를 선택하면 조건 중 하나라도 만족하면 규칙을 적용하고, [전부]를 선택하면 모든 조건을 만족해야 규칙을 적용합니다.

❸ 규칙으로 지정할 조건을 선택합니다.

❹ 조건을 만족했을 때 실행할 동작을 지정합니다.

잠깐만요 ───

한 가지 조건으로 규칙을 지정할 경우 [일부]나 [전부] 어떤 것을 선택해도 규칙을 적용합니다.

3 규칙을 모두 작성한 뒤 [적용]을 클릭하세요. 이제부터 메일의 제목에 '(광고)'가 포함된 메일이 도착하면 자동으로 메일상자의 '휴지통'으로 이동됩니다.

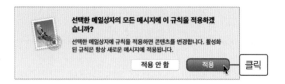

4 Mail 앱에서 '휴지통' 폴더를 열어 보면 메일 제목에 '(광고)' 텍스트가 포함된 메일들이 모두 휴지통으로 옮겨진 것을 확인할 수 있습니다.

잠깐만요 ───

이미 받은 편지함에 있는 모든 메일에 규칙을 적용하려면 규칙을 적용할 메일상자 사이드바에서 [받은 편지함]을 선택한 뒤, [command] + [A]키를 눌러 모든 메일 메시지를 선택한 상태에서 [control] + 클릭하고 [규칙 적용]을 선택하면 모든 메일 메시지에 규칙이 적용됩니다.

스마트 메일상자로 메일 분류하기

메일상자 사이드바에서 스마트 메일상자 위로 마우스 포인터를 가져가면 오른쪽에 표시되는 [보기]를 클릭해 보세요. 오늘 도착한 메일만 보여 주는 '오늘'이라는 기본 스마트 메일상자가 표시됩니다. '오늘' 스마트 메일상자에서는 날짜가 바뀔 때마다 해당 날짜에 도착한 메일만 모아서 보여 줍니다.

스마트 메일상자는 Finder의 스마트 폴더와 같이 조건에 맞는 메일만 모아서 볼 수 있는 메일 상자입니다. 스마트 메일상자를 삭제해도 기존 위치에 있던 메일 메시지는 삭제되지 않습니다. 여기에서는 출판사 담당자에게 온 메일 중 첨부 파일이 있는 메일만 모아서 볼 수 있는 '맥 무따기'라는 이름의 스마트 메일상자를 만들어 보겠습니다.

1 Mail 메뉴 막대에서 [메일상자]-[새로운 스마트 메일상자]를 선택하거나 메일상자 사이드바의 '스마트 메일상자' 오른쪽에 있는 ⊕를 클릭합니다.

2 스마트 메일상자의 이름과 함께 적용할 규칙을 지정합니다. 여기에서는 담당자의 메일 주소를 기준으로 메일을 분류한 후 그중에서 첨부 파일이 있는 메일만 골라서 '맥 무따기'라는 스마트 메일상자로 만들었습니다. 규칙을 완성했으면 [확인]을 클릭합니다.

3 '맥 무따기' 스마트 메일상자에서는 **2**의 과정에 지정한 조건에 해당되는 메일만 확인할 수 있습니다.

▲ 규칙으로 분류된 메일

잠 깐 만 요

스마트 메일상자의 규칙을 수정하려면 사이드바에서 스마트 메일상자 이름을 `control`+클릭한 후 [스마트 메일상자 편집]을 선택하면 됩니다.

09 | 메일에 서명 추가하기

서명을 사용하면 메일을 보낼 때 메일 끝에 개인 연락처를 넣거나 좋아하는 문구를 넣을 수 있습니다. 이번에는 Mail 앱에서 서명을 추가하고
메일 메시지에 삽입하는 방법을 알아보겠습니다.

1 Mail 메뉴 막대에서 [Mail]–[환경설정]을 선택한 후 Mail 환경설정 윈도우에서 [서명] 탭
을 클릭합니다.

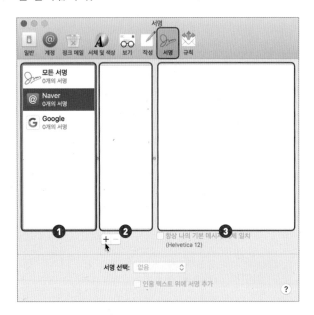

잠 깐 만 요
서명 내용이 작성된 서명 이름을 클릭하여 왼쪽의 계정
으로 드래그하면 서명을 복사할 수 있습니다.

1 서명을 사용할 메일 계정을 선택하고 [+]를 클릭하면 서명을 작성할 수 있습니다.

2 서명 이름이 표시됩니다. 서명 목록의 서명 이름을 클릭해서 편집할 수 있습니다.

3 서명으로 사용할 내용을 입력할 수 있습니다.

2 따로 저장 버튼이 없기 때문에 서명을 사용할 계정, 서명 이름, 서명 내용을 입력한 뒤 [닫
기]❌를 클릭하면 입력한 내용이 저장됩니다.

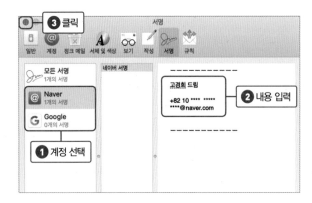

3 서명을 추가한 메일 계정으로 새 메시지를 작성하면 메시지 아래쪽에 자동으로 서명이 추가됩니다.

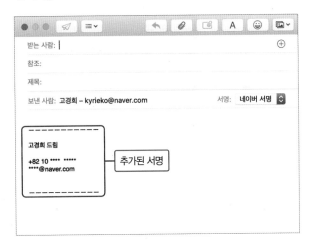

4 다른 서명을 사용하거나 서명을 편집하고 싶다면 '서명' 항목을 클릭해서 다른 서명을 선택하거나 [서명 편집]을 선택합니다.

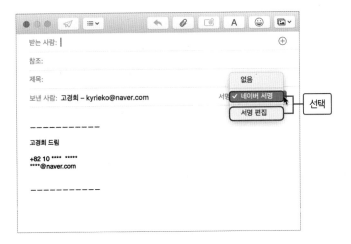

연락처

연락처의 공유 기능을 사용하면 스마트폰의 연락처를 다양한 Apple 기기에서 사용할 수 있습니다. 이 장에서는 스마트폰의 연락처를 공유하는 방법과 macOS의 연락처 앱에서 연락처를 추가하고 삭제하는 방법을 알아보겠습니다.

같은 iCloud 계정으로 연결된 Apple 기기가 있다면 연락처 앱에 저장된 정보를 공유할 수 있습니다. 연락처 앱의 기본 사용 방법과 iCloud 나 구글 계정에서 연락처를 가져와 공유하는 방법을 알아봅니다.

iCloud와 구글 계정의 연락처 공유하기

Mail 앱에 구글 계정을 추가했다면 연락처를 공유하기 위해 계정 정보를 다시 입력하지 않아도 구글 계정의 연락처를 가져올 수 있습니다. [🍎]-[시스템 환경설정]을 선택한 후 [인터넷 계정] 을 클릭합니다.

iCloud에 저장된 연락처를 공유하기 위해 계정 목록에서 [iCloud]를 선택한 뒤, iCloud 공유 항목 중 '연락처'를 체크합니다.

구글 계정의 연락처를 공유하려면 계정 목록에서 [Google]을 선택한 뒤 공유 항목 중 '연락처'
를 체크합니다.

잠 깐 만 요 ─────
구글 계정을 추가하려면 계정 목록 아
래에 있는 ＋ 를 클릭하면 됩니다.

연락처 윈도우 살펴보기

Spotlight에서 '연락처'를 검색하여 실행하거나 Launchpad에서 [연락처]█를 클릭해 연락처
앱을 실행합니다. 우선 연락처 윈도우를 살펴볼까요?

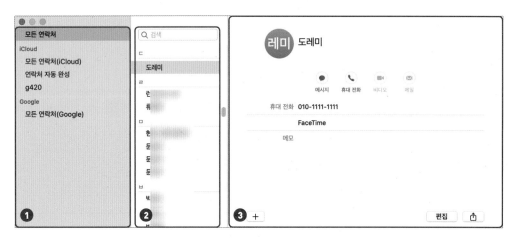

❶ **그룹 목록**: 연락처를 그룹별로 묶어 표시합니다. iCloud나 구글 계정과 공유한 연락처가 있다면 계정별로 구분되어 표
시됩니다. 저장된 연락처를 그룹으로 묶어 관리할 수 있습니다.

❷ **연락처 목록**: 그룹 목록에서 선택한 그룹의 연락처를 내림차순으로 나열하여 표시합니다.

❸ **연락처 정보**: 연락처 목록에서 선택한 이름의 연락처 정보를 표시합니다. 이름별로 저장된 연락처 정보를 '연락처 카드'
라고 합니다.

연락처 검색하기

연락처 목록의 검색 상자에 이름이나 전화번호 등 연락처 카드에 저장된 정보를 입력해 원하는
연락처를 검색할 수 있습니다.

◀ 연락처 앱에서 검색하기

연락처 앱에 저장된 정보를 Spotlight에서 검색해 원하는 연락처를 검색할 수도 있습니다.

◀ Spotlight에서 검색하기

02 | 연락처 추가/수정/삭제하기

🪟 피플

연락처 앱을 사용하면 새로운 연락처를 추가하고 저장된 연락처 카드를 수정하거나 삭제할 수도 있습니다. iCloud나 구글 계정과 연락처를
공유하고 있다면 추가하거나 수정, 삭제한 연락처 정보를 공유할 수도 있습니다.

연락처 추가 및 수정하기

연락처를 추가하려면 연락처 정보 아래에 있는 ⊞를 클릭한 뒤 [새로운 연락처]를 선택합니다.
연락처 정보를 수정하려면 연락처 목록에서 수정할 연락처를 선택한 후 연락처 정보 아래의 [편
집]을 클릭합니다.

▲ 연락처 추가

▲ 연락처 수정

잠 깐 만 요

연락처 메뉴 막대에서 [파일]–[새로운 연락처]를 선택해도 됩니다.

새로운 연락처 정보는 성과 이름을 구별하여 입력할 수 있고, 전화번호나 이메일 주소, 우편 주소 등의 다양한 정보를 입력할 수 있습니다. 입력하는 연락처 정보는 집, 회사, 휴대폰 등 항목 이름, 즉 레이블을 선택하여 입력할 수 있죠. 각각의 레이블 오른쪽에 있는 ⇅을 클릭하면 다른 레이블을 선택할 수 있습니다. 예를 들어, 전화번호를 입력하며 '휴대전화' 항목을 펼쳐서 [집]을 선택하면 항목 이름(레이블)이 '집'으로 바뀌어 휴대전화 대신 집 전화번호를 입력할 수 있습니다.

잠 | 깐 | 만 | 요 ─────
적당한 레이블이 없다면
[사용자 설정]을 선택해 직
접 원하는 레이블 이름을
입력할 수 있습니다.

연락처 정보 아래에 있는 ⊞를 클릭하면 화면에 표시되는 기본 항목 외에 다른 항목을 추가할 수도 있습니다.

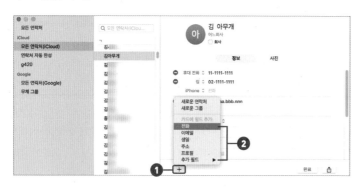

잠 | 깐 | 만 | 요 ─────
항목을 추가할 때 전화, 이메일처럼 자
주 사용하는 필드 외에 다른 필드를 추
가하려면 '추가 필드'를 선택합니다.

'벨소리' 목록을 펼친 후 원하는 벨소리를 선택하면 사용자마다 다른 벨소리를 지정할 수도 있고 '메시지 수신음' 목록에서 메시지 수신음을 바꿀 수도 있습니다.

▲ 벨소리 바꾸기　　　　　▲ 메시지 수신음 바꾸기

입력한 항목들 중에서 삭제하려는 항목은 레이블 왼쪽에 있는 ⊖ 을 클릭합니다. 연락처 정보 추가나 수정이 끝나면 [완료]를 클릭합니다.

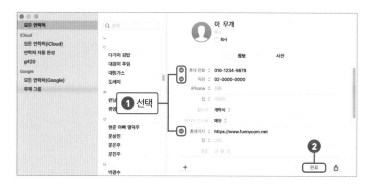

잠 깐 만 요 ─
연락처 정보 수정 화면에서 [사진] 탭을 클릭한 후 + 을 클릭하면 연락처에 사진을 추가할 수 있습니다.

다른 앱에서 연락처 보기 및 추가하기

메시지나 Mail과 같이 연락처와 관련된 앱에서는 연락처를 확인하거나 새로운 연락처를 추가할 수 있습니다. 연락처에 등록되어 있는 사용자에게서 메시지나 메일을 받았을 때 이름을 클릭한 후 [연락처 카드 보기]를 선택하면 연락처를 볼 수 있습니다.

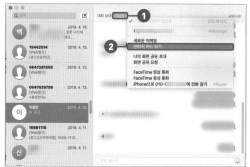

▲ 메시지 앱에서 연락처 카드 보기

메일을 확인하는 중 연락처에 등록되어 있지 않은 사용자라면 사용자 이름을 클릭한 후 [연락처에 추가]를 선택해 해당 사용자를 연락처에 추가할 수 있습니다.

▲ 메일 앱에서 연락처 추가

잠 깐 만 요 ─
기존에 연락처에 있는 사용자라도 새로운 정보가 포함되어 있을 경우 연락처에 추가할 수 있습니다.

연락처 삭제하기

연락처를 삭제할 때는 연락처 목록에서 연락처를 control+클릭한 후 [카드 삭제]를 선택합니다. 연락처 카드를 정말 삭제할 것인지 묻는 상자가 나타나면 [삭제]를 클릭합니다.

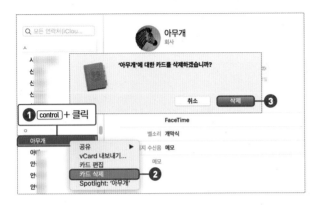

잠 깐 만 요

삭제할 연락처를 선택한 후 연락처 메뉴 막대에서 [편집]-[카드 삭제]를 선택해도 됩니다.

03 | 그룹으로 연락처 관리하기

■ 피플

같은 회사나 단체 등의 연락처를 그룹으로 정리하거나 특정 조건의 연락처만 모아 그룹으로 만드는 스마트 그룹 등 연락처 앱에서 연락처를 그룹으로 관리하는 방법에 대해 알아보겠습니다.

그룹 만들기

연락처 앱의 연락처 정보 아래에 있는 ⊞를 클릭하여 [새로운 그룹]을 선택한 뒤 그룹 이름을 입력하고 return 키를 누르면 간단하게 그룹을 추가할 수 있습니다.

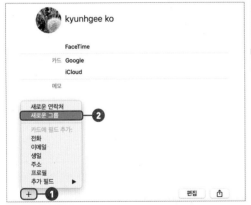
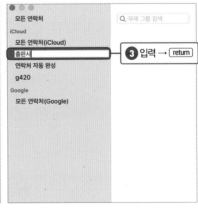

잠 깐 만 요

연락처 메뉴 막대에서 [파일]-[새로운 그룹]을 선택해도 됩니다.

연락처 목록에서 그룹에 추가할 연락처를 선택한 후 왼쪽에 있는 그룹으로 드래그하면 그룹에 추가됩니다. 그룹 목록에서 그룹 이름을 클릭하면 선택한 그룹에 연락처가 옮겨진 것을 확인할 수 있습니다.

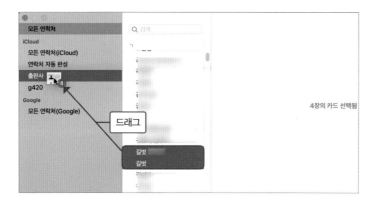

그룹 삭제 및 그룹에서 제외하기

연락처에 추가한 그룹을 삭제할 수도 있습니다. 그룹을 삭제해도 그룹에 포함된 연락처 카드까지 삭제되지는 않습니다. 그룹을 삭제하려면 그룹 목록에서 삭제할 그룹을 선택한 뒤 연락처 메뉴 막대의 [편집]-[그룹 삭제]를 선택합니다.

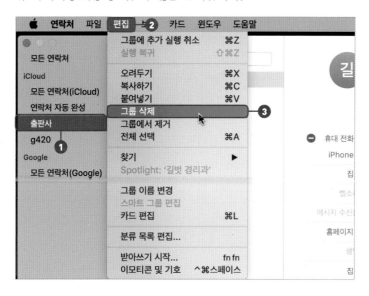

그룹을 정말 삭제할 것인지 확인하는 메시지가 나타나면 [삭제]를 클릭합니다. 선택한 그룹은 삭제되지만 그룹에 포함되어 있던 연락처는 그룹 목록의 '모든 연락처'에서 확인할 수 있습니다.

그룹에 포함된 연락처를 그룹에서 제외하려면 연락처를 선택한 뒤 연락처 메뉴 막대의 [편집]-[그룹에서 제거]를 선택하면 됩니다. 이때에도 연락처 카드가 삭제되는 것이 아니라 해당 그룹에서 제외되는 것입니다.

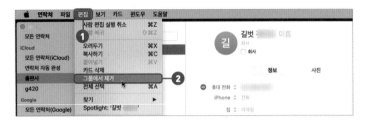

스마트 그룹 만들기

스마트 그룹을 사용하면 기존 연락처에 있는 연락처 정보 중 사용자가 지정한 조건에 맞는 연락처만 모아 그룹으로 만들 수 있습니다. 만약 새로 추가한 연락처가 지정한 조건에 맞는다면 해당 연락처를 따로 그룹으로 지정하지 않아도 자동으로 그룹에 추가됩니다.

여기에서는 연락처 카드의 '메모' 항목에 '길벗'이라는 단어가 '포함되어' 있을 때 '길벗 연락처'라는 그룹을 만드는 조건을 지정해 보겠습니다. 연락처 메뉴 막대에서 [파일]-[새로운 스마트 그룹]을 선택합니다.

잠 깐 만 요
그룹 목록의 스마트 그룹 항목 오른쪽에 있는 ⊕를 클릭해도 됩니다.

스마트 그룹 조건 입력 상자에 그림과 같이 조건을 지정합니다. 모든 조건을 지정한 후 [확인]을 클릭합니다.

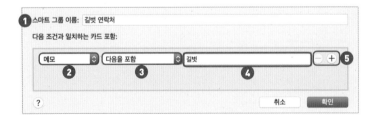

① **스마트 그룹 이름** : 스마트 그룹 이름을 입력합니다.

② **조건 적용 대상** : 조건으로 지정할 대상을 선택합니다.

③ **조건** : 대상에 적용할 조건을 선택합니다.

④ **조건 값** : 조건으로 사용할 값을 입력합니다.

⑤ **조건 추가/삭제** : 조건을 추가하거나 삭제할 수 있습니다.

그룹 목록에 '스마트 그룹 이름'에 입력한 그룹이 표시됩니다. 그리고 지정한 조건에 맞는 연락처가 자동으로 스마트 그룹으로 옮겨집니다. 이후에도 스마트 그룹 조건에 맞는 연락처가 추가되거나 연락처 정보가 수정되면 자동으로 스마트 그룹으로 옮겨지게 됩니다.

스마트 그룹을 만든 후 지정한 조건을 변경하고 싶다면 조건을 변경할 스마트 그룹을 선택한 후 연락처 메뉴 막대에서 [편집]-[스마트 그룹 편집]을 선택합니다.

잠깐만요

그룹 목록에서 조건을 변경할 스마트 그룹을 control +클릭한 후 [스마트 그룹 편집]을 선택해도 됩니다.

스마트 그룹 조건 입력 상자에서 조건을 수정/추가하거나 스마트 그룹의 이름을 변경할 수도 있습니다.

캘린더

캘린더 앱은 다양한 개인 일정이나 업무 일정을 관리하는 데 유용한 앱입니다. 같은 iCloud 계정을 공유하는 Apple 기기에서 캘린더에 저장한 일정을 공유할 수 있고 구글 계정을 추가하면 구글 캘린더에 저장한 일정도 한꺼번에 관리할 수 있습니다.

01 | 캘린더 앱 실행하고 살펴보기

iCloud 계정과 구글 계정을 캘린더에 추가하면 따로 저장한 일정을 캘린더 앱에서 한꺼번에 관리할 수 있습니다. 이미 Mail 앱에 iCloud나 구글 계정을 추가했다면 계정 정보를 다시 입력하지 않아도 일정을 공유할 수 있습니다.

iCloud/구글의 캘린더 공유하기

iCloud나 구글의 캘린더를 공유하려면 [🍎]-[시스템 환경설정]을 선택한 후 [인터넷 계정]을 클릭합니다. 계정 목록에서 [iCloud]와 [Google]을 각각 선택한 후 공유 항목의 '캘린더'를 체크하면 캘린더를 공유할 수 있습니다.

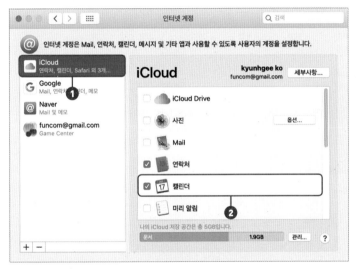

▲ iCloud 캘린더 공유

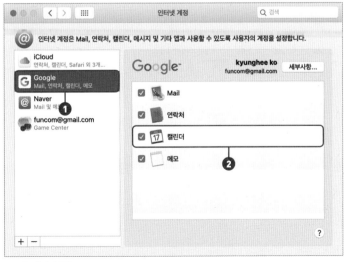

▲ 구글 캘린더 공유

캘린더 살펴보기

Spotlight에서 '캘린더'를 검색하여 실행하거나 Launchpad에서 [캘린더]📅를 클릭하면 캘린더 앱을 실행할 수 있습니다.

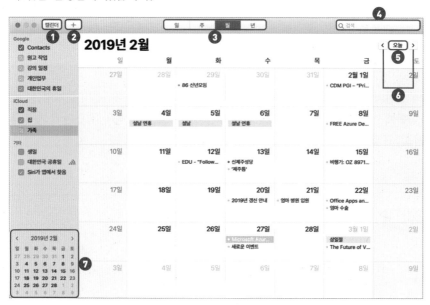

❶ **캘린더** : 캘린더 윈도우에서 사이드바를 표시하거나 감출 수 있습니다. iCloud와 구글 캘린더를 공유했다면 공유한 계정별로 캘린더를 표시할 수 있습니다.

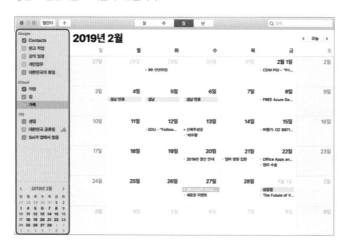

❷ **빠른 이벤트 생성** : 이벤트를 추가할 수 있습니다. '이벤트'란 캘린더에서 관리하는 일정을 가리키는 말입니다. 자세한 방법은 219쪽을 참고하세요.

❸ **보기** : 캘린더의 일정을 [일], [주], [월], [년]으로 표시합니다.

▲ 일별 보기

▲ 주별 보기

▲ 월별 보기

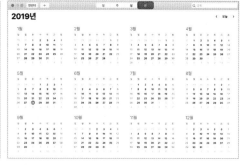

▲ 연도별 보기

❹ **검색** : 캘린더에 저장된 이벤트를 검색합니다.

❺ **오늘** : [오늘]을 클릭하면 어느 화면에서나 바로 오늘 날짜로 이동합니다.

❻ **이전/다음** : 윈도우에 표시된 일정의 이전/다음 날짜나 주, 달, 연도로 이동합니다.

❼ 캘린더 윈도우 사이드바에 달력이 표시됩니다. 달력의 [〈]나 [〉]를 클릭하면 이전이나 다음 달 달력을 확인할 수 있습니다.

주별 보기나 월별 보기 화면에서 한 주의 시작 요일이나 공휴일, 휴일 등의 표시 여부 등 캘린더 환경설정을 하면 내게 맞는 캘린더 앱을 만들 수 있습니다.

캘린더 메뉴 막대에서 [캘린더]-[환경설정]을 선택하면 캘린더의 환경설정을 변경할 수 있습니다.

❶ **기본 캘린더 앱 :** 일정 파일(.ics)을 열 때 사용할 앱을 선택합니다. Mac에서는 기본적으로 캘린더 앱을 사용합니다.

❷ **주당 일 수 :** 주별 보기 화면에서 1주일을 5일(월~금)로 표시하거나 7일(일~토)로 표시합니다.

❸ **시작 요일 :** 주별 보기나 월별 보기 화면에서 한 주의 시작 요일을 선택합니다. 기본적으로 일요일부터 시작합니다.

❹ **주별 보기에서 다음 순으로 스크롤**

- **일 :** 주별 보기에서 [이전]이나 [다음]을 클릭하면 하루 단위로 이동합니다.
- **주 :** 주별 보기에서 [이전]이나 [다음]을 클릭하면 한 주 단위로 이동합니다.
- **주, 오늘에서 멈춤 :** 주별 보기에서 [이전]이나 [다음]을 클릭하면 한 주 단위로 이동하고 오늘 날짜에서 멈춥니다.

❺ **시작 시간 :** 하루의 시작 시간을 지정합니다.

❻ **종료 시간 :** 하루의 끝 시간을 지정합니다.

❼ **시간 표시 :** 일별 보기나 주별 보기일 때 표시할 시간을 지정합니다.

❽ **기본 캘린더 :** 캘린더에 추가한 계정의 캘린더 중 이벤트를 추가할 때 기본으로 사용할 계정을 선택합니다.

❾ **생일 캘린더 표시 :** 연락처 앱에 저장된 정보 중 생일을 표시합니다.

❿ **공휴일/기념일 표시 :** 캘린더에 공휴일과 기념일을 표시합니다

⓫ **대체 캘린더 보기 :** 이 항목에 체크한 후 [중국력]을 선택하면 캘린더에 음력을 표시할 수 있습니다.

03 | 캘린더로 일정 관리하기

캘린더 앱에 다른 계정의 일정을 공유할 경우 연결된 여러 계정의 일정을 모두 캘린더 윈도우에 표시할 수 있습니다. 또한 원하는 계정으로
일정을 추가하고 편집할 수도 있습니다. 캘린더 앱에서 일정을 관리하는 방법을 알아봅니다.

빠른 이벤트 추가하기

캘린더 앱에 이벤트를 추가하는 가장 빠른 방법은 캘린더 윈도우 위에 있는 [+]를 클릭하는 것
입니다. [+]를 클릭한 후 날짜와 이벤트 내용을 입력합니다. '오늘'이나 '내일', '수요일'과 같이
오늘을 기준으로 가까운 날짜를 지정할 수 있습니다. 만약 이벤트를 추가하는 날이 5월 28일 화
요일일 때, [+]를 클릭하고 '수요일 저녁 약속'이라고만 입력하면 오늘을 기준으로 가장 가까운
수요일인 29일의 저녁 시간에 이벤트가 자동으로 추가됩니다.

이벤트 추가하기

이벤트를 추가하는 것은 간단하지만 캘린더 보기에 따라 이벤트 추가 상자가 다르게 표시됩니
다. 일별, 주별, 월별 보기에서 원하는 시간이나 날짜를 선택한 뒤 더블클릭하면 바로 원하는 이
벤트를 추가할 수 있습니다.

◀ 일별 보기에서 이벤트 추가하기

이벤트를 추가할 때 지정할 수 있는 항목은 다음과 같습니다.

① 이벤트 제목을 입력합니다. '위치 추가'를 클릭하고 검색하면 지도에서 이벤트 장소를 선택할 수 있습니다.

② 캘린더 종류를 지정합니다. 자세한 내용은 223쪽을 참고하세요.

③ 이벤트 시작 시간과 종료 시간, 반복 일정이나 이벤트 알림을 설정할 수 있습니다.

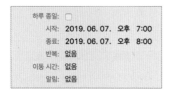

- **시작/종료** : [시작]과 [종료]를 클릭하면 원하는 날짜와 시간을 지정할 수 있습니다. '하루 종일'에 체크하면 시작 시간을 종료 시간을 지정하지 않습니다.
- **반복** : 일정 기간을 두고 반복되는 일정이면 반복할 기간을 선택할 수 있습니다. 원하는 기간을 선택하면 선택한 기간에 자동으로 같은 이벤트가 추가됩니다.
- **이동 시간** : 위치를 이동해야 하는 이벤트의 경우 이동 시간을 설정하면 이동 시간 전 미리 알림을 받을 수 있습니다.
- **알림** : 이벤트 전 원하는 시간을 선택하면 알림을 받을 수 있습니다.

④ 이벤트에 같이 참석할 사람과 일정을 공유합니다. 연락처에 있는 사람일 경우 이름을 입력하면 자동 완성됩니다.

⑤ 메모나 기타 정보를 입력합니다.

반복되는 일정 추가하기

이벤트를 추가할 때 '반복' 항목에서 이벤트 반복 여부를 설정할 수 있습니다. 예를 들어, 매주 수요일에 반복되는 이벤트라면 '반복' 항목에서 [매주]를 선택합니다.

반복 이벤트는 반복 횟수를 지정하거나 반복 종료 날짜를 지정해서 반복 기간을 지정할 수 있습니다.

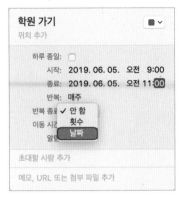 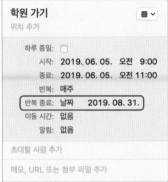

이벤트 수정 및 삭제하기

주별 화면이나 월별 화면에서 이벤트 제목을 더블클릭하면 이벤트 내용을 수정할 수 있습니다.

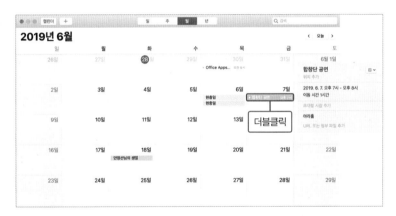

일별 화면에서는 이벤트 제목을 클릭하면 오른쪽에 이벤트 내용이 표시되어 자세한 일정을 확인하거나 수정할 수 있습니다.

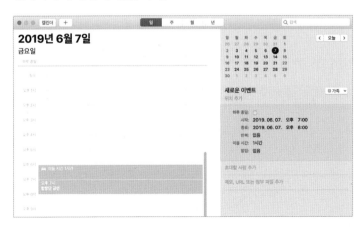

잠 깐 만 요 ————
일별, 주별 보기에서 일정을 클릭한 뒤
드래그해도 일정의 날짜 및 시간을 수정할 수 있습니다.

이벤트를 삭제할 때는 이벤트 제목을 control + 클릭한 후 [삭제]를 선택합니다. 삭제할 이벤트 제목을 선택한 후 캘린더 메뉴 막대에서 [편집]-[삭제]를 선택해도 됩니다.

반복 이벤트를 삭제할 경우 [모두 삭제]를 클릭하면 반복 이벤트 전체를 삭제할 수 있고, [이 이벤트만 삭제]를 클릭하면 반복 이벤트 중 선택한 이벤트만 삭제합니다.

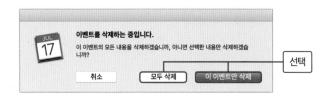

04 | 캘린더 만들기 및 편집하기

캘린더의 이벤트는 용도나 목적에 따라 여러 개의 캘린더로 구분해서 관리할 수 있습니다. 캘린더를 만드는 방법과 이벤트를 추가하며 캘린더를 지정하는 방법을 알아보겠습니다.

캘린더 만들기

1 캘린더 메뉴 막대에서 [파일]-[새로운 캘린더]를 선택한 뒤 원하는 캘린더 이름을 입력하세요.

2 추가한 캘린더별로 다른 색상을 지정하면 색상으로 캘린더를 구분할 수 있습니다. 캘린더 이름을 control+클릭한 후 원하는 색상을 선택합니다.

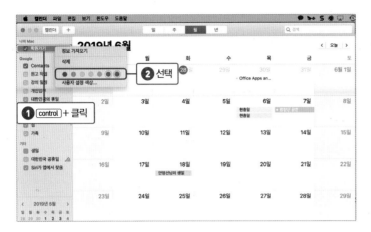

잠 깐 만 요 ────
원하는 색상이 없을 경우 [사용자 설정 색상]을 선택하면 더 많은 색상을 선택할 수 있습니다.

3 캘린더 색상을 지정하면 캘린더 윈도우에서 이벤트를 추가하거나 확인할 때 해당 이벤트가 어떤 캘린더의 이벤트인지 쉽게 구분할 수 있어 편리합니다.

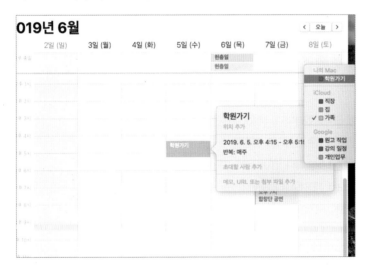

PART 5

간편하고 강력한 멀티미디어

이번에는 macOS의 멀티미디어 앱에 대해 알아보겠습니다. macOS에는 사진을 날짜, 장소, 인물 등으로 구분하여 관리하고 전문가 못지않은 사진으로 편집할 수 있는 사진 앱과 전 세계의 다양한 방송은 들을 수 있는 팟캐스트가 있습니다. iTunes에 포함되어 있던 팟캐스트는 macOS 카탈리나 버전부터 별도의 앱으로 제공됩니다. 또한 iMovie는 기본으로 제공되는 무료 앱이지만 간단하게 동영상을 관리하고 편집할 수 있어 유용합니다.

macOS
Catalina

사진

사진 앱은 다양한 macOS의 앱 중에서도 가장 유용하고 또 자주 사용하는 앱일 것입니다. 사진 앱을 사용하면 저장되어 있는 사진을 날짜나 장소별로 정리할 수 있고 추억별로 모아 볼 수도 있죠. 특히 Apple 기기뿐만 아니라 안드로이드 스마트폰, 디지털 카메라 등으로 찍은 사진이 많다면 보정 기능으로 조금 더 좋은 결과물을 만들 수 있습니다.

01 | 사진 앱 실행해서 사진 가져오기

사진 앱을 사용하면 Mac에 저장된 사진은 물론 안드로이드 기기나 Apple 기기의 사진을 가져와 관리할 수 있습니다. 사진 앱을 실행하고 원하는 사진을 사진 앱으로 가져오는 방법에 대해 알아보겠습니다.

사진 앱 시작하기

Launchpad나 Finder의 응용 프로그램 폴더에서 [사진]✹ 을 클릭하면 간단하게 사진 앱을 시작할 수 있습니다. 사진 앱을 처음 실행할 경우 '사진 앱 둘러보기'를 클릭하면 간단한 사용 방법을 확인할 수 있습니다.

내용을 훑어본 후 윈도우를 닫고 [시작하기]를 클릭하여 사진 앱을 시작합니다. iCloud를 설정하며 사진을 비활성화했다면 'iCloud 사진'을 사용할 것인지 물어보는데 iCloud의 저장 공간이 넉넉하지 않거나, Mac에서만 사진을 관리하겠다면 '지금 안 함'을 클릭합니다.

잠 깐 만 요

'iCloud 사진'을 사용하면 iCloud의 많은 공간을 차지하기 때문에 iCloud의 공간이 넉넉하거나 관리할 사진이 적을 경우에만 선택하는 것이 좋습니다.

이제부터 사진 앱에 원하는 사진을 가져올 수 있습니다. 여기에 표시된 방법을 하나씩 알아보겠습니다.

Apple 기기에서 사진 가져오기

Apple 기기와 Mac을 라이트닝 케이블로 연결하면 사진 앱의 사이드바에 연결한 Apple 기기의 이름이 표시됩니다. 사이드바의 Apple 기기 이름을 클릭하면 Apple 기기에 있는 사진이 사진 앱의 오른쪽에 표시됩니다. 이 중 사진 앱으로 옮길 사진을 선택한 후에 사진 앱의 오른쪽 위에 있는 [선택 항목 가져오기] 버튼을 클릭합니다.

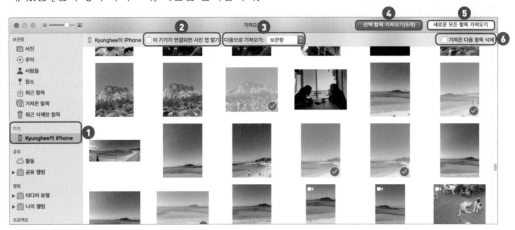

① 연결한 Apple 기기의 이름이 표시됩니다.

② 이 항목을 체크하면 Apple 기기를 Mac에 연결할 때마다 사진 앱을 실행합니다.

③ 사진을 가져오면 기본적으로 [보관함]에 저장하는데, 목록을 펼쳐 [새로운 앨범]을 선택한 뒤 앨범 이름을 지정하면 새로운 앨범에서 사진을 저장할 수 있습니다.

④ 선택한 사진만 가져옵니다. 필요한 사진만 골라서 가져올 경우 유용합니다.

⑤ 새로운 사진을 모두 가져옵니다. 이전에 옮긴 사진 외에 새로 찍은 모든 사진을 가져올 경우 유용합니다.

⑥ 사진 앱으로 가져온 사진을 Apple 기기에서 삭제합니다.

잠 | 깐 | 만 | 요

[새로운 앨범]을 선택하면 앨범 이름을 변경할 수 있습니다.

가져온 사진은 사이드바의 '가져온 항목'에 표시됩니다.

폴더에 있는 사진 가져오기

Mac에 별도로 저장되어 있는 사진도 사진 앱으로 가져올 수 있습니다. 사진이 저장된 폴더 전체를 가져오려면 사진 메뉴 막대에서 [파일]-[가져오기]를 선택한 뒤 사진이 있는 폴더를 선택하고 [가져오기 확인]을 클릭합니다. 폴더 안에 있는 일부 사진만 선택하고 [가져오기 확인]을 클릭해도 됩니다.

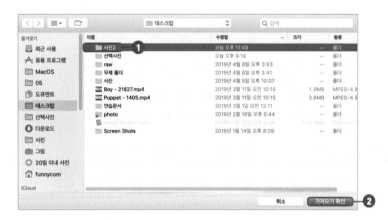

잠 깐 만 요 ─────────────────────────────

가져온 폴더는 사진 앱 사이드바의 '기기' 항목에 추가됩니다.

사진이 있는 폴더를 사진 앱 윈도우로 드래그하면 드래그한 폴더 안에 있는 모든 사진을 사진 앱으로 가져올 수 있습니다. Finder 윈도우에서 필요한 사진만 선택한 후 사진 앱 윈도우로 드래그하면 필요한 사진만 가져올 수도 있습니다. 드래그하여 가져온 사진은 사진 앱의 '가져온 항목' 폴더 안에 모두 표시됩니다.

이렇게 가져온 사진은 사이드바에서 [가져온 항목]을 선택하면 가져온 날짜별로 구별해서 볼 수 있습니다.

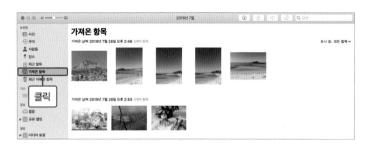

 안드로이드 기기에서 사진 가져오기

안드로이드를 사용하는 기기의 경우 Apple 기기와 같이 케이블만 연결한다고 해서 파일을 옮겨올 수는 없습니다. 안드로이드 기기에서 사진을 가져오려면 'Android File Transfer'라는 앱을 설치해야 합니다. 앱을 설치한 후 모바일 기기를 연결하면 사진이나 음악 파일을 Mac으로 옮길 수 있습니다. Android File Transfer 앱은 https://www.android.com/filetransfer/에서 다운로드할 수 있습니다.

사진 앱으로 가져온 사진의 정보를 기준으로 사진을 여러 형태로 정리하고 관리할 수 있습니다. 또한 비슷한 시기 관련된 장소에서 찍은 사진을 엮어 슬라이드로 볼 수도 있죠. 사진 앱에서 사진을 보는 다양한 방법에 대해 알아봅니다.

사진 보관함에서 사진 살펴보기

사진 앱의 사이드바에서 [사진]을 선택하면 사진 보관함 사진의 미리보기가 나열됩니다. 사이드바 위에 있는 확대/축소 슬라이드 막대를 좌우로 움직이면 미리보기 크기를 늘리거나 줄일 수 있습니다.

사진 보관함에 있는 사진들은 연도나 월, 일별로 살펴볼 수도 있고 모든 사진을 한꺼번에 표시할 수도 있습니다.

연도 : 사진 보관함에 있는 사진들을 연도별로 표시하고 각 연도의 사진 중 하나를 대표 사진으로 표시합니다. 연도를 더블클릭하면 월별 보기로 표시됩니다.

멀티미디어

사진

월 : 연도별 사진을 다시 월별로 구분해서 표시합니다. 월별 사진을 더블클릭하면 일별 보기로 표시됩니다.

일 : 사진 보관함의 사진을 날짜순으로 표시합니다. 같은 날짜에 찍은 사진이 여러 장 있을 경우 다양한 크기로 모아서 한 곳에 표시합니다. 사진을 더블클릭하면 사진 보기 화면에 해당 사진이 표시됩니다.

잠 깐 만 요
[모든 사진]을 클릭하면 사진 보관함에 있는 사진을 한눈에 살펴볼 수 있습니다.

사진 보기 화면에서 화면 왼쪽이나 오른쪽 가장자리로 마우스 포인터를 가져가면 화살표가 나타나는데, 화살표를 클릭해서 이전 사진이나 다음 사진을 살펴볼 수 있습니다. 개별 사진을 살펴보다가 다시 사진 목록 화면으로 이동하려면 도구 막대에 있는 ⟨ 을 누르면 됩니다.

잠 깐 만 요 ─────
두 손가락으로 트랙패드를 좌우로 쓸
어넘겨 이전/다음 사진을 살펴볼 수
있습니다.

즐겨찾는 사진 추가 및 살펴보기

보관함에 있는 사진들 중에서 자주 열어 보는 사진이나 특별히 마음에 드는 사진이 있다면 '즐겨
찾는 사진'으로 추가해 놓을 수 있습니다. 브라우저의 '즐겨찾기'와 비슷한 개념이라고 생각하면
됩니다.

보관함 사진 목록에서 사진 위로 마우스 포인터를 가져가면 ♡가 표시되는데, 이 아이콘을 클릭
하면 ♥로 바뀌면서 [즐겨찾는 사진]에 추가됩니다.

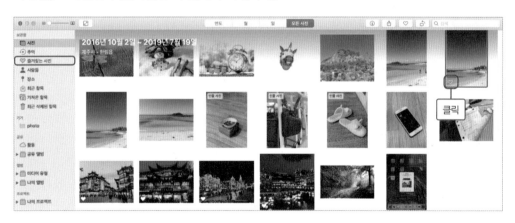

사진을 열어 놓은 상태라면 도구 막대에서 ♡ 를 클릭하면 ♥ 로 바뀌면서 보고 있던 사진도
[즐겨찾는 사진]에 추가됩니다.

이렇게 즐겨찾는 사진들을 추가하면 보관함에 [즐겨찾는 사진] 폴더가 생기고, 사이드바에서
[즐겨찾는 사진] 폴더를 클릭하면 언제든지 즐겨찾는 사진만 모아서 볼 수 있습니다.

추억별로 표시하기

사이드바에서 [추억]을 선택하면 사진을 찍은 날짜와 위치 정보를 기준으로 '여행 사진'이나 '특
별한 행사' 등을 찾아 [추억]으로 만들어 줍니다. 추억 제목이 있는 사진을 더블클릭하면 해당 추
억과 관련된 사진들을 모아서 볼 수 있죠.

하나의 추억 안에는 여러 개의 사진이 들어 있기 때문에 사진을 하나씩 살펴볼 수도 있지만 슬
라이드 쇼로 재생할 수도 있습니다. 대표 추억 사진 위의 ▶를 클릭하면 슬라이드 쇼가 재생됩
니다.

▲ 슬라이드 쇼 보기

잠 깐 만 요
esc 키를 누르면 슬라이드 쇼를 끝낼 수 있습니다.

고속 연사 사진 살펴보기

Apple 기기는 움직이는 빠른 피사체를 찍을 때 여러 장을 사진을 연속으로 찍는 고속 연사를 지원합니다. 고속 연사로 찍은 여러 장의 사진 중에서 잘 찍힌 사진만 선택할 수 있습니다.

▲ 일반 사진

▲ 고속 연사 사진

고속 연사 사진은 사진 목록의 축소판 그림에 여러 장이 있는 이미지로 표시됩니다. 사진 목록에서 고속 연사 사진을 더블클릭해 보세요. 제목 표시줄에 '고속 연사 사진(##장의 사진)'이라고 표시되며 고속 연사로 찍은 사진의 장수가 표시됩니다. 고속 연사사진 중 원하는 사진을 선택하려면 선택하십시오. 를 클릭한 뒤 아래에 표시되는 사진 중 원하는 사진을 선택하면 됩니다.

사진 선택이 끝나면 완료 를 클릭한 뒤 나타나는 상자에서 [선택 항목만 유지]를 클릭하면 연사 사진 중에서 선택한 사진만 남게 됩니다.

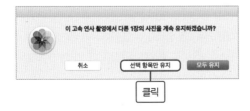

03 | 사진 정보 관리하기

사진

스마트폰이나 디지털 카메라로 찍은 사진은 자동으로 파일명이 붙여지기 때문에 파일명으로 원하는 사진을 찾기란 쉽지 않죠. 하지만 사진 앱에서는 사진에 원하는 이름과 함께 설명을 붙여 정리할 수도 있고 사진을 찍은 위치나 카메라 기종 등에 대한 자세한 정보를 확인할 수 있습니다.

사진 목록에서 사진을 더블클릭하여 선택한 후 도구 막대에서 ⓘ를 클릭하면 사진을 찍은 스마트폰이나 디지털 카메라의 기종이나 사진 크기, 촬영 정보가 표시됩니다. 스마트폰에는 GPS 정보가 함께 저장되기 때문에 스마트폰이나 GPS가 내장된 디지털 카메라의 사진에는 사진을 촬영한 위치 정보도 담깁니다.

잠 깐 만 요
사진에서 마우스 오른쪽 버튼을 클릭하면 표시되는 단축 메뉴에서 [정보 가져오기]를 선택해도 됩니다.

사진 정보 윈도우에서는 사진의 '제목'이나 '설명', '키워드' 등에 원하는 정보를 입력하여 사진을 관리할 수 있습니다.

❶ **제목** : 사진의 제목을 입력할 수 있습니다.

❷ **사진 정보** : 사진을 찍은 카메라의 기종, 측광 모드, 셔터 스피드, 조리개값 등의 정보를 확인할 수 있습니다.

❸ **설명** : 사진에 관련한 설명을 입력할 수 있습니다. 여러 개의 사진을 선택한 후 control+클릭하고 [정보 가져오기]를 선택하면 선택한 모든 사진에 같은 제목과 설명, 키워드를 입력할 수 있습니다.

❹ **키워드** : 사진에 대한 키워드를 입력할 수 있습니다. 각각의 키워드는 쉼표(,)로 구분하며 여러 개의 키워드도 입력할 수 있습니다. 입력한 키워드는 사진을 검색할 때 사용할 수 있습니다.

❺ **얼굴 추가** : 사진에 찍힌 얼굴을 구별할 수 있도록 얼굴을 추가할 수 있습니다.

❻ **위치** : 사진을 찍은 위치를 확인할 수 있습니다. 위치 정보를 숨기는 방법은 238쪽을 참고하세요.

사진에 얼굴 정보 추가하기

사진 앱에서는 사진에 있는 각 인물의 얼굴을 구분할 수 있습니다. 사진 정보 윈도우에서 [얼굴 추가]⊕를 클릭하면 사진 위에 원◌이 표시됩니다. 이 원을 드래그해서 얼굴 정보를 추가할 위치로 옮긴 후 원의 점 부분을 클릭하여 크기를 조절합니다. 그리고 원 아래에 이름을 입력하면 얼굴 정보를 추가할 수 있습니다. 여러 얼굴이 있는 사진이라면 여러 개의 얼굴 정보를 추가할 수 있습니다

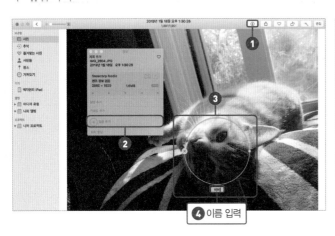

이렇게 얼굴 정보를 추가하면 사진 정보 윈도우와 사이드바의 [사람들] 항목에도 추가되고 얼굴 정보에 입력한 이름으로 사진을 검색하고 관리할 수 있습니다. [사람들] 항목에서 원하는 이름을 더블클릭하면 해당 이름의 얼굴 정보와 같은 사진만 모아서 볼 수 있습니다.

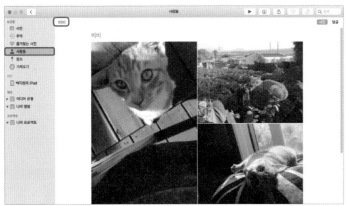

위치 정보 숨기기

스마트폰이나 GPS가 있는 디지털 카메라로 찍은 사진은 사진을 찍은 위치 정보도 함께 저장됩니다. 위치 정보를 감추려면 사진 메뉴 막대에서 [이미지]-[위치]-[위치 가리기]를 선택하면 됩니다. 위치 정보를 다시 표시하려면 [이미지]-[위치]-[원래 위치로 복귀]를 선택합니다.

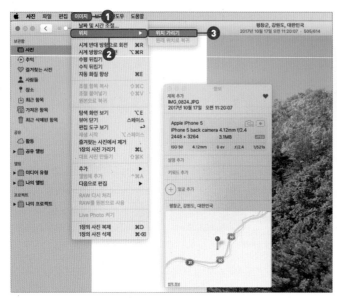

▲ 위치 정보 숨기기

사진 검색하기

사진 앱에 많은 사진이 쌓이다 보면 원하는 사진을 찾는 것이 쉽지 않겠죠? 하지만 사진 앱의 검색 상자를 사용하면 날짜나 위치, 키워드 등 사진과 관련된 정보를 사용해서 사진을 쉽게 찾을 수 있습니다. 예를 들어, 2019년에 찍은 사진을 검색하려면 검색 상자에 '2019'라고 입력합니다. 검색 상자 아래에 검색 결과 제안이 표시되는데 제안 중에서 날짜로 검색하고 싶다면 캘린더 아이콘이 있는 항목을 선택합니다. 그러면 날짜 기준으로 2019년에 찍은 사진들만 검색해서 보여 줍니다.

잠 깐 만 요

검색어를 입력할 때 return 키를 누르지 않아도 입력한 내용에 따라 검색 결과를 화면에 표시합니다.

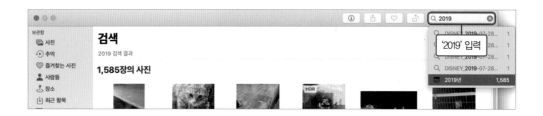

하나의 검색어로 검색한 후에 다른 검색어를 연달아 검색할 수 있도록 검색 창 아래에 검색어 제안이 표시됩니다. 예를 들어, 2019년 사진을 검색한 후에 제안된 검색어 중 '제주시'를 선택하면 '2019년 제주시'에서 찍은 사진들을 검색합니다.

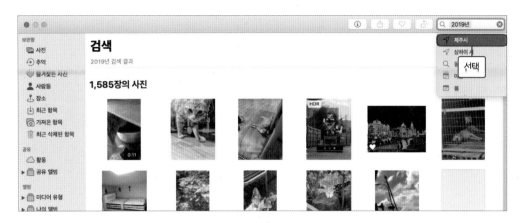

04 | 앨범 만들어 사진 관리하기

🖥 사진

사진 앱에서는 원하는 사진을 모아 앨범을 만들 수 있습니다. Finder의 스마트 폴더와 같이 원하는 조건으로도 다양한 앨범을 만들 수 있죠. 원하는 사진으로 앨범을 만드는 방법에 대해 알아보겠습니다.

새로운 앨범 만들기

1 사이드바의 [나의 앨범]에 마우스 포인터를 올린 후 ➕를 클릭하고 [앨범]을 선택하면 새 앨범을 만들 수 있습니다. 새로운 '무제 앨범'에 원하는 이름을 입력합니다.

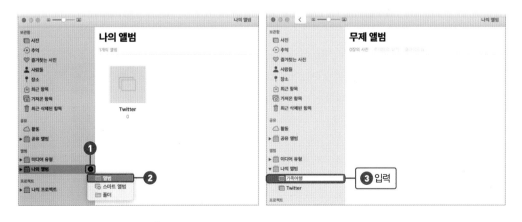

2 사이드바에서 [사진]을 선택하고 사진 목록에서 옮길 사진을 선택한 후 사이드바에 있는 앨범 이름으로 드래그하면 사진을 옮길 수 있습니다.

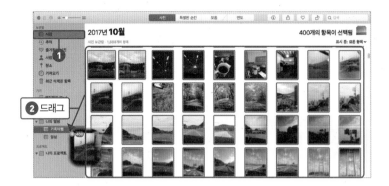

스마트 앨범 만들기

스마트 앨범은 Finder의 스마트 폴더와 같이 지정한 조건에 맞는 사진을 자동으로 앨범에 추가하는 것입니다. 예를 들어, 키워드가 '여행'인 스마트 앨범을 만든다면 사진에 '여행'이라는 키워드를 추가할 때마다 자동으로 스마트 앨범에 추가됩니다.

1 사진 메뉴 막대에서 [파일]−[새로운 스마트 앨범]을 선택하거나 사이드바의 [나의 앨범]에 마우스 포인터를 올린 후 ⊕를 클릭하고 [스마트 앨범]을 선택합니다.

2 스마트 앨범의 이름을 입력한 후 원하는 조건을 지정합니다. 여기에서는 키워드가 '바다'인 사진을 모아 놓은 '바다만 모아모아~'라는 앨범을 만들어 보겠습니다. 조건을 지정한 뒤 [확인]을 클릭합니다.

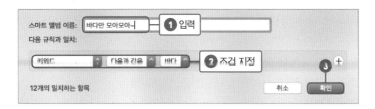

3 사이드바의 [나의 앨범] 항목 아래로 스마트 앨범이 표시됩니다. 스마트 앨범 제목을 클릭하면 사진 앱에 있는 사진들 중 '바다'라는 키워드가 있는 사진들이 표시됩니다.

4 이제부터 사진에 '바다'라는 키워드를 추가하면 자동으로 스마트 앨범에 추가됩니다.

▲ 사진에 '바다' 키워드 추가

▲ 스마트 앨범에 자동으로 추가

잠 깐 만 요
사진 앱에서 다양한 방법으로 앨범을 추가한 뒤 사이드바의 앨범을 클릭하여 작업 화면이나 Finder 윈도우로 드래그하면 앨범명의 폴더로 사진이 복사됩니다.

새로운 앨범에서 사진 제거/삭제하기

새로운 앨범을 만들어 옮긴 사진은 사진 보관함에도 그대로 남아 있습니다. 즉 원본이 사진 보관함에 그대로 있는 상태로 새로운 앨범에 복사되는 것이죠. 그래서 새로운 앨범에 있는 사진을 삭제하기 위해 (control)+클릭하면 다음 명령 중 하나를 선택하여 사진을 삭제할 수 있습니다.

❶ **사진 가리기** : 선택한 사진을 숨깁니다. [#장의 사진 가리기]를 선택하면 선택한 새로운 앨범과 사진 보관함에서 보이지 않지만 검색은 가능합니다.

❷ **앨범에서 제거** : 선택한 사진을 사진 보관함에는 남겨두고 새로운 앨범에서만 제거합니다.

잠깐만요 ─────
실수로 스마트 앨범에 있는 사진을 삭제했을 경우 사이드바에 있는 [최근 삭제한 항목]을 선택하면 삭제한 사진을 복구할 수 있습니다.

05 | 사진을 보정하는 다양한 방법

🪟 사진

사진 앱은 전문 사진 편집 앱 못지않은 다양한 편집 기능을 제공합니다. 노출이나 화이트 밸런스 등 사진 용어가 익숙하지 않다면 자동 이미지 향상으로 사진을 보정할 수 있습니다. 사진 앱으로 사진을 보정하는 방법에 대해 알아보겠습니다.

보정 윈도우 살펴보기

사진 보기 윈도우에서 [편집] 편집 도구를 클릭하면 즉시 보정 윈도우가 표시됩니다.

클릭

잠깐만요 ─────
보정할 사진이 선택된 상태에서 (command)+(return) 키를 누르거나 사진 메뉴 막대의 [이미지]–[편집 도구 보기]를 선택해도 보정 윈도우를 표시할 수 있습니다.

❶ **조절없이 사진 보기** : 보정 도중에 이 버튼을 클릭하고 있으면 보정하지 않은 원본 사진을 표시할 수 있습니다. 버튼에서 손을 떼면 보정 상태로 되돌아옵니다.

❷ **원본으로 복귀** : 보정 내용을 모두 취소하고 원본 사진으로 되돌립니다.

❸ **축소/확대** : 슬라이드 막대를 좌우로 움직여 사진을 확대/축소할 수 있습니다.

❹ **조절** : 빛, 색상, 암부 및 명부 등의 조절 도구를 표시합니다.

❺ **필터** : 사진에 적용할 수 있는 필터를 표시합니다. 각각의 필터를 클릭하면 바로 사진에 적용됩니다.

❻ **자르기** : 16:9, 8:10 등 정해진 비율이나 원하는 크기로 사진을 자르거나 회전할 수 있습니다. 자세한 내용은 246쪽을 참고하세요.

❼ **정보** : 보정하고 있는 사진의 정보를 표시합니다.

❽ **확장 프로그램** : 마크업 도구나 다른 편집 앱을 표시합니다.

❾ **즐겨찾는 사진에 추가** : 현재 편집 중인 사진을 즐겨찾는 사진에 추가합니다.

❿ **시계 반대 방향으로 회전** : 클릭할 때마다 시계 반대 방향으로 90도씩 사진을 회전합니다. [option]키를 누르고 이 버튼을 클릭하면 시계 방향으로 회전합니다.

⓫ **자동 이미지 향상** : 사진을 자동으로 보정합니다. 자동 보정 후 조절 항목에서 보정 내용을 선택하거나 취소할 수 있습니다. 245쪽을 참고하세요.

⓬ **완료** : 사진에 적용된 보정 내용을 저장합니다.

사진 보정하기

보정 윈도우의 조절 을 클릭하면 다양한 보정 항목이 표시됩니다. 각각의 보정 항목은 슬라이드 막대를 좌우로 드래그하여 조절할 수 있습니다. 각 보정 항목 이름 옆의 아이콘을 클릭하면 해당 보정 항목을 자동으로 적용하거나 보정 내용을 선택/취소할 수 있습니다.

❶ **변경 취소** : 해당 보정 항목의 보정을 취소합니다.

❷ **자동** : 해당 보정 항목의 설정 값을 자동으로 적용합니다.

❸ : 해당 보정 도구로 보정한 내용의 적용 여부를 선택할 수 있습니다. 를 클릭하면 으로 바뀌고 해당 보정 도구로 보정한 내용이 적용되지 않습니다. 보정 내용을 취소하고 원래대로 돌리는 [변경 취소] 와 달리 언제든 다시 보정 내용의 적용 여부를 선택할 수 있습니다.

각 보정 항목 아래의 [옵션]을 클릭하면 해당 보정 항목에 대한 세부 보정 옵션이 표시되어 조금 더 세밀하게 보정할 수 있습니다.

전문가의 조언

불필요한 흔적이나 잡티 간단하게 제거하기

보정 도구 중에서 '잡티 제거' 항목을 사용하면 사진에서 지우고 싶은 흔적이나 얼굴 사진의 잡티 등을 간단하게 지울 수 있습니다. '잡티 제거' 항목의 슬라이드 막대를 좌우로 드래그하면 브러시의 크기를 조절할 수 있습니다.

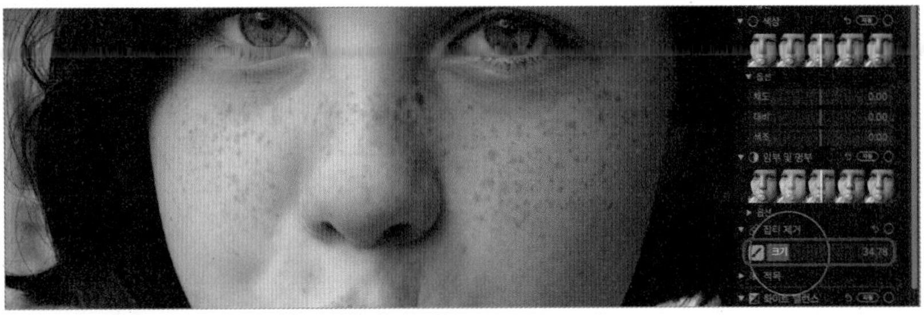

원하는 브러시의 크기를 선택한 후 사진에서 지우고 싶은 흔적이나 잡티가 있는 영역을 지정한 브러시로 지우개 같이 드래그하면 자연스럽게 제거할 수 있습니다.

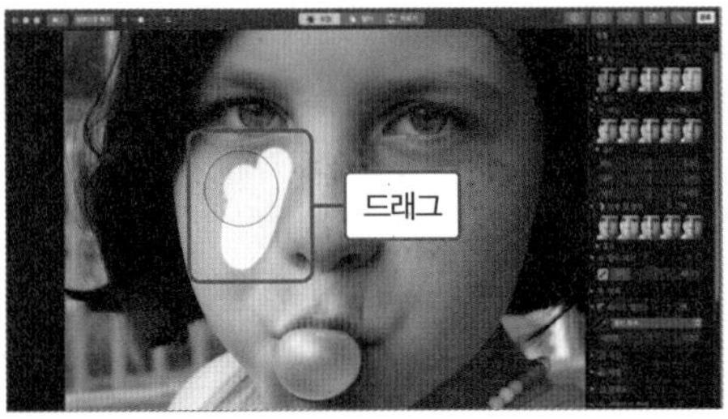

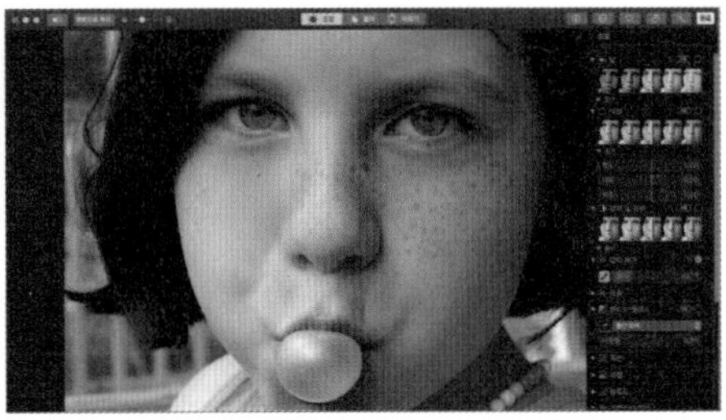

사진 자동 보정하기

화이트 밸런스 등 사진 용어가 익숙하지 않고 어떻게 보정해야 할지 모르겠다면 사진 보정 윈도우에서 [자동 이미지 향상] 만 클릭해도 사진을 조금 더 보기 좋게 보정할 수 있습니다. 사진 보기 윈도우의 [자동 이미지 향상] 을 클릭해도 사진을 자동 보정할 수 있습니다.

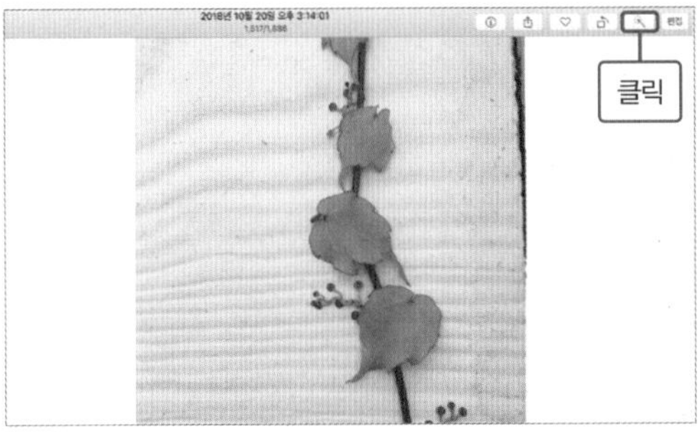

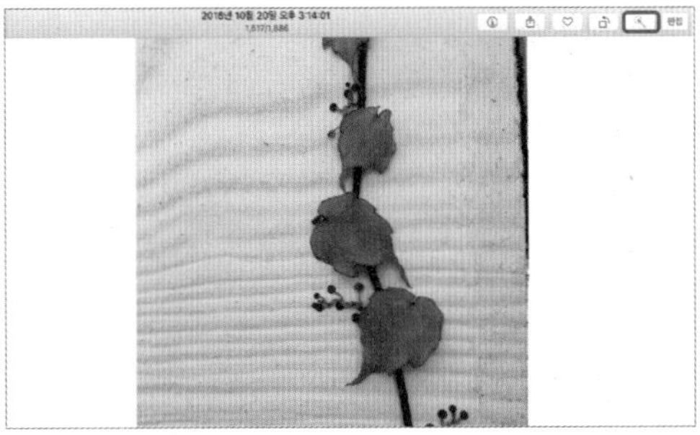

잠 깐 만 요

자동 이미지 향상 기능이 적용된 사진에는 도구 막대의 해당 아이콘이 나 로 표시됩니다.

자르기 및 회전하기

보정 윈도우에서 자르기를 클릭하면 다양한 자르기 도구가 표시됩니다.

① 사진을 좌우로 뒤집을 수 있습니다. option 키를 누른 상태에서 클릭하면 사진을 위아래로 뒤집을 수 있습니다.

② 사진을 원하는 비율로 자르거나 회전합니다. [사용자화]를 선택하면 원하는 비율을 직접 입력할 수도 있습니다.

③ 사진의 가로세로 비율을 변경합니다.

④ 기울어진 사진을 자동으로 조절합니다.

⑤ 변경 내용을 취소하고 원본 사진으로 재설정합니다.

자르기를 클릭하면 사진에 오른쪽에 각도 표시가 나타납니다. 각도 부분을 클릭한 위아래로 드래그하면 사진을 원하는 각도만큼 회전할 수 있습니다.

사진 주변에는 끌어서 옮길 수 있는 자르기 핸들이 표시됩니다. 모서리 부분을 드래그하거나 테두리 부분을 드래그해서 자를 영역을 지정할 수 있습니다. 자르기 핸들 바깥쪽의 어두운 부분이 잘려나갈 부분입니다.

 ## 사진 보관함 백업하기

디스크 공간이 부족해서 사진 보관함을 옮겨야 하거나, 중요한 사진을 별도의 공간에 백업해 두고 싶다면 사진 보관함을 복사할 수 있습니다.

사진 보관함을 백업할 외장 하드 디스크를 준비한 후 Finder의 사이드바에서 [사용자 계정]–[그림]을 선택하면 '사진 보관함' 항목을 볼 수 있습니다. '사진 보관함' 아이콘을 클릭한 후 외장 하드 디스크로 드래그하면 사진 보관함이 복사됩니다.

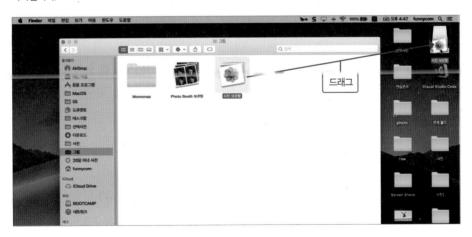

외장 하드 디스크로 복사된 사진 보관함을 더블클릭해서 사진 앱이 실행되는지 확인하세요. 만일 사진 보관함을 외장 하드 디스크로 옮기려면 같은 방법으로 사진 보관함을 복사해서 제대로 실행되는지 확인한 후 Finder 윈도우의 사이드바에서 [사용자 계정]–[그림]에 있는 '사진 보관함' 항목을 삭제합니다.

팟캐스트

iTunes에 포함되어 있던 팟캐스트가 카탈리나 버전부터 별도의 앱으로 분리되었습니다. 팟캐스트는 온라인 서비스로 지난 라디오 방송이나 팟캐스트용으로 제작된 프로그램을 들을 수 있습니다. 마음에 드는 프로그램이 있다면 구독을 할 수도 있습니다.

01 | 팟캐스트 듣기

팟캐스트는 Apple의 iPod과 방송(Broadcasting)이 결합된 신조어입니다. 기존에는 iTunes를 통해 들을 수 있던 팟캐스트는 macOS 카탈리나 버전부터 별도의 앱으로 제공됩니다.

Spotlight에서 '팟캐스트'를 검색하거나 Launchpad에서 [팟캐스트] 를 선택하면 팟캐스트를 실행할 수 있습니다. 팟캐스트가 실행되면 [듣기 시작]을 클릭하세요.

팟캐스트 윈도우의 사이드바에서 [둘러보기]를 선택하면 추천 팟캐스트 항목이나 다양한 카테고리에서 팟캐스트를 살펴볼 수 있습니다. 원하는 항목을 클릭해 보세요.

───────────
잠 깐 만 요
[인기 차트]를 클릭하면 다른 사용자들이 많이 듣는 팟캐스트를 확인할 수 있습니다.

249

[인기 차트]에서는 선택한 팟캐스트에 대한 설명과 함께 여러 개의 에피소드들이 나열됩니다. 듣고 싶은 에피소드 항목 위로 마우스 포인터를 올리면 표시되는 ▶를 클릭하면 에피소드가 재생됩니다.

에피소드가 재생되는 중 팟캐스트 윈도우 위에는 재생 막대가 표시됩니다. 재생 막대에 표시되는 도구를 사용하면 재생되는 에피소드를 앞이나 뒤로 감을 수 있고 잠시 재생을 중지할 수도 있습니다.

02 | 팟캐스트 구독하기

수많은 팟캐스트 중 마음에 드는 팟캐스트가 있다면 팟캐스트를 구독해 보세요. 새로 등록된 에피소드가 있는지 번거롭게 확인하지 않아도 구독한 팟캐스트의 최신 에피소드가 등록될 때마다 바로 확인할 수 있습니다.

팟캐스트를 구독하려면 팟캐스트 설명 화면에서 +구독 를 클릭합니다. 구독이 완료되면 √구독 으로 바뀝니다.

구독한 팟캐스트는 팟캐스트 사이드바의 [프로그램]을 클릭하면 확인할 수 있고 구독했던 팟캐스트를 취소하려면 팟캐스트 설명 화면의 ⋯를 클릭한 후 [구독 취소]를 선택하면 됩니다.

03 | 에피소드 재생 목록에 추가하기

구독 여부와 관계없이 다양한 팟캐스트의 에피소드 중 자주 듣고 싶은 에피소드만 따로 모아서 관리할 수도 있습니다. 이번에는 팟캐스트의 에피소드를 재생 목록에 추가하는 방법에 대해 알아보겠습니다.

재생 목록에 추가하고 싶은 에피소드 위로 마우스 포인터를 올리면 표시되는 ⋯ 을 클릭한 후 [바로 다음에 재생]이나 [맨 뒤에 재생]을 선택합니다.

> 잠깐만요 ——————
> '바로 다음에 재생'을 선택하면 재생 목록의 앞에 추가하고 '맨 뒤에 재생' 은 재생 목록의 뒤에 에피소드가 추가 합니다.

재생 목록에 추가한 에피소드를 확인하려면 팟캐스트 윈도우의 재생 막대에 있는 ≡ 를 클릭합니다. 재생 목록의 에피소드 순서를 바꾸려면 에피소드 오른쪽에 있는 ≡ 를 클릭한 후 원하는 위치로 드래그하면 됩니다.

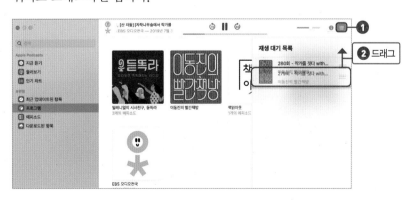

iMovie

인터넷 개인 방송이 늘어나고 스마트폰을 활용한 동영상 촬영이 쉬워지면서 동영상 관리나 편집 앱을 많이 사용하게 되었습니다. 다양한 동영상 관리/편집 앱이 있지만 유료이거나 사용법이 어렵다면 macOS의 iMovie를 사용해 보세요. iMovie는 기본으로 제공되는 무료 앱이지만 간단하게 동영상 관리와 편집을 할 수 있어 유용합니다.

01 | iMovie 윈도우 살펴보기

🪟 영화 및 TV

iMovie를 사용하면 동영상 편집은 물론, Windows의 Movie Maker와 같이 이미지에 배경 음악을 추가해 동영상으로 만들 수도 있습니다. 우선 아직은 생소한 iMovie의 윈도우가 어떻게 구성되었는지 먼저 살펴보겠습니다.

iMovie를 실행하려면 Spotlight에서 'iMovie'를 검색하여 실행합니다.

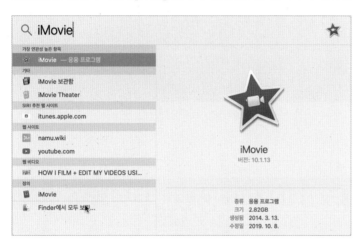

iMovie는 크게 [미디어], [프로젝트]의 탭으로 구성되어 있습니다. 우선 각 탭이 어떤 역할을 하는지 간단히 알아보겠습니다.

미디어 : 사진 앱에 있는 사진이나 직접 iMovie에 추가한 이미지, 그리고 동영상이나 음악이 표시됩니다. [미디어] 탭을 클릭하면 사이드바에 iMovie에서 사용할 수 있는 이미지와 동영상 등이 표시됩니다.

프로젝트 : 이미 완성된 프로젝트가 표시되며 [신규 생성]을 클릭하여 새로운 동영상 프로젝트를 만들 수 있습니다.

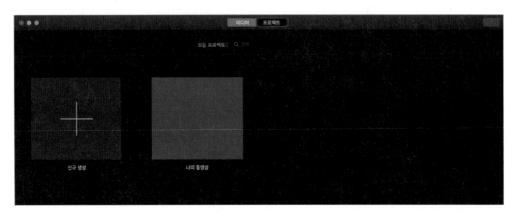

02 | iMovie 보관함에 미디어 추가하기

■ 영화 및 TV

iMovie의 [미디어] 탭을 클릭하면 동영상을 만들 때 사용할 이미지나 동영상, 음악 등의 미디어를 확인할 수 있습니다. 기본적으로 사용할 수 있는 사진 앱의 미디어 외에 원하는 기기나 폴더에서 미디어를 추가할 수 있습니다.

iMovie 윈도우에서 [미디어] 탭을 클릭한 뒤 도구 막대에 있는 ▬▬을 클릭하면 가져오기 윈도우가 열립니다. 가져오기 윈도우에서는 Mac에 연결된 카메라나 외부 기기에서 미디어를 가져올 수 있습니다.

iMovie에서는 가져온 미디어가 표시되는 보관함을 '이벤트'라고 합니다. 도구 막대의 [다음으로 가져오기]에서 미디어를 가져올 이벤트를 선택할 수 있습니다. [다음으로 가져오기]를 펼친 후 [새로운 이벤트]를 선택하고 원하는 이름을 입력한 후 [승인]을 클릭합니다.

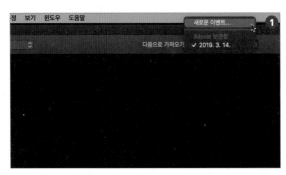

가져오기 윈도우의 사이드바에서 가져올 미디어가 있는 폴더나 외부 기기를 선택하거나 윈도우 위에 목록을 펼쳐 가져올 미디어가 있는 폴더를 선택할 수 있습니다.

iMovie 윈도우 아래에 선택한 폴더나 기기에 있는 미디어가 표시됩니다. iMovie로 가져올 미디어를 선택한 뒤 [선택된 항목 가져오기]를 클릭합니다.

클릭

잠깐만요 ————
가져올 미디어가 있는 폴더나 기기를 선택한 뒤 미디어 목록 아래의 [모두 가져오기]를 클릭하면 해당 폴더나 기기에 있는 모든 미디어를 가져올 수 있습니다.

원하는 미디어를 가져오면 자동으로 가져오기 윈도우가 닫히고 iMovie 윈도우 사이드바의 [iMovie 보관함] 항목 아래로 새로 만든 이벤트가 표시됩니다. 새로 만든 이벤트 이름을 클릭해 보세요. 방금 가져온 미디어를 확인할 수 있습니다.

클릭

멀티미디어

iMovie

iMovie 보관함으로 가져온 미디어를 삭제하려면 원하는 항목을 control +클릭한 후 [이벤트에서 미디어 삭제]를 선택하면 됩니다.

03 | iMovie로 동영상 만들기

🪟 영화 및 TV

미디어가 준비됐다면 이제부터 iMovie를 사용해 동영상을 만들 수 있습니다. 이미지나 동영상 등의 미디어와 미디어 사이에 전환 효과를 추가하고 음악을 넣을 수도 있죠. iMovie로 동영상을 만드는 방법을 알아보겠습니다.

새 프로젝트 만들기

iMovie 윈도우의 [프로젝트] 탭에서는 [미디어] 탭에서 추가한 미디어를 사용해 새로운 동영상을 만들 수 있습니다. [프로젝트] 탭은 동영상을 만드는 작업대인 셈이죠.
iMovie 윈도우에서 [프로젝트] 탭을 클릭한 후 [신규 생성]을 클릭합니다. 이미지나 동영상, 음악 등을 조합해 나만의 동영상을 만들려면 [동영상]을, 이미 만들어진 소스를 사용해 동영상을 만들려면 [예고편]을 선택하면 됩니다. 여기서는 [동영상]을 선택해 직접 동영상을 만들어 보겠습니다.

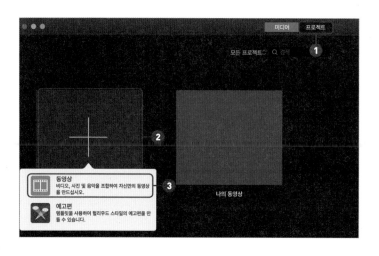

프로젝트 윈도우 아래에는 타임라인이 표시됩니다. iMovie 보관함의 이벤트에 있는 미디어 중 동영상에 넣을 미디어를 선택해서 타임라인으로 드래그하면 합니다.

▲ 보관함에서 사진 가져오기

타임라인

잠 깐 만 요

타임라인에 추가한 각각의 미디어는 기본적으로 4초씩 재생되고 이렇게 재생되는 각각의 미디어를 '클립'이라고 부릅니다.

타임라인 오른쪽 위에 있는 슬라이드 막대를 좌우로 드래그하면 타임라인에 표시되는 미디어의 크기를 조절할 수 있습니다.

조절하기

타임라인에 표시되는 흰색 세로 선은 재생 위치를 나타내며 '재생 헤드'라고 합니다. 필요한 미디어를 모두 타임라인에 추가했다면, 타임라인의 가장 왼쪽을 클릭해 재생 헤드를 맨 앞으로 옮기고 오른쪽 위에 있는 미리보기 윈도우에서 재생 버튼▶을 클릭해 보세요. 지금까지 추가한 미디어로 만든 동영상이 재생됩니다.

클릭

재생 헤드

재생 헤드

원모어 팁 iMovie에서 동영상을 재생하는 방법

❶ 미리보기 윈도우에서 재생 버튼▶ 클릭하기

❷ 타임라인을 선택하고 spacebar 키 누르기

❸ 타임라인에서 클립을 control +클릭한 후 [재생] 선택하기

클립의 재생 시간 수정하기

타임라인에 미디어를 추가하면 기본적으로 4초씩 재생됩니다. 만일 동영상에 테마를 적용했다면 테마에서 지정된 시간으로 각 클립의 재생 시간이 바뀌기도 하죠. 타임라인에서 클립을 선택

하면 노란색 테두리가 표시되고 테두리를 좌우로 드래그하여 재생 시간을 조절할 수 있습니다.

잠 깐 만 요 ─────
클립 위로 마우스 포인터를 올리면 클립 왼쪽 위에 재생 시간이 표시됩니다.

타이틀 효과 추가하기

각 클립을 선택하면 클립마다 원하는 타이틀 효과도 추가할 수 있습니다. 프로젝트 윈도우에 있는 [타이틀]을 클릭하면 적용할 수 있는 여러 가지 타이틀 효과가 표시됩니다. 각각의 타이틀을 선택한 뒤 spacebar 키를 누르면 오른쪽 미리보기에서 타이틀 효과를 미리 확인할 수 있습니다. 사용하려는 타이틀 효과를 클릭하여 타임라인으로 드래그하면 타이틀 효과를 추가할 수 있습니다. 타임라인에 추가된 타이틀 효과를 드래그하면 타이틀 효과의 위치를 변경할 수 있고, 타이틀 효과를 클릭했을 때 표시되는 노란색 테두리를 좌우로 드래그하여 재생 시간도 조절할 수 있습니다.

잠 깐 만 요 ─────────────────────────────────────
타임라인의 재생 헤드를 둔 상태에서 타이틀 효과를 더블클릭하면 재생 헤드가 있는 위치에 타이틀 효과를 바로 추가할 수 있습니다.

원하는 위치에 타이틀 효과를 배치한 뒤 타이틀 효과를 클릭하면 미리보기에 텍스트 상자가 표시됩니다. 미리보기의 텍스트 상자에 원하는 텍스트를 입력하고 미리보기 위에 표시되는 도구로 텍스트의 서체나 크기, 정렬 등을 지정할 수 있습니다.

타이틀 효과는 타임라인에 보라색으로 표시됩니다. 타이틀 효과가 표시되는 보라색 테두리를 좌우로 드래그하면 타이틀 효과의 표시 시간을 조절할 수 있습니다.

전환 효과 추가하기

전환 효과란 타임라인의 각 클립에서 다른 클립으로 넘어갈 때 추가하는 효과를 말합니다. 프로젝트 윈도우의 [전환 효과]를 클릭하면 다양한 전환 효과가 표시됩니다. 타이틀 효과와 같이 각각의 전환 효과를 선택한 후 [spacebar]키를 누르면 미리보기에서 각 효과를 확인할 수 있습니다. 추가할 전환 효과를 선택한 후 타임라인의 클립과 클립 사이로 드래그하면 타임라인에 ◄ 가 표시됩니다.

잠 깐 만 요 ─────
타임라인에서 [command]+[A]키를 눌러 모든 클립을 선택한 후 원하는 전환 효과를 더블클릭하면 전체 클립에 전환 효과를 추가할 수 있습니다.

◄ 를 더블클릭하면 전환 효과의 이름과 실행 시간을 확인할 수 있습니다. 실행 시간에 원하는 시간을 입력한 뒤 [적용]을 클릭하면 재생 시간을 변경할 있습니다. [모두 적용]을 클릭하면 타임라인에 추가된 전환 효과 중 수정한 전환 효과와 같은 전환 효과 모두에 적용할 수 있습니다.

 자동으로 추가되는 전환 효과 끄기

iMovie의 타임라인에 사진을 추가하면 자동으로 전환 효과가 추가되는데, 자동으로 전환 효과가 추가되지 않도록 설정할 수 있습니다. 타임라인 오른쪽 위에 있는 [설정]을 클릭한 후 '자동 콘텐츠' 항목의 체크를 해제합니다.

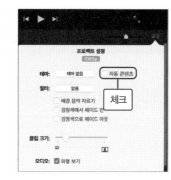

동영상에 음성 추가하기

동영상에 직접 녹음한 음성을 추가할 수도 있습니다. 동영상에 음성을 추가하려면 타임라인의 클립 중 음성을 삽입할 위치에 재생 헤드를 둔 상태에서 미리보기에 있는 마이크 버튼(🎤)를 클릭한 후 녹음 버튼(⏺)을 클릭합니다.

녹음을 시작하면 타임라인의 사진 아래쪽에 녹음 레벨이 표시됩니다. 음성 녹음을 끝내려면 미리보기에 있는 녹음 중지 버튼(◉)을 클릭합니다.

동영상에 배경 음악 추가하기

동영상을 만든 후 배경 음악을 추가해 동영상의 분위기를 다르게 표현할 수도 있습니다. 프로젝트 윈도우의 [오디오]를 클릭하면 사이드바에의 [음악]이나 [사운드 효과], [GarageBand] 항목을 선택해 동영상에 추가할 수 있는 오디오 소스나 폴더 목록을 펼쳐 원하는 음악을 추가할 수 있습니다. 동영상에 사용할 배경 음악 파일을 따로 준비하지 못했다면 폴더 목록을 펼친 뒤 [테마 음악]을 선택해 기본 음악을 사용하면 됩니다.

잠 깐 만 요
사이드바에서 [사운드 효과]를 선택한 후 원하는 음악을 타임라인의 클립으로 드래그하면 사운드 효과를 추가할 수도 있습니다.

테마 음악 목록에 있는 이름을 더블클릭하면 음악을 들어 볼 수 있습니다.

원하는 음악을 찾았다면 타임라인 아래에 음표가 있는 영역으로 드래그하여 추가할 수 있습니다. 미리보기의 재생 버튼▶을 클릭하거나 spacebar 키를 누르면 배경 음악과 함께 동영상이 재생됩니다.

프로젝트 저장하기

프로젝트 윈도우에는 동영상을 만들면서 사용했던 미디어나 각종 효과 음악이 따로 저장되어 있습니다. 그래서 프로젝트를 저장해 두면 나중에라도 동영상을 수정할 때 편리하죠. 프로젝트 윈도우에서 동영상 제작이 모두 완료됐다면 프로젝트 윈도우 위에 있는 〈 프로젝트 를 클릭합니다.

아직 저장하지 않은 프로젝트라면 프로젝트 이름을 입력하고 [승인]을 클릭하여 프로젝트를 저장합니다. 이전에 저장한 프로젝트라면 프로젝트 목록이 표시됩니다. 목록에서 원하는 프로젝트를 더블클릭하면 해당 프로젝트를 다시 편집할 수 있습니다.

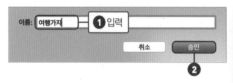

프로젝트를 동영상으로 변환하기

저장한 프로젝트는 동영상을 편집할 수 있는 상태로 저장되기 때문에 SNS에 동영상을 업로드하거나 일반적인 동영상으로 사용하려면 프로젝트를 동영상 파일로 변환해야 합니다.
프로젝트 목록에서 프로젝트 이름 옆에 있는 ◉를 클릭한 후 [프로젝트 공유]-[파일]을 선택합니다.

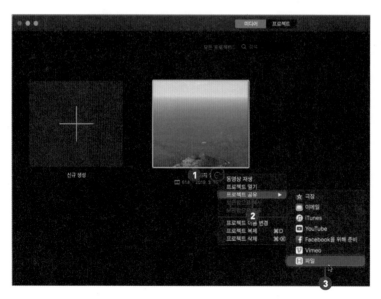

동영상을 변환했을 때 예상되는 재생 시간과 파일 크기 등이 표시됩니다. [다음]을 클릭하세요.

동영상 파일 이름과 저장할 폴더를 선택하고 [저장]을 클릭합니다.

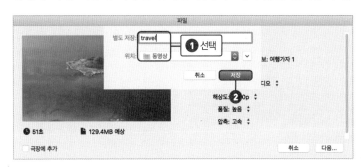

동영상을 저장한 폴더로 이동하면 방금 저장한 동영상이 .mp4 파일 형태로 저장되어 있습니다. .mp4 파일을 더블클릭하면 iMovie에서 만든 동영상을 재생할 수 있습니다.

PART 6

생산성을 높이는
기록과 편집

이번에는 macOS의 다양한 앱을 사용해 정보를 기록하고 편집하는 방법에 대해 알아봅니다. 스티커 앱을 사용하면 간단한 내용을 기록할 수 있고 메모 앱을 사용하면 기록한 내용을 Apple 기기끼리 공유할 수도 있죠.

텍스트 편집기나 iWork를 사용해 문서를 작성하는 방법과 구글의 G Suite나 macOS용 MS Office 앱, 그리고 한글 뷰어 등을 사용하는 방법까지 알아봅니다. 또한 macOS에서 화면을 캡처하고 동영상으로 녹화하는 방법까지 살펴보겠습니다.

macOS
Catalina

간단한 기록

macOS를 사용하다가 간단하게 기록해 두어야 할 내용이 있다면 메모 앱이나 스티커 앱을 사용해 보세요. 다양한 작업을 하던 중 간단한 내용을 메모해야 한다면 스티커 앱을 사용해 작업화면에 필요한 내용을 붙여 둘 수 있습니다. 특히 메모 앱은 연속성 기능을 통해 iPhone이나 iPad와 같은 Apple 기기와 연결해서 사용할 수도 있고 구글 계정으로도 연동할 수도 있습니다.

01 │ 스티커 앱으로 화면에 간단한 메모하기

macOS의 스티커 앱을 사용하면 메모를 자주 하거나 항상 확인해야 할 내용을 작업 화면에 붙여 둘 수 있습니다. 스티커 메모에 작성한 텍스트의 색상이나 서체도 변경할 수 있고, 메모 안에 파일을 삽입하는 것도 가능합니다. 스티커 앱을 사용해 중요한 내용을 메모해 보세요.

스티커 작성하기

command + spacebar 키를 누르면 표시되는 Spotlight에 '스티커'를 입력한 뒤, 검색 결과에서 스티커 앱을 더블클릭하여 스티커 앱을 실행합니다.

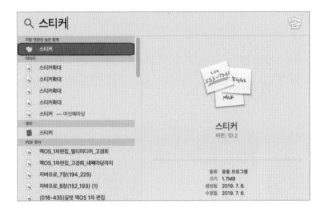

원모어 디딩 │ 스티커 앱을 실행하는 여러 가지 방법

❶ Spotlight에서 '스티커' 검색하기
❷ Finder에서 [응용 프로그램]-[스티커] 선택하기
❸ Launchpad에서 [기타]-[스티커] 클릭하기

스티커 앱을 처음 실행하면 스티커 앱에 대한 설명이 작은 접착식 메모지 같은 형태로 표시됩니다. 기존 스티커 윈도우의 내용을 모두 지운 뒤, 새로운 내용을 입력해 보세요.

스티커 윈도우 왼쪽 위에 있는 [닫기] □를 클릭한 뒤, [메모 삭제]를 클릭하면 스티커를 삭제할
수도 있습니다.

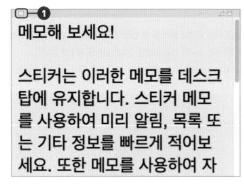
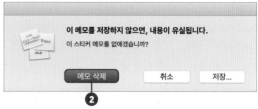

새로운 스티커를 만들려면 스티커 메뉴 막대에서 [파일]-[새로운 메모]를 선택하거나 스티커가
선택된 상태에서 command + N 키를 누르면 됩니다. 스티커 윈도우 윗부분을 클릭해서 원하는
위치로 드래그할 수도 있습니다.

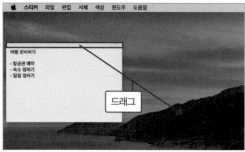

스티커 색상 바꾸기

스티커 메모는 기본적으로 노란색으로 표시되지만 다른 색상으로 바꿀 수도 있습니다. 스티커
메모의 내용에 따라 원하는 색상을 지정하면 다양한 스티커를 구분할 때 편리합니다. 스티커의
색상을 변경하려면 색상을 변경할 스티커를 선택한 뒤, 스티커 메뉴 막대에서 [색상]을 선택하
고 원하는 색상을 선택하면 됩니다.

스티커 텍스트 스타일 수정하기

스티커에 입력한 텍스트의 다양한 스타일을 수정할 수도 있습니다. 스티커에 입력한 텍스트를 선택한 후 스티커 메뉴 막대의 [서체]를 클릭하면 볼드체나 이탤릭체로 바꿀 수도 있고 텍스트 크기와 자간 등 여러 가지 스타일을 선택하고 수정할 수 있습니다.

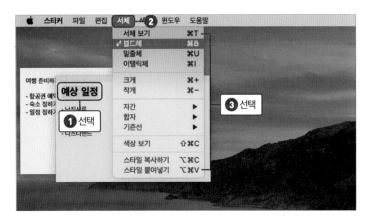

텍스트의 색상을 바꾸려면 스티커에 입력한 텍스트를 드래그하여 선택한 상태에서 스티커 메뉴 막대의 [서체]-[색상 보기]를 선택합니다. [색상 보기]를 선택하면 표시되는 색상 윈도우에서 원하는 색상을 선택하면 텍스트의 색상이 변경됩니다.

잠 깐 만 요
스티커 메뉴 막대에서 [서체]-[서체 보기]를 선택하면 더욱 다양한 텍스트의 스타일을 지정할 수 있습니다.

기록과 편집 | 간단한 기록

271

스티커 메모에 작성한 내용을 목록으로 만들 수도 있습니다. 스티커 메모에 작성한 내용 중 목록으로 만들 내용을 드래그하여 선택한 후 (option)+(tab)키를 누르면 선택한 내용이 목록으로 바뀝니다. 내용을 입력하기 전에 (option)+(tab)키를 누른 뒤, 내용을 입력하면 목록으로 작성됩니다. 목록 작성을 끝내려면 (return)키를 두 번 누르거나 (backspace)키를 누르면 됩니다.

스티커에 이미지나 문서 파일 삽입하기

스티커 메모에는 이미지나 문서 파일을 삽입할 수 있습니다. 스티커로 삽입할 이미지나 문서 파일을 선택한 후 스티커 메모 안으로 드래그하면 메모 안에 삽입한 이미지나 문서 파일 내용이 표시됩니다.

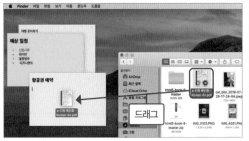

스티커에 입력한 내용이 많거나 많은 이미지나 문서 파일을 삽입했을 경우 스티커 메모의 크기를 조절하면 스티커의 내용을 한눈에 볼 수 있습니다. 다른 윈도우와 마찬가지로 스티커 메모의 테두리를 드래그해서 크기를 조절할 수도 있고 스티커 메모 오른쪽 위에 있는 [확대/축소] ◿를 클릭하면 스티커 메모가 전체 화면으로 표시됩니다. [확대/축소] ◿를 한 번 더 클릭하면 원래 크기로 돌아옵니다.

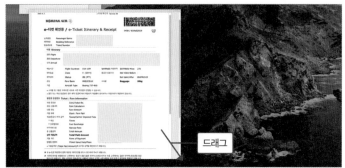

▲ 테두리 드래그하기

▲ 전체 화면으로 표시하기

스티커 앱을 사용하면 여러 메모를 작업 화면에 표시할 수 있어 편리하죠. 이번에는 스티커 메모를 항상 화면에 표시하는 방법을 비롯해 작성해 놓은 스티커를 관리하는 방법에 대해 알아봅니다.

스티커 윈도우 항상 표시하기

스티커에 메모를 작성하면 데스크탑 화면에 표시되지만 다른 앱을 실행할 경우 스티커 메모가 가려지게 되죠. 작업 화면에서 스티커 메모를 확인하고 싶다면 Dock에 있는 [스티커] 를 클릭해 실행 중인 앱 윈도우 위에 스티커 메모를 표시할 수 있습니다.

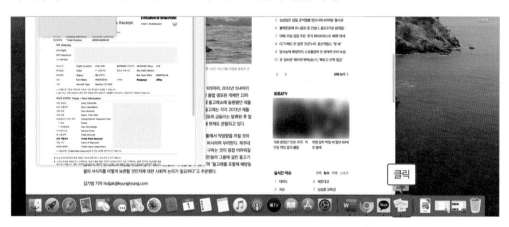

만약 스티커에 작성한 메모를 계속 데스크탑 화면에 표시하여 확인해야 한다면 항상 여러 개의 앱 윈도우 중 제일 위에 표시할 수 있습니다. 원하는 스티커 메모가 선택된 상태에서 스티커 메뉴 막대의 [윈도우]-[상단에 띄우기]를 선택하면 항상 선택한 스티커 메모가 다른 앱 윈도우 위로 표시됩니다.

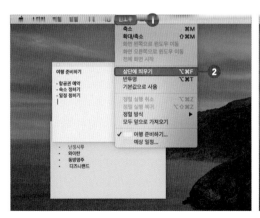

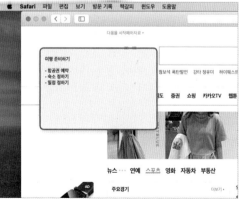

스티커 메뉴 막대에서 [윈도우]-[반투명]을 선택하면 선택한 스티커 메모를 반투명하게 표시할 수 있습니다. [상단에 띄우기]로 표시한 스티커 윈도우를 반투명하게 지정하면 겹쳐진 다른 앱 윈도우를 볼 수 있어서 편리합니다.

스티커 제목만 표시하기

스티커 메모가 많아져 데스크탑 화면을 많이 차지한다면 메모 내용은 가리고 제목만 표시하여 데스크탑 화면을 덜 차지하도록 할 수 있습니다. 스티커 메모 오른쪽에 있는 [축소] 🔲 를 클릭하거나, 스티커 제목 표시줄을 더블클릭하면 스티커 메모에 입력한 내용 중 가장 첫 줄에 있는 내용이 제목으로 표시하고 나머지 내용은 화면에서 감춰집니다. 제목만 표시된 스티커를 더블클릭하면 다시 해당 스티커의 내용을 확인할 수 있습니다.

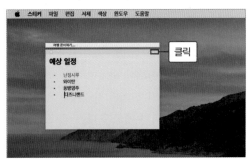

스티커 삭제 및 저장하기

스티커 메모 왼쪽 위에 있는 [닫기] 🔲 를 클릭한 뒤 [메모 삭제]를 클릭하면 스티커에 입력한 내용을 저장하지 않고 즉시 삭제됩니다. 스티커 메모에 입력한 내용을 그대로 둔 채 데스크탑 화면에 표시하지 않으려면 스티커 메뉴 막대에서 [스티커]-[스티커 종료]를 선택하면 됩니다.

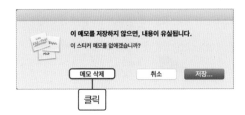

스티커에 입력한 내용을 저장하려면 스티커 메뉴 막대에서 [파일]–[메모 앱으로 모두 내보내기]
를 선택한 후 [모두 내보내기]를 클릭합니다.

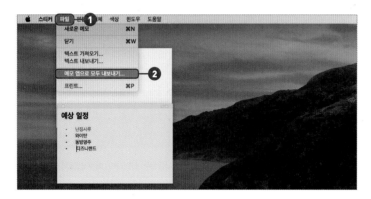

잠 깐 만 요 ──────
메모 앱을 종료하며 [저장]을 클릭해도
됩니다.

메모 앱이 자동 실행되고 메모 앱으로 가져올 것인지 묻는 메시지가 표시되면 [메모 가져오기]
를 클릭합니다.

메모 앱 사이드바에 [가져온 메모]라는 새로운 폴더가 만들어지고 스티커 앱에서 가져온 메모가
저장됩니다. 사이드바에서 [가져온 메모]를 선택하면 몇 개의 스티커를 언제 가져왔는지 요약해
서 보여 줍니다.

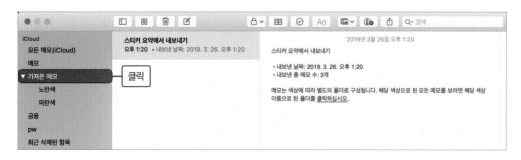

사이드바의 [가져온 메모] 앞에 있는 [▶]를 클릭하면 스티커의 색상으로 구분된 스티커 내용이 표시됩니다.

03 | 메모 앱에서 메모 작성하기

메모 앱은 macOS뿐만 아니라 iOS를 사용하는 다양한 Apple 기기에서 메모를 작성할 때 자주 사용하는 앱입니다. 메모 앱에서 작성한 내용은 같은 iCloud 계정을 사용하는 Apple 기기에도 확인할 수 있습니다.

새 메모 작성하기

Launchpad에서 [메모] 를 클릭해서 메모 앱을 실행합니다. iCloud에서 '메모'를 공유해 두었다면 iCloud 계정을 공유하는 Apple 기기에서 작성한 메모가 표시됩니다.

새 메모를 작성하려면 메모 윈도우의 도구 막대에서 [새로운 메모] ☑ 를 클릭합니다. 메모 목록에 '새로운 메모'가 표시되고 오른쪽에 메모를 작성할 수 있는 공간이 나타납니다.

잠 깐 만 요 ──────
새 메모를 네이버나 구글 계정과 공유하려면 사이드바의 'Google'이나 'Naver' 항목 아래의 [메모]를 선택한 후 [새로운 메모] ☑ 를 클릭합니다. 네이버나 구글 계정과 메모를 연동하는 방법에 대해서는 287쪽을 참고하세요.

원모어띠 메모 앱을 실행하는 여러 가지 방법

❶ Dock에서 [메모] 클릭하기　　　　　　❷ Spotlight에서 '메모' 검색하기

❸ Finder에서 [응용 프로그램]–[메모] 선택하기　❹ Launchpad에서 [메모] 클릭하기

메모 앱에는 텍스트뿐만 아니라 이미지, 파일, 링크 등 다양한 내용을 담을 수 있습니다. 원하는 텍스트를 작성한 후 메모 윈도우의 도구 막대에서 [포맷] Aa 을 선택하면 [제목], [본문] 등 미리 설정된 텍스트 스타일을 적용할 수 있습니다.

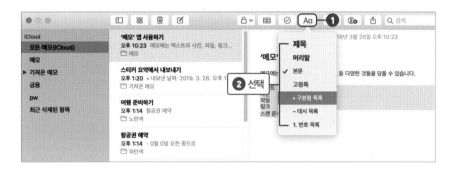

일부 텍스트에만 밑줄을 긋거나 색상을 변경하려면 텍스트를 선택한 후 control +클릭하여 단축 메뉴에서 [서체]를 선택하고 다양한 스타일을 적용합니다.

체크리스트 삽입하기

메모 앱에서는 목록을 작성하고 완료한 항목을 하나씩 체크할 수 있는 체크리스트를 작성할 수도 있습니다. 체크리스트는 '할 일 목록'이나 '준비물 체크 목록' 등 하나씩 확인해야 하는 사항을 정리하고 확인할 때 유용합니다. 메모에 체크리스트를 삽입하려면 각 항목을 입력한 뒤 드래그하여 선택한 상태에서 도구 막대의 [체크리스트] ⊘ 를 클릭합니다. [체크리스트] ⊘ 를 클릭하면 각 항목 앞에 체크 단추가 표시되어 완료한 항목을 하나씩 체크하며 확인할 수 있습니다.

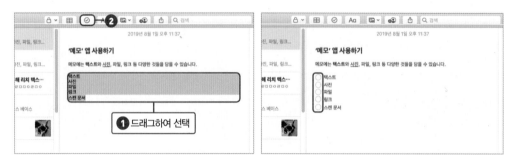

잠 깐 만 요

메모 메뉴 막대에서 [포맷]−[체크리스트]를 선택해도 됩니다.

메모에 이미지나 파일 삽입하기

메모 내용에 macOS에 저장된 이미지 파일을 삽입하거나 Apple 기기를 연결하여 iPhone 등으로 직접 찍은 사진을 삽입할 수도 있습니다. 메모에 이미지를 삽입하려면 Finder 윈도우에서 이미지 파일을 선택한 후 메모 윈도우로 드래그합니다. 이미지 외의 일반 파일이나 폴더도 같은 방법으로 메모에 삽입할 수 있습니다.

iPhone에서 직접 사진을 찍어 메모에 삽입하고 싶다면 우선 iPhone과 Mac을 연결한 후 메모 앱의 도구 막대에서 [미디어] ☁️ 를 클릭하고 [사진 찍기]를 선택합니다. 문서를 스캔하고 싶다면 [문서 스캔]을 선택합니다.

잠 깐 만 요 ─
이때 iPhone과 Mac이 같은 Wi-Fi와 iCloud 계정으로 연결되어 있어야 합니다. 연속성 기능 설정에 대한 내용은 396쪽을 참고하세요.

메모 윈도우에 iPhone으로 사진을 찍는다는 메시지가 표시되고, iPhone의 카메라가 자동으로 켜집니다.

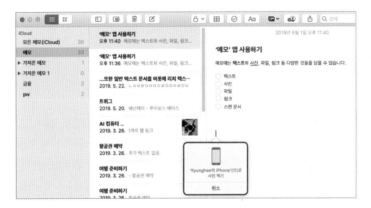

iPhone으로 원하는 사진을 찍은 뒤 [사진 사용]을 터치하면 메모 윈도우에 방금 찍은 사진이 삽입됩니다.

문서를 스캔했다면 스캔한 문서 이미지 중 원하는 부분만 선택한 뒤 [스캔 항목 유지]–[저장]을 차례로 터치하면 메모 앱에 스캔한 문서 내용이 삽입됩니다.

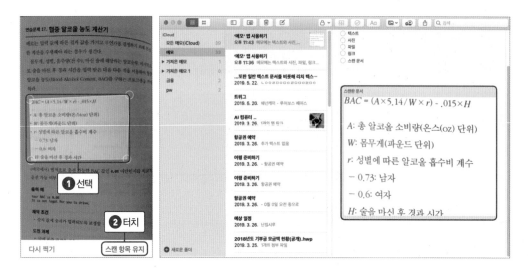

메모 앱에 웹 페이지 링크 삽입하기

메모 앱에 저장하고 싶은 웹 페이지가 있다면 웹 페이지 주소를 복사하여 메모 앱으로 붙여 넣을 수도 있지만, 쉽게 알아볼 수 없는 웹 페이지 주소 대신 썸네일 이미지로 웹 페이지 링크를 삽입할 수도 있습니다. 웹 페이지 링크를 삽입하려면 원하는 웹 페이지로 이동한 후 Safari 윈도우의 도구 막대에서 [공유] 를 클릭하거나 Safari 메뉴 막대에서 [파일]–[공유]–[메모]를 차례로 선택합니다.

메모 공유 상자에는 현재 웹 페이지의 링크와 썸네일이 표시되고 원하는 내용을 입력할 수 있습니다. 원하는 내용을 입력한 뒤 '메모 선택'을 펼치면 메모로 저장할 기존의 항목을 선택하거나 새로운 메모로 저장할 수 있습니다. 저장 위치와 링크, 내용을 모두 확인한 뒤 [저장]을 클릭합니다.

메모 앱에 웹 페이지의 링크가 썸네일로 삽입됩니다. 삽입된 썸네일을 더블클릭하면 링크의 웹 페이지로 바로 이동할 수 있습니다.

04 | 메모 관리하기

중요한 메모가 있다면 목록 맨 위에 고정할 수 있습니다. 필요가 없어진 메모는 삭제할 수도 있죠. 만약 실수로 삭제한 메모가 있어도 복원할 수 있으니 안심하세요. 이번에는 메모를 관리하는 방법에 대해 알아보겠습니다.

메모 정렬 기준 바꾸기

메모 목록은 메모 수정일을 기준으로 가장 최근의 메모가 목록 맨 위에 표시되는데 정렬 기준을 변경할 수 있습니다. 메모 메뉴 막대에서 [메모]–[환경설정]을 선택합니다. '메모 정렬 기준'에는 기본적으로 [편집일]이 선택되어 있습니다. '메모 정렬 기준'의 목록을 펼치면 [생성일]이나 [제목] 정렬 기준으로 변경할 수 있습니다.

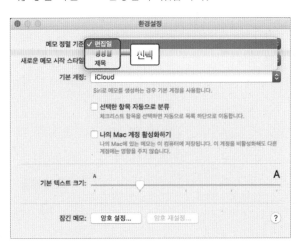

폴더 추가 및 제거하기

메모를 조금 더 체계적으로 관리하고 싶다면 메모의 주제나 용도에 따라 폴더를 만들어 쉽게 살펴볼 수 있습니다. 메모 윈도우의 사이드바 아래에 있는 [새로운 폴더]를 클릭한 뒤 폴더 이름을 지정해 주면 간단히 폴더를 만들 수 있습니다.

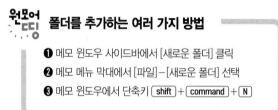

폴더를 추가하는 여러 가지 방법

❶ 메모 윈도우 사이드바에서 [새로운 폴더] 클릭
❷ 메모 메뉴 막대에서 [파일]−[새로운 폴더] 선택
❸ 메모 윈도우에서 단축키 shift + command + N

폴더를 만든 뒤 메모 목록에서 원하는 메모를 선택한 후 폴더로 드래그하면 메모를 폴더로 옮길 수 있습니다. 만약 메모를 폴더로 복사하려면 option 키를 누른 상태에서 폴더로 드래그하면 됩니다.

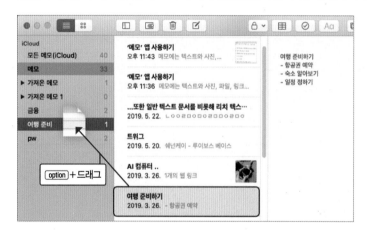

잠 깐 만 요
구글이나 네이버 계정의 메모를 옮길 경우 메모에 포함된 첨부 파일이 누락될 수 있습니다.

폴더를 삭제하려면 메모 사이드바에서 폴더를 선택한 후 메모 목록 위에 있는 🔳를 클릭한 뒤 [폴더 삭제]를 선택합니다. 폴더를 삭제하면 폴더 안에 있는 메모까지 삭제되기 때문에 삭제할 폴더 안의 내용을 꼭 확인하세요.

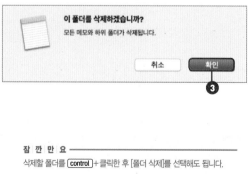

잠 깐 만 요
삭제할 폴더를 control + 클릭한 후 [폴더 삭제]를 선택해도 됩니다.

메모 고정하기

메모 목록의 여러 메모 중 중요한 메모를 메모 목록 맨 위에 고정할 수 있습니다. 메모를 고정하려면 메모 목록에서 고정할 메모를 control+클릭한 후 [메모 고정]을 선택합니다. 고정된 메모는 항상 메모 목록 맨 위에 표시됩니다.

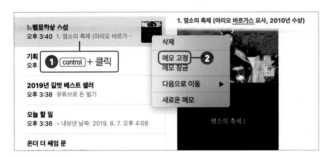

원모어 띠디! 메모를 고정하는 여러 가지 방법

❶ 메모를 선택한 후 메뉴 막대에서 [파일]-[메뉴 고정] 선택하기

❷ 메모를 control+클릭한 후 [메모 고정] 선택하기

❸ 메모를 선택한 후 두 손가락으로 트랙패드 왼쪽에서 오른쪽으로 쓸어넘기기

메모 삭제하기

메모 목록에서 삭제할 메모를 선택한 후 [삭제] 🗑 를 클릭하면 메모를 삭제할 수 있습니다.

원모어 띠디! 메모를 삭제하는 여러 가지 방법

❶ 메모를 선택한 후 메뉴 막대에서 [편집]-[삭제] 선택하기

❷ 메모를 control+클릭한 후 [삭제] 선택하기

❸ 메모를 선택한 후 두 손가락으로 트랙패드 왼쪽으로 길게 쓸어넘기기

삭제한 메모는 사라지는 것이 아니라 [최근 삭제된 항목] 폴더로 이동합니다. [최근 삭제된 항목] 폴더에는 최근에 삭제한 메모가 표시되는데 이 폴더로 옮겨진 뒤 30일이 지나면 메모가 완전히 삭제됩니다.

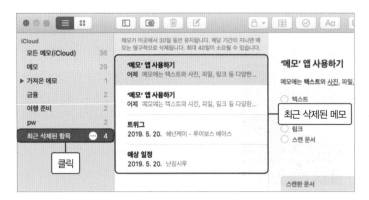

필요하다면 삭제한 메모를 복원할 수도 있습니다. [최근 삭제된 항목] 폴더에서 복원할 메모를 control+클릭한 후 [다음으로 이동]에서 메모를 옮길 폴더를 선택하면, 해당 폴더로 메모가 옮겨집니다.

05 | 중요한 메모를 암호로 잠그기

메모 앱에 저장한 내용은 메모 앱만 실행하면 손쉽게 열어볼 수 있습니다. 저장한 메모를 쉽게 확인할 수 있다는 것은 장점이 될 수도 있지만 누구나 볼 수 있다는 단점이 되기도 하죠. 중요한 메모를 암호를 사용해 잠가 둘 수 있다면 정말 편리하겠죠?

1 메모 윈도우에 암호로 잠가 둘 메모를 선택하고 도구 막대에 있는 [잠금] 🔒˅ 을 클릭한 후 [메모 잠금]을 선택합니다.

잠 깐 만 요 ─────
메모를 공유한 사람이 추가되어 있거
나 비디오/오디오 파일, PDF 파일이
첨부된 메모는 잠글 수 없습니다.

2 메모를 처음 잠글 경우, 메모 앱에서 사용할 암호를 지정해야 합니다. 메모 앱에서 사용할
암호를 '암호'와 '확인'에 입력하고 만일에 대비하여 입력한 암호의 힌트를 입력한 뒤 [암호 설정]
을 클릭합니다.

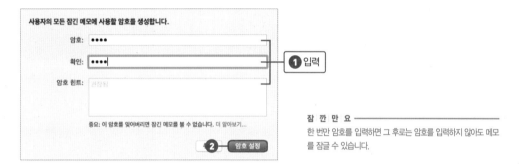

잠 깐 만 요 ─────
한 번만 암호를 입력하면 그 후로는 암호를 입력하지 않아도 메모
를 잠글 수 있습니다.

3 암호를 설정한 메모의 내용이 보이지 않게 하려면 암호를 설정한 메모를 선택한 후 메모 윈
도우 도구 막대의 [잠금] 🔒˅ 을 클릭한 뒤 [모든 잠긴 메모 닫기]를 선택합니다.

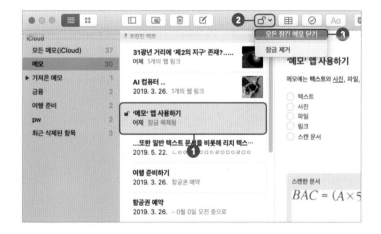

잠 깐 만 요 ─────
'잠긴 메모' 메시지가 나타나면 [확인]
을 클릭합니다.

기록과 편집

간단한 기록

4 잠긴 메모의 내용이 화면에서 가려집니다. 잠긴 메모의 내용을 보려면 설정한 암호를 입력해야 합니다.

06 | 메모 도구 막대 사용자화하기

메모 윈도우의 도구 막대에는 메모 앱에서 사용할 수 있는 다양한 도구가 표시되어 있습니다. 메모 윈도우의 도구 막대에서 [control] + 클릭한 후 [도구 막대 사용자화]를 선택하면 메모 도구 막대를 사용자화할 수 있습니다.

도구 상자에서 도구를 클릭한 후 도구 막대로 드래그해 원하는 도구를 추가할 수 있습니다. 반대로, 도구 막대에 있는 도구 아이콘을 도구 상자로 드래그해 제거할 수 있죠.

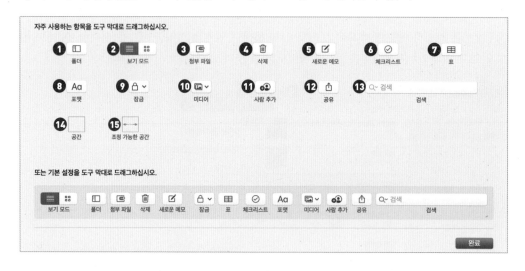

잠 깐 만 요 ──────
도구 막대를 사용자화하는 구체적인 방법은 112쪽을 참고하세요.

❶ **폴더** ⬚ : 폴더 목록이 있는 사이드바를 감추거나 표시합니다.

2 보기 모드 ⊞ ⊞ : 메모를 목록이나 갤러리 형식으로 표시합니다.

3 첨부 파일 🔲 : 사진이나 미디어, 문서 등 첨부 파일을 기준으로 메모를 정렬합니다.

4 삭제 🗑 : 선택한 메모를 삭제합니다.

5 새로운 메모 ✐ : 새로운 메모를 만듭니다.

6 체크리스트 ⊘ : 메모에 체크리스트를 삽입합니다.

7 표 ⊞ : 메모에 표를 삽입합니다.

8 포맷 Aa : 텍스트에 적용할 스타일을 선택합니다.

9 잠금 🔒˅ : 선택한 메모를 잠그거나 잠금을 해제합니다.

10 미디어 🖼˅ : Mac에 있는 사진을 삽입하거나 iPhone에서 직접 사진을 찍거나 문서를 스캔해서 삽입합니다.

11 사람 추가 👥 : 메모를 공유할 사람을 추가하거나 공유받은 사람의 권한을 지정할 수 있습니다.

12 공유 ⬆ : Mail이나 메시지, AirDrop 등을 통해 메모를 공유합니다.

13 검색 검색 : 메모 윈도우에 검색 상자를 표시합니다.

14 공간 ▢ : 도구 막대에 빈 공간을 추가합니다.

15 조정 가능한 공간 ⋯ : 도구 막대에 조정 가능한 빈 공간을 추가합니다.

07 │ 네이버나 구글 계정과 메모 연동하기

네이버나 구글 같은 외부 계정으로도 메모 서비스를 사용하고 있다면 macOS의 메모 앱과 연동할 수 있습니다. macOS의 Mail 앱에 계정을 추가하지 않았거나 메모 공유 설정을 하지 않았다면 여기에서 설명하는 대로 메모를 연동해 보세요.

1 [🍎]-[시스템 환경설정]을 선택한 뒤 [인터넷 계정]을 클릭합니다.

2 계정 목록에서 [Google]을 선택한 후 오른쪽 항목에서 '메모'에 체크합니다. 네이버 메모를 연동하려면 계정 목록에서 [Naver]를 선택한 후 오른쪽 항목에서 '메모'에 체크합니다.

▲ 구글 메모 연동하기   ▲ 네이버 메모 연동하기

3 구글이나 네이버 계정을 연동한 후 메모 윈도우의 사이드바를 확인하면 'Google'이나 'Naver' 계정의 메모가 표시됩니다. 그리고 각 계정 아래의 [메모]나 [모든 메모]를 선택하면 해당 계정에 저장된 메모 목록이 표시되어 언제든지 메모 내용을 확인할 수 있습니다.

08 | 스크린샷 찍기

🪟 캡처 도구

시스템 화면을 하나의 이미지로 저장하는 것을 '스크린샷'이라고 합니다. macOS의 스크린샷 앱을 사용하면 데스크탑 화면의 일부나 전체를 이미지로 저장할 수도 있고 동영상으로 작업 내용을 기록할 수도 있습니다.

스크린샷 앱 화면 살펴보기

Spotlight에서 '스크린샷'을 검색하여 앱을 실행합니다. 만약 스크린샷 앱을 자주 사용한다면 Finder의 [응용 프로그램]-[유틸리티]에 있는 [스크린샷] 📷 을 Dock에 추가해 Dock에서 한 번에 실행할 수도 있습니다.

스크린샷 앱을 실행하는 여러 가지 방법

❶ Spotlight에서 '스크린샷' 검색하기

❷ Launchpad의 '기타' 폴더에서 [스크린샷] 실행하기

❸ shift + command + 5 키 누르기

스크린샷 앱을 실행하면 현재 화면 아래쪽에 스크린샷 도구가 표시됩니다.

❶ **전체 화면 캡처 :** 전체 화면을 캡처합니다.

❷ **선택한 윈도우 캡처 :** 선택한 윈도우를 캡처합니다.

❸ **선택 부분 캡처 :** 화면 일부를 선택해서 캡처합니다.

❹ **전체 화면 기록 :** 전체 화면을 동영상으로 기록합니다.

❺ **선택 부분 기록 :** 화면 일부를 동영상으로 기록합니다.

❻ **옵션 :** 스크린샷으로 저장 시간을 지연하거나 마우스 포인터의 캡처 여부 등을 선택할 수 있습니다.

❼ **캡처(또는 기록) :** 클릭하면 화면을 캡처하거나 동영상 기록을 시작합니다.

스크린샷 옵션 지정하기

스크린샷 도구에서 [옵션]을 클릭하면 스크린샷으로 캡처한 이미지를 저장할 폴더를 지정하거나, 스크린샷 도구를 클릭한 후 캡처할 때까지의 지연 시간을 지정할 수도 있습니다.

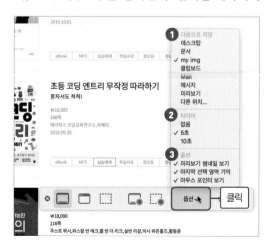

❶ **다음으로 저장 :** 캡처한 이미지를 저장할 폴더나 공유할 앱을 선택합니다. [다른 위치]를 선택하면 폴더를 선택할 수 있습니다.

❷ 타이머 : 캡처 지연 시간을 선택합니다. 기본 값은 [없음]이라서 캡처 도구를 클릭하자마자 즉시 캡처됩니다.

❸ 옵션 : 필요한 옵션만 선택할 수 있습니다. 선택한 옵션을 한 번 더 선택하면 선택이 해제됩니다.

• **미리보기 썸네일 보기 :** 캡처하자마자 화면 오른쪽 하단에 캡처 이미지가 작게 표시됩니다.

• **마지막 선택 영역 기억 :** 이전에 일부 화면만 캡처하거나 기록했다면 그 영역을 기억합니다. 일정한 크기로 캡처해야 할 경우 편리합니다.

• **마우스 포인터 보기 :** 캡처할 때 마우스 포인터도 함께 캡처합니다.

스크린샷 사용하기

전체 화면 캡처 : 스크린샷 도구에서 [전체 화면 캡처]☐를 클릭하면 마우스 포인터가 📷로 바뀝니다. 화면을 클릭하면 마우스 포인터가 있는 화면 전체가 캡처됩니다.

선택한 윈도우 캡처 : 스크린샷 도구에서 [선택한 윈도우 캡처]☐를 클릭해서 마우스 포인터가 📷로 바뀐 후 캡처할 윈도우로 마우스 포인터를 옮기면 해당 윈도우가 파란색으로 표시됩니다. 파란색으로 표시된 윈도우를 클릭하면 선택한 윈도우가 캡처됩니다.

선택 부분 캡처 : 스크린샷 도구에서 [선택 부분 캡처]□를 클릭하면 화면에 선택 도구가 표시됩니다. 선택 도구를 캡처할 위치로 옮긴 후 캡처할 영역을 드래그하여 선택하고 [캡처]를 클릭합니다.

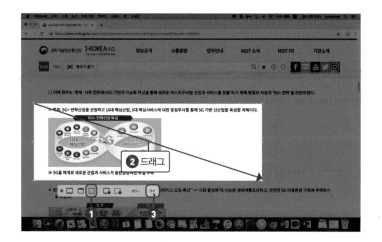

화면 기록하기 : 전체 화면의 작업 내용을 동영상으로 저장하려면 [전체 화면 기록]□을 클릭하고, 화면 일부의 변화를 동영상으로 남기려면 [선택 부분 기록]□을 클릭한 후 화면을 기록할 영역을 지정합니다. 스크린샷 도구에서 [기록]을 클릭하면 화면의 작업 내용 기록이 시작되고, 기록을 중지하려면 메뉴 막대에 표시되는 [화면 기록 중단]■를 클릭합니다.

캡처한 이미지 파일은 '스크린샷 2019-04-08 오후 3.11.24'와 같은 형식으로 저장되고, 동영상으로 저장한 기록 파일은 '화면 기록 2019-04-08 오후 3.11.24'와 같은 형식으로 저장됩니다. 2019년 4월 8일 오후 3시 11분 24초에 저장된 스크린샷이라는 의미입니다. Finder에서 스크린샷 파일 이름을 클릭한 후 원하는 이름으로 바꿀 수 있습니다.

단축키로 빠르고 쉽게 화면 캡처하기

스크린샷 도구를 사용해 화면을 캡처할 수도 있지만 단축키를 사용하면 좀 더 빠르고 편리하게 화면을 캡처할 수 있습니다. 화면을 캡처하기 위한 단축키는 [🍎]-[시스템 환경설정]-[키보드]-[단축키]를 차례로 선택한 후, 왼쪽 목록에서 [스크린샷]을 선택하면 확인할 수 있습니다. '화면 그림을 파일로 저장'은 전체 화면을 캡처하는 단축키이고, '선택한 영역의 그림을 파일로 저장'은 원하는 영역을 선택해서 캡처하는 단축키입니다. 전체 화면을 캡처하려면 shift + command + 3 키를 누르면 되겠죠?

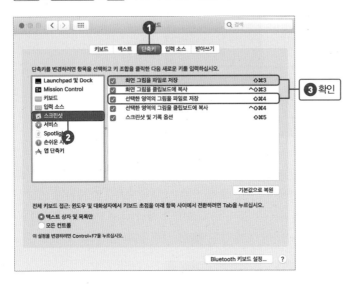

단축키 shift + command + 3 키를 눌러 전체 화면을 캡처하면 데스크탑 화면 오른쪽 아래에 캡처한 이미지가 표시되고 캡처한 이미지는 지정한 폴더에 바로 파일로 저장됩니다.

화면의 일부만 캡처하겠다면 (shift)+(command)+(4) 키를 누릅니다. 마우스 포인터가 ✛ 모양으로 바뀌고 마우스 포인터에 좌표가 숫자로 표시됩니다. 캡처할 영역을 클릭한 후 드래그해 지정합니다. 마우스 버튼에서 손을 떼면 자동으로 해당 영역만 캡처됩니다.

단축키를 사용해서 윈도우를 캡처할 수도 있습니다. (shift)+(command)+(4) 키를 눌러 ✛로 바뀐 마우스 포인터를 캡처할 윈도우 위로 옮긴 후 (spacebar) 키를 누르면 마우스 포인터가 ◉로 바뀌면서 윈도우에 옅은 배경색이 생길 것입니다. 이 상태에서 클릭하면 해당 윈도우만 캡처됩니다.

미리보기

미리보기는 macOS의 기본 뷰어 앱으로 그림이나 사진 등의 이미지 파일이나 PDF 파일 등의 문서 내용을 볼 수 있는 앱입니다. 특히 PDF 파일은 Windows나 macOS에서 모두 사용할 수 있는 파일로 미리보기 앱을 사용하면 PDF 파일을 열어 내용을 확인하고 간단한 편집까지 가능합니다.

01 | 미리보기에서 PDF 파일 살펴보기

macOS의 기본 뷰어 앱은 미리보기로, JPG나 PNG 같은 이미지 파일뿐만 아니라 PDF, PPT 등 다양한 형식의 파일을 열어 볼 수 있습니다.
PDF 형식의 전자책이라면 별도의 e-Book 리더 프로그램 없이도 책을 볼 수 있겠죠?

1 Finder 윈도우에서 PDF 파일을 더블클릭하면 바로 미리보기 앱이 실행되고 선택한 PDF 파일의 내용이 표시됩니다.

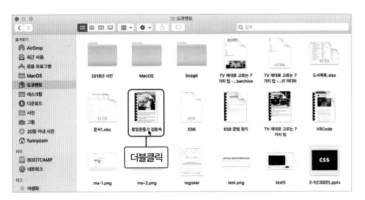

2 미리보기 메뉴 막대에서 [보기]–[축소판]을 선택하면 미리보기 윈도우에 사이드바가 표시됩니다.

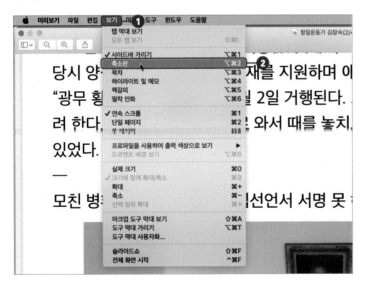

기능과 편집 | 미리보기

3 사이드바에는 미리보기 윈도우에 표시된 PDF 파일의 각 페이지가 작은 축소판 이미지로 표시됩니다. 사이드바에서 스크롤을 움직이면 원하는 페이지로 쉽게 이동할 수 있습니다.

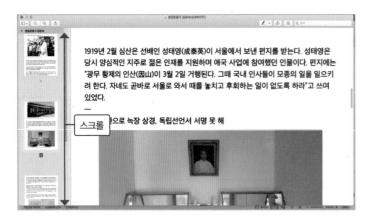

잠 깐 만 요 ─────
사이드바의 축소판 이미지를 클릭하여
위아래로 드래그하면 PDF 파일의 페
이지 순서를 바꿀 수도 있습니다.

02 │ 미리보기에서 이미지 파일 살펴보기

Finder 윈도우에서 이미지 파일을 더블클릭하면 미리보기 윈도우에서 볼 수 있습니다. 하나의 이미지 파일만 미리보기 윈도우에서 볼 수도 있지만 여러 개의 이미지 파일을 볼 수도 있고 열려 있는 미리보기 윈도우에서 다른 이미지 파일을 추가할 수도 있습니다.

1 Finder 윈도우에서 여러 개의 이미지 파일을 선택한 뒤 선택한 파일 중 아무 파일이나 더블클릭합니다.

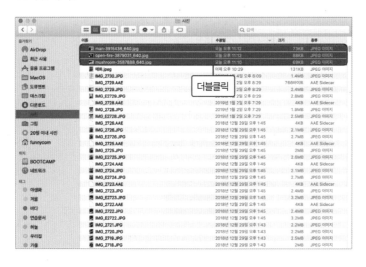

잠 깐 만 요 ─────
여러 개의 파일을 한꺼번에 선택하는
방법은 138쪽을 참고하세요.

2 미리보기 윈도우가 열리면 Finder 윈도우에서 선택한 첫 번째 이미지 파일이 표시되고 사이드바에는 Finder 윈도우에서 선택한 모든 이미지 파일이 축소판으로 표시됩니다. 사이드바의 축소판에서 원하는 이미지를 선택하면 오른쪽에 선택한 이미지가 크게 표시됩니다.

3 이미 열어 놓은 미리보기 윈도우에 또 다른 이미지 파일을 추가할 수도 있습니다. Finder 윈도우에서 추가할 이미지 파일을 선택한 후 미리보기 윈도우 사이드바의 원하는 위치로 드래그하면 이미 열어 놓은 미리보기 윈도우에 이미지 파일이 추가됩니다.

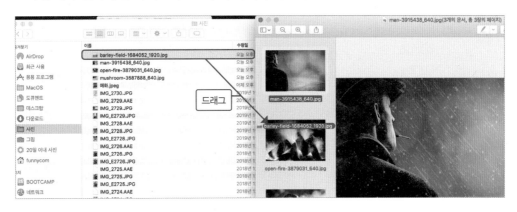

원보딩 단축키로 다양한 사이드바 보기 변경하기

미리보기 윈도우 사이드바를 축소판 외에 다양한 보기 방식으로 변경할 수 있습니다. 메뉴 막대의 [보기]에서 원하는 보기 방식을 선택하거나 단축키를 사용합니다.

❶ ⌥option + ⌘command + 1 : 사이드바 감추기

❷ ⌥option + ⌘command + 2 : 사이드바에 페이지나 파일을 축소판 이미지로 나열

❸ ⌥option + ⌘command + 3 : 사이드바에 페이지나 파일 이름을 텍스트로 나열

❹ ⌥option + ⌘command + 4 : 미리보기에서 추가한 하이라이트나 메모를 사이드바에 나열

❺ ⌥option + ⌘command + 5 : 미리보기에서 추가한 책갈피를 사이드바에 나열

❻ ⌥option + ⌘command + 6 : 미리보기 윈도우 전체에 작은 축소판으로 표시

03 | 사진이나 PDF 문서에 서명 추가하기

미리보기의 도구 막대를 사용하면 PDF 파일에 직접 손으로 작성한 서명을 추가할 수 있습니다. PDF 파일을 사용하여 계약이나 결재를 할 경우 편리한 기능이죠. 한 번만 서명을 추가해 두면 PDF 파일 뿐만 아니라 이미지 파일에도 서명을 추가할 수 있고 훑어보기 윈도우에서도 서명을 사용할 수 있습니다.

미리보기 윈도우의 도구 막대에서 [마크업] Ⓐ 을 클릭하면 도구 막대 아래로 마크업 도구 막대가 표시됩니다. 마크업 도구 막대에서 [서명] ℘⌄ 을 클릭하고 [서명 생성]을 클릭하면 [트랙패드]와 [카메라]의 두 가지 방법으로 서명을 작성하여 추가할 수 있습니다.

잠 깐 만 요
미리보기 메뉴 막대에서 [도구]-[주석]-[서명]-[서명 관리]를 선택해도 됩니다.

트랙패드에 입력한 서명 저장하기

1 트랙패드에 직접 작성한 서명을 등록할 수 있습니다. [트랙패드]를 클릭한 뒤 아래의 [시작하려면 여기를 클릭하십시오]를 클릭합니다.

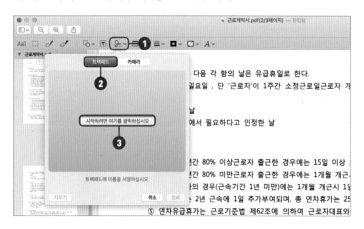

2 서명 윈도우가 파란색으로 선택된 상태에서 트랙패드에 손가락으로 직접 서명하면 서명 윈도우에도 손가락으로 작성한 서명이 표시됩니다. 트랙패드에 서명을 완료한 뒤 키보드에서 아무 키나 누르면 서명이 끝납니다. 서명 윈도우에 표시된 서명을 저장하려면 [완료]를 클릭합니다.

① 서명 하기

② 완료

잠 깐 만 요
다시 트랙패드에 서명을 하려면 [지우기]를 클릭하면 됩니다.

카메라를 사용해 서명 저장하기

1 트랙패드에 손가락으로 작성한 서명이 자연스럽지 않다면 직접 흰 종이에 펜으로 서명한 후 [카메라]를 클릭합니다.

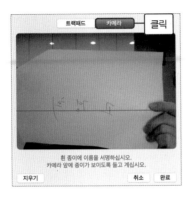

2 [카메라]를 클릭하면 Mac의 카메라가 켜지는데 종이에 작성한 서명을 카메라에 비추면 자동으로 인식되어 서명으로 사용할 수 있습니다. 종이에 작성한 서명이 제대로 인식됐다면 [완료]를 클릭합니다.

잠 깐 만 요

카메라에 비춘 서명은 좌우가 반전되어 표시되지만 서명의 인식되면 제대로 표시됩니다.

트랙패드나 카메라로 작성한 서명을 저장한 뒤 마크업 도구 막대의 [서명] 을 클릭하면 서명 윈도우에 저장한 서명을 확인할 수 있습니다.

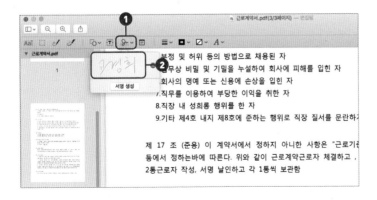

문서에 서명 추가/삭제하기

1 미리보기 윈도우의 마크업 도구 막대에서 [서명] 🖋⌄ 을 클릭하면 서명 윈도우에 저장한 서명이 표시됩니다. 서명을 추가하려면 서명 윈도우의 서명을 클릭합니다.

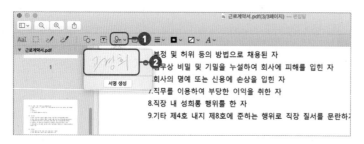

2 서명을 클릭하면 미리보기 윈도우의 내용 영역에 서명이 표시됩니다. 내용 영역의 서명은 클릭해 원하는 위치로 옮길 수 있고 조절점을 드래그하여 확대하거나 축소할 수 있습니다. 서명을 선택하고 트랙패드에서 두 손가락을 회전하면 서명을 원하는 방향으로 회전할 수도 있습니다.

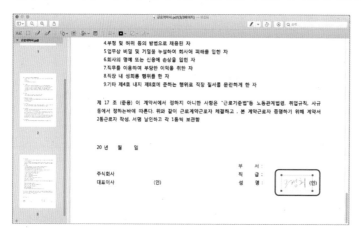

잠 깐 만 요
훑어보기 윈도우의 도구 막대에서 마크업 도구를 선택해도 서명을 추가할 수 있습니다.

3 미리보기 윈도우의 마크업 도구 막대에서 [서명] 🖋⌄ 을 선택한 뒤 서명 윈도우의 [삭제] ⊗ 를 클릭하면 추가했던 서명을 삭제할 수 있습니다.

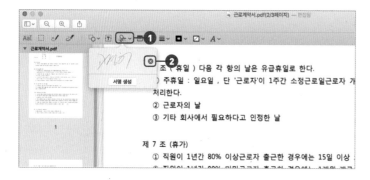

04 | 미리보기의 도구 활용하기

미리보기에서는 파일의 내용을 확인하는 것 말고도 메모를 남기거나 하이라이트를 표시할 수 있는 다양한 도구가 있습니다. 메모나 하이라이트뿐만 아니라 원하는 그림을 그려 넣거나 도형 등을 추가할 수 있는 미리보기의 마크업 도구에 대해 알아보겠습니다.

하이라이트 도구

미리보기 윈도우 도구 막대에서 [하이라이트] ✐ 를 클릭한 후 하이라이트 표시를 할 텍스트를 드래그하면 음영 표시를 할 수 있습니다. 기본 하이라이트 색은 노란색이지만 [하이라이트] ✐ 목록을 펼치면 다른 색을 선택할 수 있습니다.

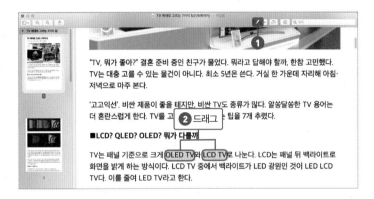

[밑줄체]나 [취소선]을 선택한 후 텍스트를 드래그하면 밑줄이나 취소선을 표시할 수 있습니다.

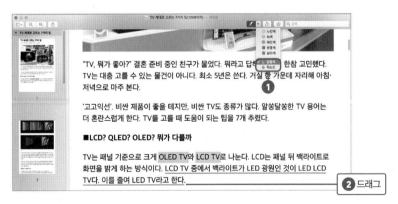

마크업 도구 막대 살펴보기

미리보기 윈도우에서 [마크업] ⓐ 을 클릭하면 화면에 표시된 이미지나 PDF에 텍스트를 입력하거나 그리기를 추가할 수 있습니다.

잠 깐 만 요

훑어보기 윈도우에서도 [마크업] ⓐ 을 클릭하면 마크업 도구를 사용할 수 있습니다.

 ◀ PDF 문서일 경우

 ◀ 이미지일 경우

❶ 텍스트 선택 Aal : 내용 영역에서 텍스트를 선택합니다.

❷ 영역 선택 : PDF 문서의 경우 사각 영역을 선택할 수 있고, 이미지의 경우 기본적인 사각형 영역 외에 원하는 형태를 선택한 후 이미지의 일부분을 선택할 수 있습니다.

영역을 선택한 후 마크업 도구 막대에서 [자르기]를 클릭하면 선택한 영역만 잘라내고 저장할 수 있습니다.

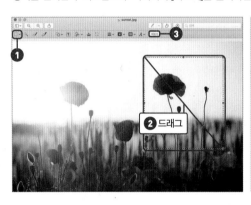 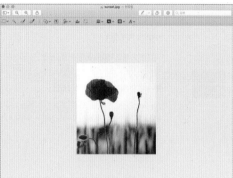

❸ 인스턴트 알파 : 이미지 미리보기를 할 때 배경색이 다른 부분과 명확히 구분될 경우 배경색을 삭제해서 투명한 배경으로 만들 수 있습니다. 자세한 방법은 305쪽을 참고하세요.

❹ 그리기 : 자유롭게 선을 그립니다.

❺ 스케치 : 선을 사용해서 도형을 그립니다. 약간 삐뚤게 그려져도 마크업 도구 막대 아래에 표준 도형이 표시되므로, 필요하면 표준 도형으로 변환할 수 있습니다.

❻ 도형 : 직선, 사각형, 원 등 도형을 그립니다.

잠 깐 만 요

마크업 도구로 추가해 조절점이 표시되는 항목은 크기나 위치를 변경할 수 있고, 트랙패드를 두 손가락으로 회전하여 항목을 회전시킬 수 있습니다.

---

❼ 텍스트 : 텍스트 상자를 사용해서 텍스트를 추가합니다.

❽ 서명 : 서명을 만들거나 미리 만들어 둔 서명을 추가합니다.

❾ 메모 : PDF 문서에 메모를 추가합니다.

⑩ **색상 조절** ▲ : 색상 조절 윈도우가 표시되어 이미지의 색상을 조절할 수 있습니다.

⑪ **크기 조절** ⬚ : 현재 이미지의 크기를 조절합니다.

⑫ **도형 스타일** ≡ : 추가한 도형의 선 굵기나 모양을 지정합니다.

⑬ **테두리 색상** ▢ : 추가한 도형의 선 색상을 지정합니다.

⑭ **색상 채우기** ▢ : 추가한 도형에 채울 색상을 지정합니다.

⑮ **텍스트 스타일** A : 텍스트의 글꼴과 스타일, 색상을 지정합니다.

잠 깐 만 요 ─

도형이나 선, 텍스트 상자를 추가한 후에 스타일을 지정할 수도 있고, 스타일을 먼저 결정한 후 도형이나 선, 텍스트 상자를 추가할 수도 있습니다.

이미지에서 원하는 부분만 저장하기

마크업 도구 중 [영역 선택] ⬚ 이나 [인스턴트 알파] 🖌 로 이미지에서 원하는 부분을 선택한 뒤 [자르기]를 클릭합니다.

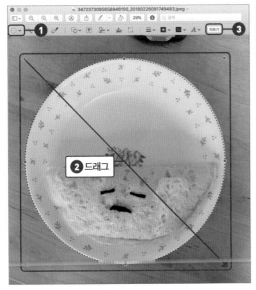

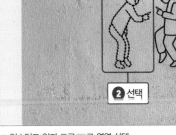

▲ 선택 도구 ▦ 로 영역 선택　　　　　　　▲ 인스턴트 알파 도구 🖌 로 영역 선택

잠 깐 만 요 ─

영역을 선택한 뒤 미리보기 메뉴 막대의 [편집]-[선택 부분 반전]을 선택하면 선택 영역을 반전할 수 있습니다.

선택한 부분을 PNG 파일로 변환할 것인지
묻는 메시지가 나타나면 [변환]을 클릭합
니다.

변환된 이미지는 [영역 선택]□이나 [인스턴트 알파]✎를 사용해 선택한 부분만 남고 나머지
영역은 투명하게 처리하여 저장할 수 있습니다.

 인스턴트 알파 도구

[인스턴트 알파]✎를 사용하면 이미지에서 색상으로 구분되는 영역을 쉽게 선택할 수 있습니다. [인스턴트 알파]✎
를 선택한 뒤 이미지의 비슷한 색상을 드래그하면 비슷한 색상이 자동으로 선택되는데 선택 영역은 붉은색으로 표
시되기 때문에 어떤 부분이 선택되었는지 알아볼 수 있습니다. 마우스 버튼에서 손을 떼면 선택이 완료되고 원하는
부분이 선택됐다면 [자르기]를 클릭합니다.

텍스트나 메모 추가하기

마크업 도구를 사용하면 말풍선이나 텍스트, 메모도 추가할 수 있습니다. 미리보기 윈도우의 도구 막대에서 [마크업] ⓐ 을 클릭하면 마크업 도구 막대가 표시됩니다. 마크업 도구 막대에서 [도형] ⓒ 을 선택하고 [말풍선] ⓒ 을 선택합니다.

내용 영역에 표시된 말풍선의 각 조절점을 드래그하면 말풍선의 크기나 말꼬리의 위치를 조절할 수 있습니다. 말풍선이 선택된 상태에서 말풍선 안으로 텍스트를 입력할 수도 있습니다.

마크업 도구 막대에서 [도형] ⓒ 을 선택하고 [확대경] ⓒ 을 선택하면 선택한 부분만 확대해서 볼 수 있습니다. 말풍선과 같이 각 조절점을 드래그하면 확대 비율이나 확대경의 크기를 조절할 수 있습니다.

각종 문서 파일에 스티커 앱과 같이 메모를 붙여 넣을 수도 있습니다. 마크업 도구 막대의 [메모] 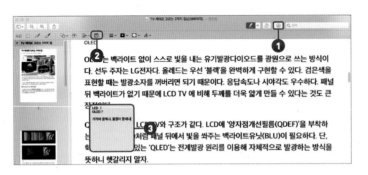를 클릭하면 내용 영역에 작은 상자□가 표시됩니다. 이 상자를 클릭하면 메모를 작성할 수 있습니다. 메모 작성이 끝나고 바깥 부분을 클릭하면 다시 작은 상자 모양으로 돌아갑니다.

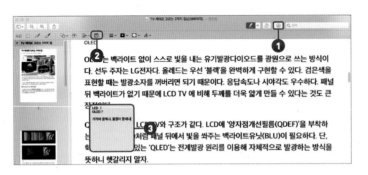

> 잠 깐 만 요 ─────
> 메모 상자 색상을 바꾸고 메모 상자를
> control +클릭하고 원하는 색상을 선택하면 됩니다.

삽입한 마크업 확인하기

미리보기 메뉴 막대에서 [보기]-[하이라이트 및 메모]를 선택하면 미리보기 윈도우 사이드바에 문서에 추가한 모든 하이라이트와 메모가 표시되고 사이드바에서 하이라이트나 메모를 선택하면 문서 중 선택한 하이라이트나 메모가 있는 위치로 바로 이동할 수 있습니다.

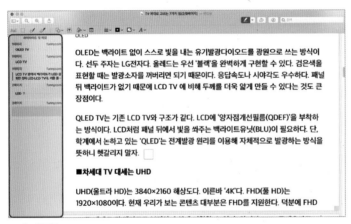

▲ 마크업 목록

마크업 도구로 추가한 그리기나 도형, 텍스트 상자도 한 번에 확인할 수 있습니다. 미리보기 메뉴 막대에서 [도구]-[속성 보기]를 선택하면 속성 윈도우가 나타납니다. 속성 윈도우에서 [주석 속성]을 클릭하면 마크업 도구로 추가한 모든 그리기나 도형이 목록으로 표시됩니다. 사이드바의 하이라이트나 메모와 같이 속성 윈도우에서 추가한 마크업 유형을 선택하면 마크업이 있는 위치로 이동할 수 있습니다.

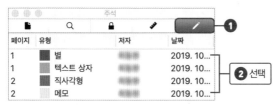

▲ 속성 윈도우

 추가한 마크업은 어떻게 지우나요?

문서에 표시한 하이라이트나 밑줄, 취소선을 지우려면 사이드바에서 지울 마크업을 선택한 후 [backspace] 키를 누르거나 표시한 마크업과 같은 도구가 선택된 상태에서 텍스트를 드래그하면 됩니다. 밑줄을 지우려면 [밑줄체]를, 노란색 하이라이트를 지우려면 노란색 [하이라이트]를 선택한 상태에서 텍스트를 드래그하면 됩니다.

마크업 도구로 추가한 그리기나 도형 등은 지울 객체를 선택한 뒤 [backspace] 키를 누르거나 속성 윈도우에서 지울 유형을 선택한 뒤 [backspace] 키를 누르면 됩니다.

05 | 미리보기 윈도우에서 저장하기

미리보기 윈도우의 마크업 도구로 표시한 내용까지 포함하여 파일을 저장할 수 있습니다. 또한 파일을 안전하게 관리하기 위해 암호를 지정할 수도 있죠. 이번에는 미리보기 윈도우에서 파일을 저장하는 방법에 대해 알아보겠습니다.

마크업 후에 파일 저장하기

미리보기 윈도우의 마크업 도구로 표시한 내용을 포함하여 저장할 수도 있고, 원본 파일은 그대로 두고 마크업 도구로 표시한 내용을 별도의 파일로 따로 저장할 수 있습니다. 마크업 도구로 표시한 내용을 원본 파일로 저장하려면 미리보기 메뉴 막대에서 [파일]-[저장]을 선택하거나 [command]+[S] 키를 눌러 파일을 저장합니다.

기존 파일과 별도로 마크업 도구로 표시한 내용을 별도의 다른 파일로 저장하려면 미리보기 메뉴 막대에서 [파일]-[복제]를 선택합니다. 복제된 파일은 윈도우의 제목 표시줄에 '~복사본'이라고 표시됩니다.

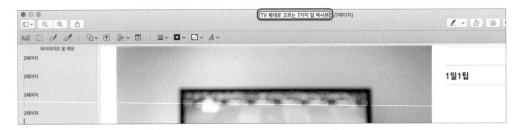

PDF 파일에 암호 지정해서 저장하기

미리보기 윈도우에서는 PDF 파일에 암호를 지정하여 저장할 수 있습니다. 암호가 지정된 PDF 파일은 암호를 알아야만 그 내용을 확인하고 수정할 수 있습니다.

1 암호를 지정할 PDF 파일을 미리보기 윈도우에 열어 놓은 뒤, 미리보기 메뉴 막대에서 [파일]-[내보내기]를 선택합니다.

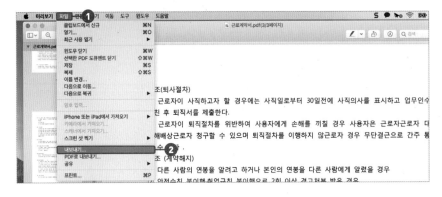

2 저장할 파일 이름과 태그 저장 위치 등을 선택한 뒤, 아래의 [암호화] 항목을 클릭해서 체크합니다.

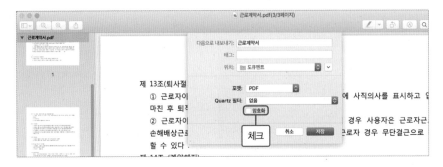

3 [암호화] 항목을 체크하면 원하는 암호를 입력할 수 있습니다. 지정할 암호와 확인을 위해 입력한 암호를 한 번 더 입력하고 [저장]을 클릭합니다.

4 만약 기존의 PDF 파일과 같은 이름으로 저장하면 암호를 지정한 파일과 파일 이름이 같기 때문에 원래 파일을 덮어쓸 것인지 묻는 상자가 표시됩니다. 원래 파일과 같은 이름으로 저장하려면 [대치]를 클릭합니다. 원래 파일과 암호를 지정한 파일을 따로 유지하려면 [취소]를 클릭한 후 파일 이름을 변경하면 됩니다.

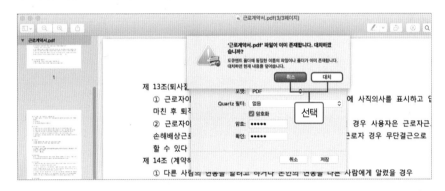

5 암호가 지정된 파일은 Finder 윈도우의 아이콘 보기 상태에서 검은색 자물쇠가 표시되고 파일을 더블클릭하면 지정한 암호를 입력해야만 파일을 열어 볼 수 있습니다.

문서 편집하기

컴퓨터를 사용하는 주요 목적 중 하나는 문서를 작성하고 편집하는 것이겠죠? MacOS에는 MS Office와 같은 iWork가 있어 일반 문서나 스프레드시트, 프레젠테이션 파일을 작성하고 편집할 수 있습니다. 하지만 macOS를 사용하지 않는 다른 사람과 문서를 공유하거나 편집할 수 있게 하려면 iWork만 사용해서는 안 됩니다. macOS에서 문서를 작성하는 기본적인 방법을 알아보고, 다른 사용자와 공유하기 위해 macOS용 MS Office나 구글 문서를 사용하는 방법도 함께 살펴보겠습니다.

01 | 텍스트 편집기로 간단한 문서 편집하기

■ 워드패드

리치 텍스트 문서(Rich Text Format, RTF)란 글자 크기나 색상, 스타일 등 여러 가지 서식이 적용된 문서를 말합니다. macOS의 텍스트 편집기 앱은 서식이 있는 리치 텍스트를 간단하게 작성하기에 좋은 앱입니다. 서식이 그리 많지 않은 문서를 작성하려면 텍스트 편집기 앱을 사용해 보세요.

command + spacebar 키를 눌러 Spotlight에 '텍스트 편집기'를 검색하거나 Launchpad에서 [기타]-[텍스트 편집기]를 실행합니다. 텍스트 편집기를 실행하면 저장된 문서를 불러올 수도 있고 새로운 문서를 작성할 수도 있습니다. Finder 윈도우 아래의 [새로운 문서]를 클릭합니다.

원모어 띠) 텍스트 편집기를 실행하는 여러 방법

❶ Spotlight에서 '텍스트 편집기' 검색하기

❷ Finder의 [응용 프로그램]-[텍스트 편집기] 선택하기

❸ Launchpad에서 [기타]-[텍스트 편집기] 선택하기

텍스트를 입력한 후 도구 막대를 이용해 글자 색이나 글자 크기 등 원하는 스타일을 쉽게 적용할 수 있습니다.

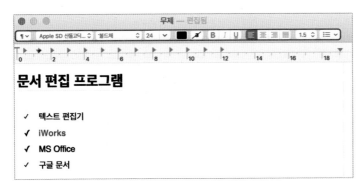

❶ 단락 스타일 : 선택한 텍스트가 있는 단락 전체에 적용할 스타일을 선택합니다.

❷ 서체 목록/스타일 : 서체와 서체의 스타일을 선택합니다.

❸ 서체 크기 : 텍스트 크기를 선택합니다.

❹ 텍스트 색상 : 색상표에서 텍스트의 색을 선택합니다.

❺ 텍스트 배경 색상 : 색상표에서 텍스트의 배경색을 선택합니다.

❻ 텍스트 스타일 : 텍스트에 [볼드], [이탤릭체], [밑줄체]의 스타일을 적용합니다.

❼ 정렬 : 선택한 텍스트가 있는 단락의 정렬 방법을 지정합니다. 순서대로 [왼쪽 정렬], [중앙 정렬], [오른쪽 정렬], [좌우 정렬]을 적용할 수 있습니다.

❽ 줄 및 단락 간격 : 선택한 텍스트가 있는 단락의 줄 간격이나 단락과 단락 사이의 간격을 조절합니다.

❾ 목록 구분점 및 번호 : 선택한 텍스트에 구분점이나 번호 등을 지정합니다.

Finder에서 원하는 이미지나 파일을 텍스트 편집기 윈도우로 드래그해서 첨부할 수도 있습니다.

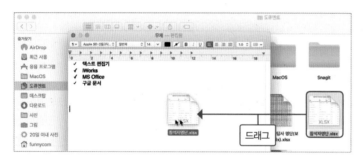

텍스트 편집기에서 문서를 작성하고 파일을 저장할 때 '파일 포맷' 목록을 펼치면 저장할 파일 형식을 선택할 수 있습니다. 텍스트 편집기에서 사용하는 파일 형식과 확장자는 다음과 같습니다.

❶ 리치 텍스트 문서 : 서식이 있는 텍스트 문서로, 확장자는 .rtf입니다. macOS에서만 사용할 수 있습니다.

❷ 첨부 파일이 있는 리치 텍스트 문서 : 서식이 있는 텍스트 문서에 첨부 파일이 있을 경우 이 형식으로 저장합니다. 확장자는 .rtfd이고, macOS에서만 사용할 수 있습니다.

❸ **웹 페이지(.html) :** 텍스트 편집기에서 웹 문서를 작성했을 때 저장하는 형식입니다.

❹ **웹 아카이브 문서 :** 웹 문서를 시스템에 저장했을 때 문서 내용을 하나의 문서에 저장한 형식입니다. 확장자는 .webarchive 이고, macOS에서만 사용할 수 있습니다.

❺ **OpenDocument 텍스트(.odt) 문서 :** 구글 문서나 MS Word를 비롯해 대부분 문서 편집 프로그램에서 사용할 수 있는 오픈 문서 형식입니다.

❻ **Word 2007(.docx) 문서 :** MS Word 2007 이상 버전에서 지원하는 .docx 문서로 저장합니다.

❼ **Word 2003(.xml) 문서 :** MS Word 2003 버전에서 볼 수 있도록 .xml 문서로 저장합니다.

❽ **Word 97(.doc) 문서 :** MS Word 97 이하 버전에서 지원하는 .doc 문서로 저장합니다.

잠 깐 만 요

텍스트 편집기에서 작성한 문서를 macOS나 Windows 모두에서 확인하려면 텍스트 편집기에서 문서 작성을 마친 뒤 텍스트 편집기 메뉴 막대에서 [파일]-[PDF로 내보내기]를 선택하면 됩니다.

02 | 텍스트 편집기 호환 설정하기

⊞ 워드패드/메모장

텍스트 편집기로 작성한 문서를 저장하면 .rtf 파일로 저장되기 때문에 macOS를 사용하지 않는 환경에서는 완벽하게 호환되지 않습니다. 하지만 Windows의 메모장 앱과 같이 macOS의 텍스트 편집기로 작성한 문서를 확장자가 .txt인 파일로 저장할 수 있습니다.

1 텍스트 편집기 메뉴 막대에서 [텍스트 편집기]-[환경설정]을 선택합니다.

2 [새로운 문서] 탭에 있는 '포맷' 항목에서 '일반 텍스트'를 선택하고 환경설정 윈도우를 닫습니다.

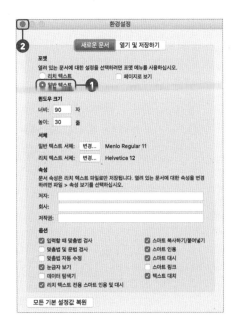

3 텍스트 편집기를 다시 실행하면 텍스트 편집기 윈도우의 도구 막대가 사라지고, 텍스트만 입력할 수 있습니다.

4 설정을 변경한 뒤 문서를 저장하면 확장자가 .txt인 파일로 저장됩니다.

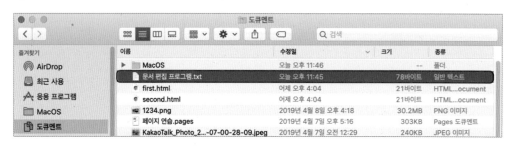

잠 깐 만 요
텍스트 편집기를 다시 원래대로 돌리고 싶다면 텍스트 편집기 환경설정 아래에 있는 [모든 기본 설정값 복원]을 클릭하면 됩니다.

전문가의 조언 텍스트 편집기를 웹 편집기처럼 사용하기

텍스트 편집기에서 웹 페이지 파일(*.html)을 불러오면 HTML 소스가 표시되는 게 아니라 웹 페이지의 서식이 적용된 형태로 표시되기 때문에 HTML 소스를 확인하는 게 쉽지 않죠.
텍스트 편집기 앱을 웹 편집기로 사용하려면 [텍스트 편집기]-[환경설정]을 선택한 후 [열기 및 저장하기] 탭을 클릭하고 '파일을 열 때' 항목에서 'HTML 파일을 서식 있는 텍스트가 아닌 HTML 코드로 표시'를 체크합니다.

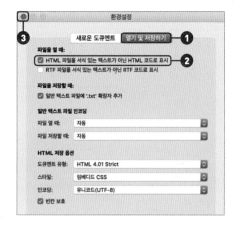

이렇게 설정한 후 다시 텍스트 편집기 앱에서 HTML 문서를 불러오면 HTML 소스 코드를 확인할 수 있어 텍스트 편집기를 웹 편집기와 같이 사용할 수 있습니다.

▲ 웹 페이지 파일

▲ HTML 소스 코드

03 | 어떤 문서도 척척, Pages

■ MS Word

macOS에서 MS Word와 같은 앱이 필요하다면 Pages를 사용해 보세요. Pages는 macOS 전용 앱이긴 하지만 Word 파일을 불러올 수도 있고, 편집한 문서를 PDF 파일이나 Word 파일로 내보낼 수도 있습니다.

Spotlight에서 'Pages'를 검색하여 앱을 실행하거나 Launchpad에서 [Pages]	를 클릭해서 Pages 앱을 실행합니다. Pages를 실행하면 새 문서를 만들 수 있는 윈도우가 먼저 표시됩니다. Pages에서는 리포트나 뉴스레터 등 기본적으로 제공되는 템플릿을 이용하면 편리하게 문서를 작성할 수 있죠. 템플릿 없이 빈 문서를 만들려면 [빈 페이지]를 더블클릭합니다

◀ '책'과 관련된 템플릿

Pages 메뉴 막대에서 [파일]-[열기]를 선택하면 저장되어 있는 Pages 파일이나 MS Word 파일을 불러올 수 있습니다. 또한 일반 텍스트 문서를 비롯해 리치 텍스트 문서도 불러올 수 있습니다. Pages에서 새 문서를 작성하려면 Pages 메뉴 막대에서 [파일]-[신규]를 선택하면 됩니다.

Pages 화면 살펴보기

Pages 화면은 크게 다음과 같이 4개의 영역으로 구성되어 있습니다.

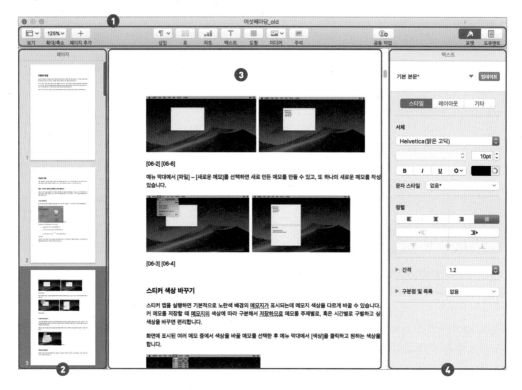

❶ **도구 막대** : 문서에 추가할 수 있는 다양한 요소가 나열됩니다. 도구 막대를 ⌃control + 클릭하고 [도구 막대 사용자화]를 선택하면 사용자화할 수 있습니다.

❷ **사이드바** : 축소판 그림이나 목차를 표시합니다.

❸ **문서 화면** : 문서를 작성하거나 편집하는 화면입니다.

❹ **속성 사이드바** : 텍스트나 이미지 등 사용자가 선택한 요소의 속성을 변경하거나 문서의 속성을 변경합니다.

Pages 보기 변경하기

Pages 윈도우의 도구 막대에서 [보기] ▣▾를 클릭하면 Pages 윈도우 사이드바의 보기 형식을 여러 가지 형태로 표시할 수 있습니다.

① 페이지 축소판 : 사이드바에 페이지 축소판 이미지를 표시합니다. 페이지 축소판을 클릭하면 해당 페이지로 즉시 이동합니다.

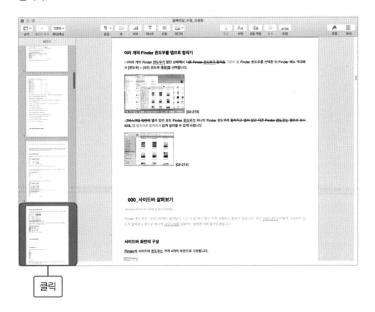

❷ 목차 : 사이드바에 목차를 표시합니다. 목차 사이드바에서 목차를 클릭하면 해당 목차 위치로 즉시 이동합니다. 목차를 만들지 않았다면 사이드바의 [편집]을 클릭하여 목차를 삽입할 수 있습니다.

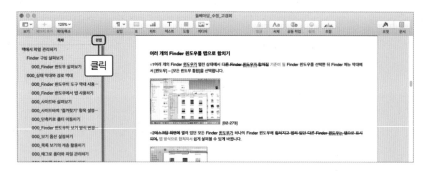

❸ 문서 전용 : 사이드바를 감추고 문서 화면만 표시합니다.

❹ 주석 패널 보기 : 문서에 삽입한 주석이 있을 경우 사이드바에 주석을 모아서 표시합니다.

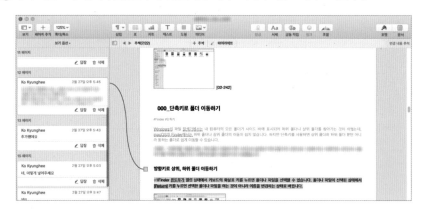

❺ 찾기 및 대치 보기 : 찾기 및 대치 상자에서 원하는 단어를 검색하거나 검색한 단어를 다른 단어로 대치할 수 있습니다.

❻ 눈금자 보기 : 문서 화면 위에 눈금자를 표시합니다.

❼ 주석 보기/가리기 : 문서 화면에 주석을 표시하거나 감춥니다.

❽ 스마트 주석 보기/가리기 : iOS용 Pages에서 편집하여 추가한 스마트 주석을 표시하거나 감춥니다.

❾ 단어 수 보기 : 현재 문서의 단어 수를 문서 화면 아래에 표시합니다.

속성 사이드바 표시하기 및 가리기

Pages 윈도우 오른쪽에는 포맷이나 문서 속성 사이드바가 표시됩니다. 도구 막대에서 [포맷] 이 선택된 상태로 문서의 텍스트나 이미지를 선택하면 속성 사이드바에 텍스트나 이미지와 관련된 항목이 표시되어 원하는 텍스트나 이미지의 포맷(구성)을 수정할 수 있습니다.

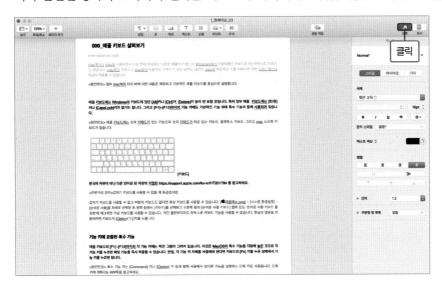

도구 막대에서 [문서] 를 클릭하면 속성 사이드바에 인쇄를 위한 설정이나 용지 방향 등 문서 전체와 관련된 속성이나 책갈피 속성이 표시됩니다.

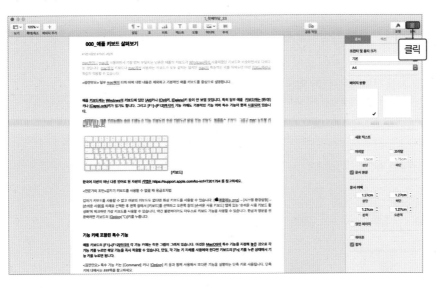

다양한 요소 삽입하기

Pages에서는 문서에 표나 차트도 간단히 삽입할 수 있습니다. 도구 막대에서 [표]나 [차트]를 클릭한 후 원하는 스타일을 선택할 수 있습니다.

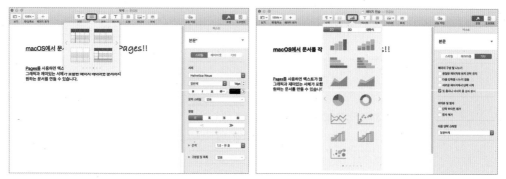

▲ 문서에 표 삽입하기   ▲ 문서에 차트 삽입하기

도구 막대에서 [미디어] 를 클릭한 후 미디어 종류를 선택하면 이미지를 비롯해 동영상, 오디오 녹음 등 다양한 멀티미디어 자료를 삽입할 수 있습니다.

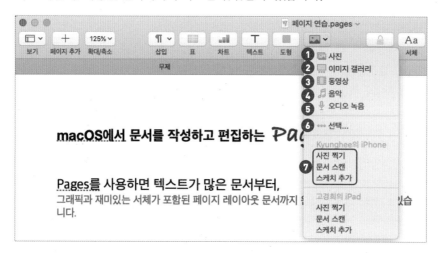

1 사진 : 사진이나 동영상, 음악을 삽입합니다.

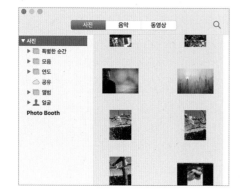

② **이미지 갤러리** : Finder에서 이미지를 삽입합니다. 이미지 갤러리를 선택하면 표시되는 를 클릭하여 하드 디스크에 저장된 이미지를 삽입하거나, 원하는 크기와 위치에 이미지 상자만 먼저 삽입한 뒤 Finder에서 원하는 이미지를 드래그하여 이미지를 삽입할 수 있습니다.

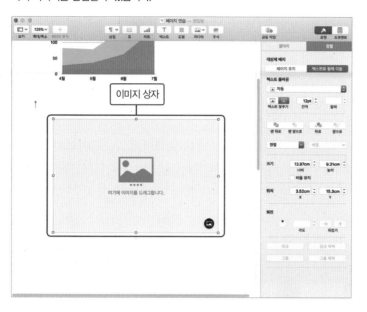

③ **동영상** : 사진 앱에 추가한 동영상이나 Finder의 [동영상] 폴더에서 동영상을 삽입합니다.

④ **음악** : Finder에 저장되어 있는 음악을 삽입합니다.

⑤ **오디오 녹음** : [오디오 녹음]을 선택하면 오디오 녹음 상자가 표시됩니다. [녹음] ● 을 클릭해 녹음을 하고 [중단] ■ 을 클릭해 녹음을 끝냅니다. 녹음이 끝난 후 [삽입]을 클릭하면 오디오 녹음이 문서에 삽입됩니다. 문서에 오디오 녹음이 삽입된 위치에는 ◀이 표시됩니다.

 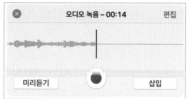

⑥ **선택** : 하드 디스크나 이동식 디스크에 있는 다양한 미디어 파일을 삽입합니다.

⑦ **사진 찍기/문서/스케치 추가** : macOS와 연결된 Apple 기기로 사진이나 문서를 찍어 삽입합니다.

macOS에서 데이터를 일목요연하게 정리하고 계산까지 자동으로 해 주는 스프레드시트 앱을 찾고 있다면 Numbers를 사용하면 됩니다.

Spotlight에서 'Numbers'를 검색하거나 Launchpad에서 [Numbers]를 클릭해서 Numbers 앱을 실행합니다. Pages와 같이 Numbers 메뉴 막대에서 [파일]-[열기]를 선택하면 Numbers 파일뿐만 아니라 MS Excel 문서도 불러올 수 있습니다.

Numbers에서 새 문서를 작성하려면 Numbers 메뉴 막대에서 [파일]-[열기]를 선택한후 Finder 윈도우 아래의 [새로운 문서]를 클릭하거나 [파일]-[신규]를 선택하면 됩니다. Numbers에서도 Pages와 같이 다양한 템플릿을 제공하기 때문에 이미 만들어진 템플릿을 이용하면 편리합니다.

표 스타일 조절하기

Numbers는 MS Excel과 같은 자료를 입력할 수 있습니다. 표의 왼쪽 위 모퉁이에 있는 ◎를 클릭하면 표 전체를 선택할 수 있고, 표를 선택한 상태에서 오른쪽의 속성 사이드바에서 [표]를 클릭하면 표 스타일을 지정할 수 있습니다. 행이나 열 끝에 있는 ◉를 클릭할 때마다 행이나 열을 하나씩 추가할 수 있습니다.

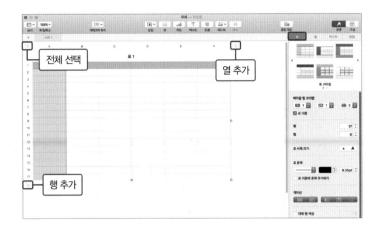

전체 선택

열 추가

행 추가

잠깐만요

Numbers 도구 막대 왼쪽 아래에 있는 [+]를 클릭하면 새로운 시트를 추가할 수 있어 하나의 Numbers 문서에 여러 개의 시트를 삽입할 수 있습니다.

MS Excel과 같이 표의 왼쪽에 있는 1, 2, 3… 숫자 부분을 클릭하면 행을 선택할 수 있고, A, B, C… 영문 부분을 클릭하면 열을 선택할 수 있습니다. 그리고 행이나 열과 관련된 스타일은 속성 사이드바에서 [셀]을 클릭하고 조절할 수 있죠.

클릭

스프레드시트에는 차트도 많이 삽입하겠죠? 차트를 삽입하려면 도구 막대에서 [차트] 를 클릭하고 삽입할 차트 종류를 선택합니다.

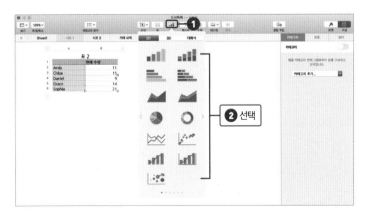

❷ 선택

차트를 삽입한 후에는 선택한 차트 아래의 [데이터 참조 편집]을 클릭하고 차트의 데이터 값을 지정할 수 있습니다. 오른쪽의 속성 사이드바의 [차트] 탭에서는 차트 스타일을 지정할 수 있습니다.

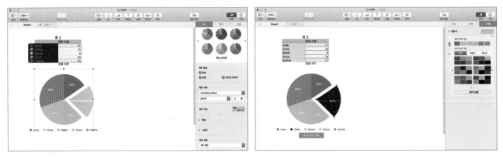

▲ 차트 데이터 편집   ▲ 차트 스타일 수정

Numbers에서는 여러 셀의 합계나 평균값을 몇 번의 클릭으로 계산할 수 있습니다. [command] 키를 누른 상태에서 계산할 여러 셀을 선택하면 아래의 합계(SUM)나 평균(AVERAGE), 최솟값(MIN), 최댓값(MAX), 비어 있지 않은 셀의 개수(COUNTA)가 자동으로 계산되어 표시됩니다.

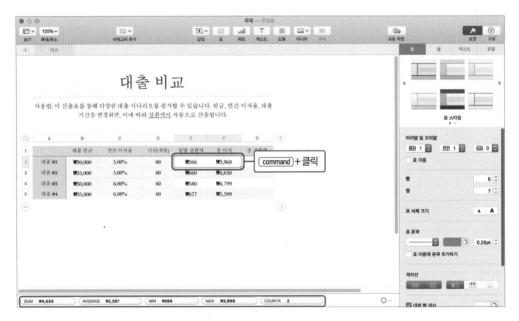

선택한 셀의 합계를 특정 셀에 표시하려면 아래의 도구 막대에서 [SUM]을 원하는 셀로 드래그합니다. 합계가 삽입된 셀을 클릭하면 어떤 함수가 사용되었는지 확인할 수 있습니다. 같은 방법으로 평균이나 최댓값/최솟값을 구할 수 있습니다.

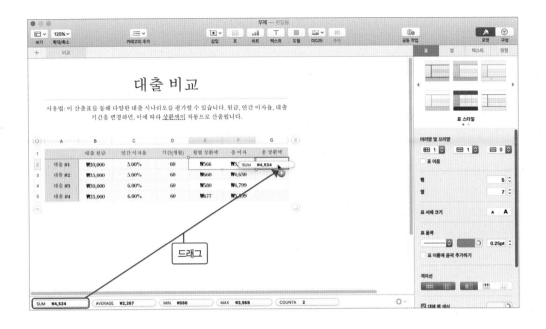

직접 함수 입력하려면 함수를 입력할 셀을 선택한 후 [=]키를 누르면 오른쪽 속성 사이드바에서 사용할 수 있는 함수와 해당 함수의 인수를 확인할 수 있습니다.

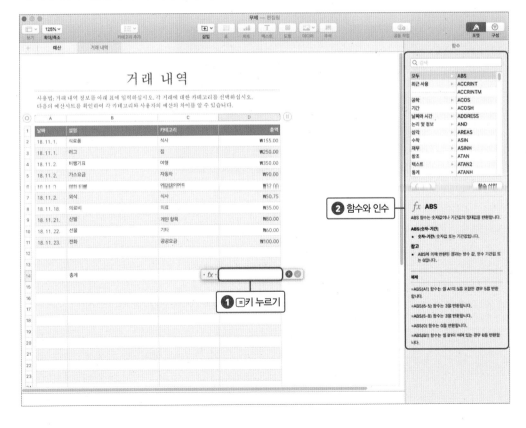

macOS에서 프레젠테이션을 작성할 때는 Keynote 앱을 사용하세요. Keynote에서 제공하는 다양한 템플릿을 사용하여 원하는 형태로 편집하면 멋진 프레젠테이션을 작성할 수 있습니다. Keynote에서 프레젠테이션을 만드는 방법을 간단히 살펴보겠습니다.

Spotlight에서 'Keynote'를 검색하여 앱을 실행하거나 Launchpad에서 [Keynote] ⫮를 클릭해서 Keynote를 실행합니다. Pages, Numbers와 같이 메뉴 막대에서 [파일]-[열기]를 선택하면 Keynote 파일 뿐만 아니라 MS PowerPoint 문서도 불러올 수 있습니다.

Keynote의 메뉴 막대에서 [파일]-[열기]를 선택한 후 Finder 윈도우 아래의 [새로운 문서]를 클릭하거나 [파일]-[신규]를 선택하면 새 문서를 만들 수 있는 템플릿이 표시됩니다.

다양한 템플릿 목록에서 원하는 템플릿을 선택할 수도 있고 흰색이나 검은색 배경의 기본 템플릿을 선택해서 빈 문서를 만들 수도 있습니다. 템플릿을 더블클릭하거나 템플릿을 선택한 후 [선택] 버튼을 클릭합니다.

슬라이드 추가하기

Keynote 윈도우 왼쪽의 슬라이드 목록에서 [return] 키를 누르면 기본 슬라이드가 새로 추가됩니다. 슬라이드의 레이아웃을 지정해서 추가하려면 도구 막대에서 [슬라이드 추가] [+]를 클릭한 후 원하는 레이아웃의 슬라이드를 클릭하면 새로운 슬라이드를 추가할 수 있습니다.

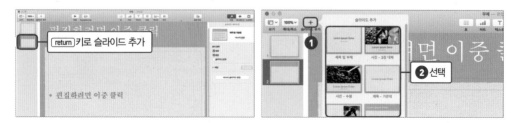

도구 막대에서 [포맷]을 클릭하고 슬라이드에 텍스트나 이미지, 표 등을 삽입한 후 해당 요소를 클릭하면 오른쪽 사이드바에 요소의 스타일을 조절할 수 있는 항목이 표시됩니다.

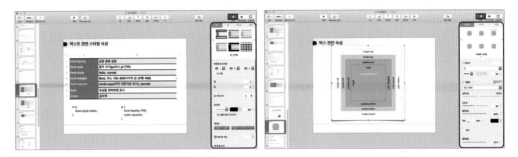

마스터 슬라이드 편집하기

도구 막대에서 [슬라이드 추가] + 를 클릭하면 추가할 수 있는 다양한 슬라이드가 표시됩니다. 각각의 슬라이드는 모두 마음대로 편집이 가능합니다. 마스터 슬라이드를 편집하려면 슬라이드 목록에서 원하는 슬라이드를 control+클릭하거나 도구 막대에서 [포맷]을 클릭하고 [마스터 슬라이드 편집]을 선택합니다.

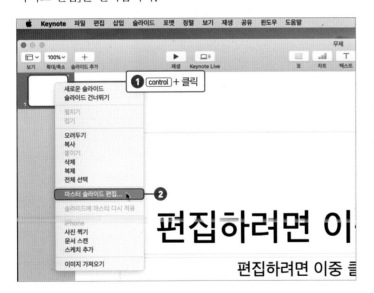

마스터 슬라이드 화면이 나타나면, 왼쪽 슬라이드 목록에서 편집할 슬라이드를 선택한 후 슬라이드에 포함된 요소의 위치나 스타일을 수정할 수 있습니다.

잠 깐 만 요 ──────────────────────────────────
마스터 슬라이드 편집이 끝나면 슬라이드 편집 화면 아래에 있는 [완료] <mark>완료</mark>를 클릭합니다.

Keynote에는 MS PowerPoint에는 없는 화려하고 신기한 슬라이드 전환 효과가 있습니다. Keynote에서 슬라이드 전환 효과를 적용하는 방법을 알아보겠습니다.

슬라이드 전환 효과를 적용하려면 슬라이드를 선택한 후 도구 막대에서 [애니메이션] ◆ 을 선택합니다. 오른쪽 사이드바에서 [효과 추가]를 클릭하면 적용할 수 있는 다양한 전환 효과 목록이 표시됩니다. 전환 효과 이름을 클릭하면 해당 효과가 슬라이드에 적용됩니다.

전환 효과 이름 오른쪽에 있는 [미리보기]를 클릭하면 어떤 효과인지 미리 볼 수 있습니다. 전환 효과가 적용된 슬라이드를 클릭하면 오른쪽 사이드바에서 전환 효과의 방향이나 시간, 전환 방법을 설정할 수 있습니다. 전환 효과에서 변경할 수 있는 값은 선택한 전환 효과에 따라 다릅니다.

슬라이드 목록에서 슬라이드를 선택한 후 원하는 전환 효과를 적용하면 각각의 슬라이드마다 다른 전환 효과를 적용할 수 있습니다. 전체 슬라이드에 동일한 전환 효과를 적용하려면 슬라이드 목록에서 command + A 키를 눌러 전체 슬라이드를 선택한 후 전환 효과를 지정합니다.

07 | iWork 문서를 MS Office에서 사용하기

macOS의 Pages, Numbers, Keynote를 하나로 묶어 iWork라고 합니다. iWork 문서를 MS Office에서도 확인할 수 있도록 저장하는 방법에 대해 알아보겠습니다.

iWork 문서를 MS Office 형식으로 내보내기

iWork 문서를 MS Office에서도 확인할 수 있는 파일 형식으로 내보낼 수 있습니다. Pages의 경우 MS Word 형식으로, Numbers에서는 MS Excel 형식으로, Keynote는 MS Power Point 형식으로 각각 내보낼 수 있습니다.

Pages 메뉴 막대에서 [파일]-[다음으로 내보내기]를 선택한 후, 내보낼 수 있는 파일 종류를 선택할 수 있습니다. 여기서는 MS Word(*.docx) 형식으로 내보내기 위해 [Word]를 선택합니다.

문서 내보내기 상자에서 [다음]을 클릭하고 원하는 저장 위치와 이름을 지정한 후 [내보내기]를 클릭해 저장합니다.

MS Office 형식으로 내보낸 파일은 Finder에 있는 다른 파일과 달리 .docx나 .xlsx, .pptx와 같이 확장자가 표시되기 때문에 쉽게 구별할 수 있습니다.

Pages 문서를 Word로 내보낼 때 기본 확장자는 .docx이지만 내보내기 상자의 [고급 옵션]을 클릭하면 하위 버전인 .doc 파일로 내보낼 수도 있습니다.

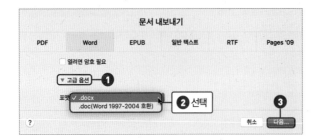

잠 깐 만 요 ─────────
동영상 등의 미디어가 삽입된 Pages 문서를 Word 형식으로 내보내면 파일 이름과 같은 폴더가 생성되고 삽입한 미디어 파일이 따로 저장됩니다.

다른 형식으로 내보내기

iWork에서 작성한 문서를 Windows에서 편집하지 않고 내용만 확인한다면 PDF 파일로 내보낼 수도 있습니다. Pages를 비롯해 Numbers와 Keynote 모두에서 문서를 PDF로 내보낼 수 있습니다.

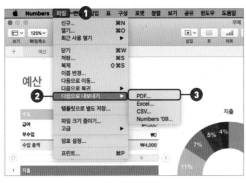
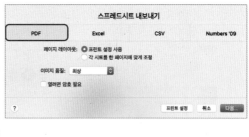

▲ 스프레드시트를 PDF로 내보내기

특히 Keynote 문서의 경우 움직이는 이미지인 GIF나 동영상 파일로도 내보낼 수 있고 Pages의 경우 일반 텍스트 파일이나 e-book 형태인 EPUB 형식으로도 내보낼 수 있어 다양하게 활용할 수 있습니다.

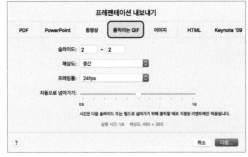

▲ Keynote에서 움직이는 GIF로 내보내기

▲ Pages에서 EPUB 형식으로 내보내기

구글 문서

구글 문서는 구글 계정만 있다면 누구나 무료로 문서를 편집하고 보관할 수 있는 서비스입니다. 구글 문서에서 작성한 문서는 MS Word, Excel, PowerPoint 파일로 변환할 수도 있습니다. 구글 문서는 구글 계정으로 구글 사이트(www.google.co.kr)에 로그인한 후 구글 문서 (https://docs.google.com)로 이동하면 별도의 앱 설치 과정 없이 바로 사용할 수 있습니다. 구글 문서로 이동하면 기본 문서 작성 화면이 나타납니다. 만일 스프레드시트나 프레젠테이션 문서를 작성하려면 화면 왼쪽 위에 있는 ≡를 클릭한 후 [스프레드시트]나 [프레젠테이션]을 선택합니다.

구글 문서에서 작성한 내용은 따로 저장하지 않아도 자동으로 저장됩니다. 문서를 작성할 때에는 화면에 '저장 중…'이라는 메시지가 표시되고 모든 내용의 저장이 완료되면 '드라이브에 모든 변경사항이 저장되었습니다.'라는 메시지가 표시됩니다. 문서 제목 왼쪽에 있는 아이콘▥을 클릭해서 구글 문서 페이지로 이동하면 됩니다.

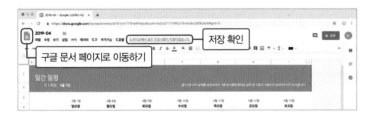

잠 깐 만 요
구글 문서에서 작성한 문서나 스프레드시트, 프레젠테이션은 구글 드라이브에 저장되며 문서 제목(파일명)만 표시되고 확장자는 따로 표시되지 않습니다.

구글 문서에서 문서를 작성한 후 MS Office 파일이나 PDF 파일로 저장하려면 문서 제목 아래에 있는 메뉴 중에서 [파일]-[다른 이름으로 다운로드]를 선택한 후 원하는 파일 형식을 선택합니다. 이렇게 변환한 파일은 사용자의 컴퓨터로 다운로드됩니다.

기록과 편집

문서 편집

08 | macOS용 MS Office

macOS를 사용하고 있지만 MS Office 문서를 작성하는 일이 많다면 macOS용 MS Office를 사용해 보세요. macOS용 MS Office는 Windows에서 사용하는 MS Office와 사용법이 비슷하고 MS Office의 주요 기능을 거의 모두 사용할 수 있다는 장점이 있습니다.

macOS용 MS Office는 Office 365 버전으로, 유료로 제공됩니다. macOS용 MS Office 앱을 구입하기 전 무료로 사용해 볼 수 있는 평가판을 사용하려면 App Store에 접속한 후 'ms'로 검색합니다. 검색 결과 중 'Microsoft Office 365'를 클릭해 보세요.

macOS용 MS Office 제품군에 포함된 여러 앱 중에서 필요한 앱의 [받기]를 클릭한 후 버튼이 [설치]로 바뀌면 다시 클릭하여 선택한 앱을 macOS에 설치합니다.

평가판 사용 후 유료로 구입하려면 https://products.office.com/ko-kr/buy/로 접속한 후 [Mac]을 선택하세요. macOS에서 선택할 수 있는 여러 종류의 Office 365 앱이 있는데 이 중에서 자신에게 맞는 제품을 구입합니다.

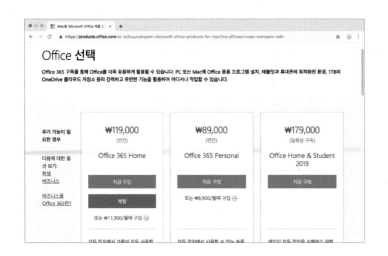

잠 깐 만 요
대학생이나 교직원일 경우 Office 365
를 무료로 사용할 수 있습니다.

HWP 문서까지 다 다루어야 한다면

국내에는 HWP 한글 문서를 사용하는 경우가 많은데 macOS에서 HWP 문서를 읽거나 편집하려면 별도의 앱이 필요합니다. 다음 앱은 모두 App Store에서 다운로드할 수 있습니다.

한컴오피스 한글 2014 VP 뷰어 : HWP 문서 내용을 살펴볼 수 있는 앱입니다. 단, 뷰어이기 때문에 내용을 수정할 수는 없습니다.

Polaris Office : MS Office 문서 뿐만 아니라 HWP 문서를 만들고 편집할 수 있습니다. 작성한 문서는 클라우드에 저장됩니다. 이 앱은 유료 제품으로, 다운로드해서 30일간 무료로 사용할 수 있습니다.

macOS용 한컴오피스 한글 : macOS용으로 제작된 한글 프로그램입니다. 이 제품은 App Store가 아닌 한글과컴퓨터 사이트(https://www.hancom.com/goods/goodsChoice2.do)에서 구매한 후 다운로드할 수 있습니다.

시스템을 안전하게 관리하기

macOS와 Windows는 파일 시스템이 다르기 때문에 Windows에서 사용했던 외장 하드 디스크를 macOS에서 사용할 수 없습니다. 이번에는 Apple의 파일 시스템과 포맷에 대해 알아보고 간단한 방법으로 중요한 자료를 백업하고 복원할 수 있는 Time Machine으로 Mac 시스템을 안전하게 관리하는 방법을 알아봅니다.

macOS
Catalina

디스크
관리하기

macOS 시스템의 시동 디스크를 기본으로 사용하더라도 자료의 백업이나 더 많은 저장 공간을 확보하려면 외장 디스크를 연결해서 사용해야 합니다. 외장 디스크를 사용하기 전에 디스크를 포맷하는 방법과 디스크 공간을 분할해서 사용하는 방법을 알아보겠습니다.

01 | 디스크 지우기

macOS의 디스크 지우기는 Windows의 포맷(format)과 같이 디스크의 모든 내용을 지우고 초기화하는 기능입니다. 기본 디스크 외에 새로운 디스크를 사용하려면 용도에 맞게 디스크를 지우고 사용하는 것이 좋습니다. 이번에는 Windows와 macOS의 파일 시스템이 어떻게 다른지 알아보고, 디스크 지우기의 사용 방법에 대해 알아보겠습니다.

디스크의 파일 시스템

디스크 지우기 기능을 사용하려면 사용할 포맷을 지정해야 합니다. 우선 macOS에서 사용하는 주요 파일 시스템 포맷에 대해 간단히 알아보겠습니다.

APFS(Apple File System) : macOS 10.13(하이 시에라) 버전부터 사용하는 파일 시스템으로 SSD나 USB 플래시 드라이브에 최적화되어 있으며 강력한 암호화 기능을 제공합니다. 단, macOS의 Time Machine 기능으로 시스템을 백업할 경우 APFS 포맷의 디스크에는 백업할 수 없습니다.

Mac OS 확장 : macOS 10.12(시에라) 이전 버전에서 사용하는 파일 시스템으로 기능에 따라 다음과 같이 구분됩니다.

- **Mac OS 확장(저널링) :** Mac 포맷(HFS+)을 사용하여 계층 구조 파일 시스템을 보호할 수 있습니다.
- **Mac OS 확장(저널링, 암호화) :** Mac 포맷을 사용하고 암호가 필요하며 파티션을 암호화합니다.
- **Mac OS 확장(대소문자 구분, 저널링) :** Mac 포맷을 사용하고 폴더 이름의 대소문자를 구분합니다.
- **Mac OS 확장(대소문자 구분, 저널링, 암호화) :** Mac 포맷을 사용하고 폴더 이름의 대소문자를 구분하며 암호가 필요합니다. 파티션도 암호화합니다.

MS-DOS(FAT) : macOS와 Windows에서 함께 사용할 수 있지만, 32GB 미만의 디스크에서 사용합니다. 한 번에 4GB 이상의 파일은 쓸 수 없습니다.

ExFAT : macOS와 Windows에서 함께 사용할 수 있고, 32GB 이상의 디스크에서 사용합니다. 한 번에 4GB 이상의 파일도 쓸 수 있습니다.

> **잠 깐 만 요**
> 폴더 이름의 대소문자를 구분한다는 것은 'APPLE'이라는 폴더와 'apple'이라는 폴더를 서로 다른 폴더로 구분한다는 것입니다. 쉽게 이해되지 않는다면 'A'라는 이름의 폴더 만든 후 'a'라는 이름의 폴더를 만들어 보세요.

APFS 포맷은 Apple 전용 포맷이지만 macOS 시에라 이전 버전에서는 사용할 수 없고, Time Machine 백업 디스크로도 사용할 수 없습니다. macOS의 버전과 관계없이 macOS에서만 사용할 경우 'Mac OS 확장(저널링)'을 주로 사용합니다. macOS와 Windows, 양쪽에서 사용할 디스크라면 ExFAT 포맷을 사용하는 것이 좋습니다.

저장 장치를 macOS와 Windows, 양쪽에서 사용하려면

Windows에서 포맷한 USB나 외장 하드 디스크를 macOS와 Windows, 양쪽에서 사용하고 싶다면 파일 시스템을 주의해서 봐야 합니다. Windows에서 32GB 이상의 디스크를 포맷할 경우, 자동으로 NTFS 포맷을 사용하는데, 이 포맷은 macOS에서 사용할 수 없는 파일 시스템입니다. Windows와 macOS에서 같은 디스크를 사용하고 싶다면 포맷할 때 ExFAT 파일 시스템을 선택합니다.

Windows에서 ExFAT 형식으로 포맷하기 ▶

디스크 지우기

1 Spotlight에서 '디스크 유틸리티'를 검색하여 디스크 유틸리티를 실행하세요.

2 디스크 유틸리티 윈도우의 사이드바에서는 Mac에 연결되어 있는 모든 디스크를 확인할 수 있습니다. 기본 내장 디스크인 [Macintosh HD]를 클릭하면 APFS 포맷이 적용되어 있는 것을 볼 수 있습니다.

잠 깐 만 요
만일 BOOTCAMP로 Windows를 설치했다면 BOOTCAMP 항목은 NTFS 포맷으로 지정되어 있을 것입니다.

3 여기에서는 macOS와 Windows, 양쪽에서 사용할 수 있는 포맷인 ExFAT 포맷으로 외장 USB 디스크를 지워 보겠습니다. Mac에 디스크를 연결하고 잠시 기다리면 사이드바에 연결한 디스크가 표시됩니다. 사이드바에서 디스크를 선택한 후 도구 막대에서 [지우기] ⬚ 를 클릭합니다.

잠 깐 만 요
디스크 지우기를 실행하면 해당 디스크의 모든 자료가 지워지고 초기화됩니다. 디스크 지우기를 실행하기 전, 디스크 안의 자료를 지워도 되는지 확인하세요.

4 '이름' 항목에는 원하는 디스크의 이름을 입력하고 '포맷' 목록을 펼쳐 [ExFAT]를 선택합니다.

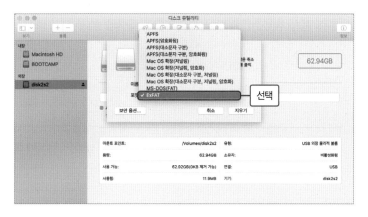

5 잠시 기다리면 디스크 지우기가 끝납니다. [완료]를 클릭합니다.

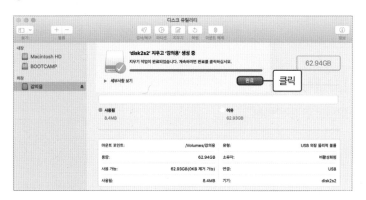

6 디스크 유틸리티 사이드바에서 디스크 지우기를 실행한 디스크를 클릭하면 저장되어 있던 자료가 모두 지워진 것을 확인할 수 있습니다. 그리고 ExFAT 포맷을 사용하기 때문에 Windows와 macOS에서 이 디스크를 사용할 수 있습니다.

잠 깐 만 요
외장 디스크나 USB 메모리를 연결했을 때 macOS에서 자동으로 인식하여 Time Machine으로 백업할 것인지 묻는 창이 표시됩니다. Time Machine에 대해서는 349쪽에서 자세히 설명합니다.

 보안 옵션

디스크 유틸리티에서 디스크를 복구할 수 없도록 확실하게 지우려면 보안 옵션을 사용합니다. 디스크 지우기 상자의 [보안 옵션]을 클릭하면 기본적으로 슬라이드 막대가 '가장 빠르게'로 선택되어 있습니다. 이 항목은 디스크에 있는 파일을 완벽하게 삭제하지 않은 상태로 디스크를 지우기 때문에 빠르게 지울 수 있고, 파일을 복구할 수도 있습니다.

디스크에 있는 파일을 완벽하게 삭제해 복구할 수 없도록 하려면 슬라이드 막대를 드래그하여 '가장 안전하게'를 선택한 뒤 [확인]을 클릭합니다. 이 옵션은 디스크에 있던 파일을 완벽하게 삭제하기 때문에 시간은 조금 더 걸리지만 디스크를 새것처럼 깨끗하게 지웁니다.

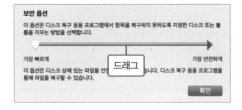

디스크 암호화하기

디스크를 지울 때 해당 디스크를 암호로 보호할 수 있습니다. 암호화된 디스크는 Time Machine 백업용 디스크로 사용할 수 없으니 주의하세요.

1 사이드바에서 암호화할 디스크 이름을 클릭한 후 [지우기] 를 클릭합니다.

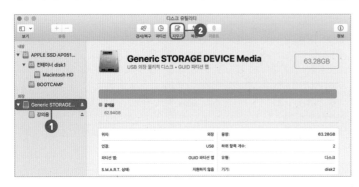

잠 깐 만 요
디스크 지우기를 실행하기 전, 반드시 지우려는 디스크 안의 자료를 지워도 되는지 다시 확인하세요.

2 '포맷' 목록을 펼친 후 '암호화됨'이나 '암호화'가 포함된 포맷을 선택합니다.

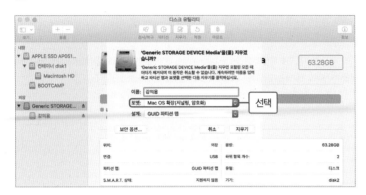

3 사용할 암호를 입력한 뒤 확인을 위해 똑같은 암호를 다시 한번 입력하고 [선택]을 클릭합니다. 나중에 암호를 기억할 수 있도록 '암호 힌트'에 설정한 암호에 대한 힌트를 기록해 두는 것도 좋습니다.

잠 깐 만 요 ─────
🔑을 클릭하면 자동으로 암호가 생성됩니다.

4 [지우기]를 클릭합니다. 지우기가 끝나면 [완료]를 클릭합니다.

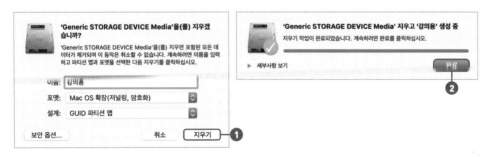

5 이렇게 암호화된 디스크는 접근할 때마다 암호를 입력하고 [잠금 해제]를 클릭해야 합니다.

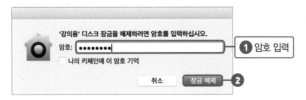

02 | 디스크 관리하기

외장 하드 디스크의 용량이 크다면 용도에 따라 저장 공간을 2개 이상의 공간으로 나눌 수 있는데 이렇게 디스크의 공간을 나누는 것을 파티션(partition)이라고 합니다. 이번에는 파티션을 추가하고 제거하는 방법과 디스크를 진단하는 방법을 알아보겠습니다.

파티션 추가하기

1 파티션을 추가할 디스크를 연결한 후 디스크 유틸리티를 실행합니다. 디스크 유틸리티 사이드바에서 디스크를 선택하고 [파티션] ⊕ 을 클릭합니다.

2 선택한 디스크가 어떻게 할당되어 있는지 그래프로 확인할 수 있어 알아보기 쉽습니다. 그래프에서 파티션할 영역을 선택한 후 그래프 아래쪽에 있는 ⊞ 을 클릭합니다.

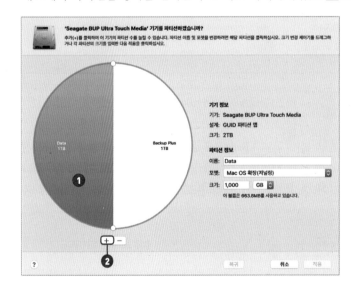

잠 깐 만 요 ─────────────────────────

파티션하려는 디스크의 포맷에 따라 [+] 버튼이 활성화되지 않을 수도 있습니다. 이럴 땐, APFS이나 MacOS 확장 포맷을 선택하면 [+] 버튼이 활성화됩니다.

3 '무제'라는 이름의 새로운 영역이 추가됩니다. 그래프에 표시된 조절점을 드래그하여 새로운 영역의 크기를 지정하거나 '파티션 정보'의 '크기'에 직접 원하는 크기(용량)를 입력합니다.

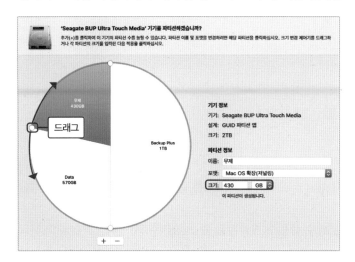

4 '파티션 정보'의 '이름'에 원하는 이름을 입력한 뒤 [적용]을 클릭하세요.

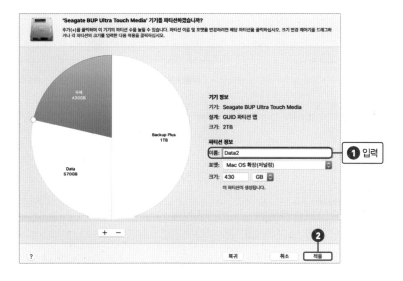

5 파티션한다는 메시지가 표시되면 [파티션]을 클릭합니다. 잠시 기다리면 파티션이 끝납니다. [완료]를 클릭합니다.

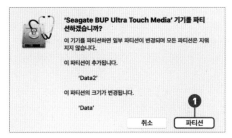

6 디스크 유틸리티 윈도우로 돌아오면 새로운 파티션이 추가된 것을 확인할 수 있습니다.

파티션 제거하기

1 디스크 유틸리티 사이드바에서 파티션을 제거할 디스크를 선택한 후 [파티션] ⊕ 을 클릭합니다.

> **잠깐만요** ───
> 파티션을 제거하면 해당 파티션에 저장된 자료가 삭제되므로 필요한 자료가 있다면 미리 백업해 두세요.

2 디스크 그래프에서 삭제할 파티션을 선택한 후 ─ 을 클릭합니다.

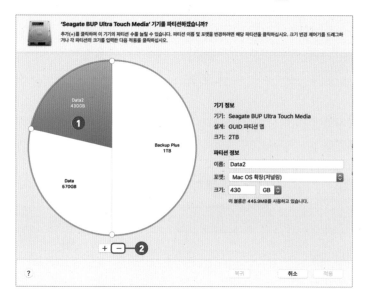

3 디스크 그래프에서 파티션의 영역이 바뀐 것을 확인한 뒤 [적용]을 클릭합니다.

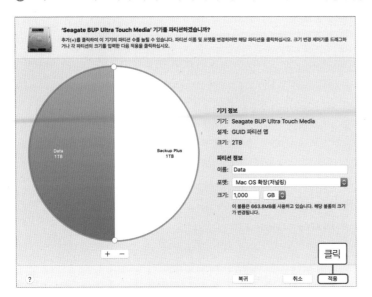

4 파티션이 제거된다는 메시지가 나타나면 [파티션]을 클릭합니다.

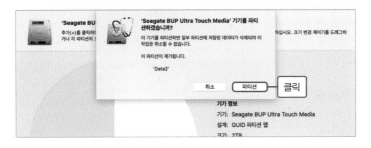

5 파티션 제거가 끝나면 [완료]를 클릭합니다.

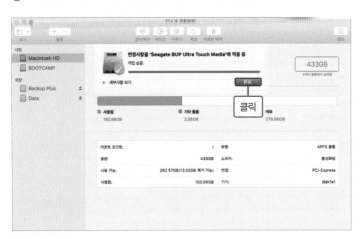

APFS 포맷에서의 파티션과 볼륨

하드 디스크나 USB 메모리 등의 저장 매체를 논리적으로 분할하는 것을 '파티션'이라고 하고 파티션으로 분할된 각각의 영역을 '볼륨'이라고 합니다. 파티션과 볼륨이라는 용어는 Windows에서도 사용하기 때문에 낯설지 않지만 macOS의 APFS 파일 시스템에서는 Windows와 조금 다르게 표시합니다. APFS 포맷으로 지운 디스크를 파티션 하면 '컨테이너 disk #'이라는 파티션 안에 볼륨이 추가됩니다. 여기서 '#'은 자동으로 붙는 숫자입니다. 디스크 유틸리티 도구 막대에서 [보기] ▣ ✓ 를 클릭한 후 [모든 기기 보기]를 선택해 확인해 보세요. 하드 디스크를 컨테이너 1, 컨테이너 2와 같이 파티션했습니다. 또한 Windows에서는 하나의 파티션에 하나의 볼륨이 할당되지만, APFS에서는 아래 그림과 같이 하나의 컨테이너 안에 여러 개의 볼륨을 만들 수 있습니다.

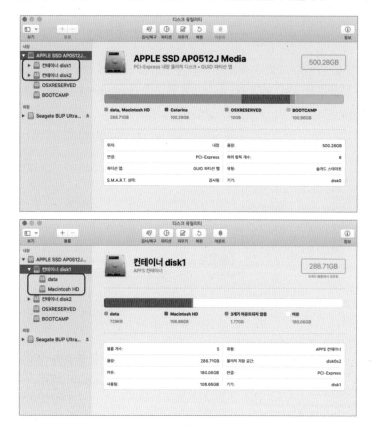

디스크 검사하기

1 검사할 볼륨을 선택한 후 [검사/복구] ⚕️를 클릭합니다.

2 디스크 검사/복구 기능은 데이터를 검사하고 문제점을 찾고, 복구가 가능할 경우에는 복구합니다. 하지만 문제를 고치는 것은 아닙니다. 검사를 진행하려면 [실행]을 클릭합니다.

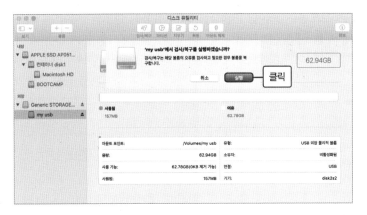

3 검사가 완료된 뒤 [세부사항 보기]를 클릭하면 검사 결과를 확인할 수 있고 [완료]를 클릭하면 '검사/복구'가 완료됩니다.

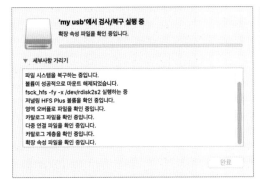

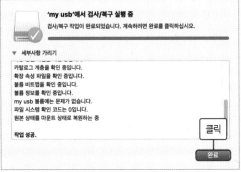

Time Machine으로 백업 및 복원하기

예상하지 못한 일로 중요한 자료를 잃는 경우를 대비해 중요한 자료를 따로 백업해 두곤 하죠. macOS의 Time Machine을 사용하면 중요한 자료나 시스템을 백업할 수도 있고, 문제가 생겼을 때 백업한 자료를 사용해 손쉽게 복원할 수 있습니다.

01 | Time Machine으로 백업하기

파일 히스토리

macOS의 Time Machine을 사용하면 시스템 전체를 자동으로 백업할 수 있습니다. 단, Time Machine 기능을 사용하려면 시스템을 백업할 만큼 용량이 큰 디스크가 필요합니다. 충분한 용량의 외장 디스크를 준비하고 따라 하세요.

1 [] – [시스템 환경설정]–[Time Machine]을 차례로 선택합니다.

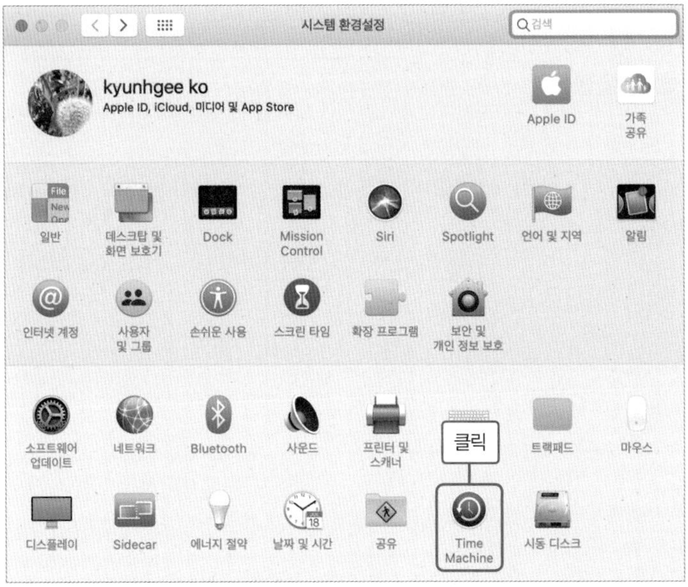

2 Time Machine 백업에 사용한 디스크를 선택하기 위해 [백업 디스크 선택]을 클릭합니다.

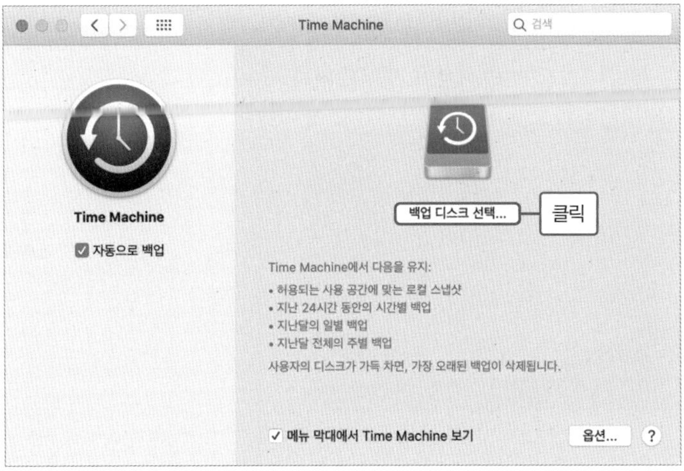

잠깐만요

'메뉴 막대에서 Time Machine 보기'를 체크하면 메뉴 막대에 Time Machine 아이콘을 표시할 수 있습니다.

3 백업 디스크 상자에서 Time Machine 백업에 사용할 디스크를 선택한 후 [디스크 사용]을 클릭합니다.

잠 깐 만 요
APFS 포맷 디스크는 Time Machine 백업용 디스크로 사용할 수 없습니다.

4 Time Machine 백업에 사용할 디스크가 선택되면 자동으로 백업이 시작됩니다. 첫 번째 백업을 할 때는 시간이 오래 걸릴 수 있습니다.

5 Time Machine 백업이 완료되면 백업 완료 메시지가 표시됩니다. 다른 것을 하지 않아도 자동으로 백업을 시작합니다. 첫 번째 백업을 할 때는 시간이 걸릴 수 있습니다. 첫 번째 백업이 완료되면 데스크탑에서 '시스템 백업'이라는 드라이브가 생성됩니다.

잠 깐 만 요
Time Machine 백업을 시작하면 '지난 24시간 동안의 시간별 백업', '지난달의 일별 백업', '모든 달의 주별 백업' 등을 자동으로 생성하고 Time Machine 백업
디스크가 가득 차면 가장 오래된 백업부터 삭제됩니다.

6 백업은 자동으로 실행되지만 상태 메뉴에 표시된 Time Machine 아이콘을 클릭한 후 [지금 백업]을 선택해서 필요할 때마다 백업할 수도 있습니다.

디스크가 모두 지워질 수 있습니다

Time Machine 백업용으로 선택한 디스크가 'Mac OS 확장(저널링)'으로 포맷되지 않았을 경우 [지우기]를 클릭해 디스크를 지우고 백업용으로 사용할 수 있습니다. 단, 이 경우 디스크에 있는 모든 파일이 다 지워지므로 주의해야 합니다.

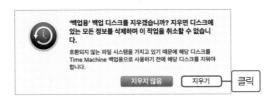

02 | 백업 제외 항목 지정하기

Time Machine 백업을 사용하면 시스템에 있는 모든 내용을 백업합니다. 만약 Time Machine 백업이 디스크 공간 용량을 많이 차지하는 것이 신경 쓰인다면 굳이 백업하지 않아도 되는 항목은 제외 항목으로 지정할 수 있습니다.

1 상태 메뉴에 표시된 Time Machine 아이콘을 클릭한 후 [Time Machine 환경설정 열기]를 선택합니다.

잠 깐 만 요 ―――――
[🍎]-[시스템 환경설정]-[Time Machine]을 선택해도 됩니다.

2 Time Machine 윈도우가 표시되면 [옵션]을 클릭합니다.

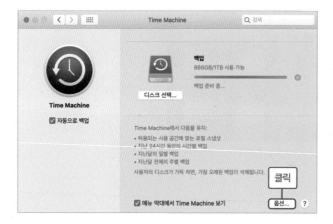

3 '백업에서 다음 항목 제외' 목록 아래에 있는 ➕ 을 클릭합니다.

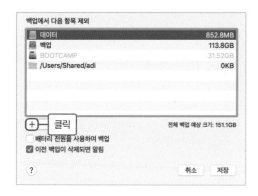

4 여기에서는 '다운로드' 폴더를 제외해 보려고 합니다. 사이드바에서 [다운로드]를 선택한 후 [제외]를 클릭합니다.

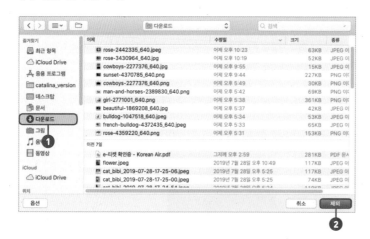

5 '백업에서 다음 항목 제외' 목록에 방금 선택한 '다운로드' 폴더가 추가된 것을 확인한 뒤 [저장]을 클릭하면, 앞으로 '다운로드' 폴더는 백업하지 않습니다.

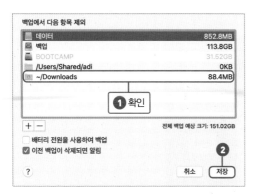

03 | Time Machine으로 복원하기

⊞ 파일 히스토리

Time Machine을 사용하면 Finder나 Mail을 이전 상태로 복구해서 삭제했던 파일이나 메일을 되돌려서 볼 수 있습니다. 또한 Time Machine을 통해 시스템 전체를 복원할 수도 있습니다. Time Machine이 가진 막강한 기능을 알아보겠습니다.

Time Machine으로 파일 복원하기

Time Machine은 시스템 전체를 백업하기 때문에 백업에 많은 용량이 필요하지만 실수로 삭제한 파일부터 메일 메시지까지 거의 모든 것을 복원할 수 있습니다. 여기서는 삭제한 파일을 복원하는 방법에 대해 알아보겠습니다.

1 Finder에서 복원할 파일이 저장되어 있던 Finder 윈도우를 열어 놓습니다. 상태 메뉴에서 Time Machine 아이콘 🕐을 클릭하고 [Time Machine 시작]을 선택합니다.

잠 깐 만 요
삭제한 메일 메시지를 복원하려면 Mail 앱을 실행한 뒤 [Time Machine 시작]을 선택하면 됩니다.

2 Time Machine을 시작하면 시간 변화에 따른 스냅 화면이 나열됩니다. 오른쪽의 타임라인에서 복원할 시점을 선택할 수도 있고, 스냅 화면 오른쪽의 위아래 화살표를 클릭해서 복원할 시점을 선택해도 됩니다.

3 복원할 파일이 있는 스냅 화면을 선택한 뒤 아래에 있는 [복원]을 클릭합니다.

잠 깐 만 요 ─────

Finder 사이드바에서 복구할 파일이 있는 폴더를 선택할 수도 있습니다.

4 복원이 완료되면 Time Machine 스냅 화면에서 선택한 파일이 복원된 것을 확인할 수 있습니다.

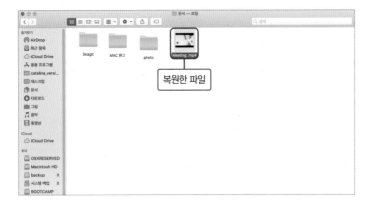

Time Machine 백업으로 시스템 복원하기

파일이나 폴더뿐만 아니라 시스템에 문제가 생겼을 때 문제없이 동작했던 시점으로 전체 시스템을 복원할 수도 있습니다. 외장 디스크에 Time Machine 백업을 저장하고 있다면 해당 디스크를 연결한 뒤 시스템 복원을 시작해야 합니다.

단, Time Machine으로 시스템을 복원할 때 주의할 점이 있습니다. 특정한 날짜나 시간으로 복원하면 시동 디스크에 있던 자료까지도 복원 시점으로 되돌리기 때문에 복원 지점 이후의 자료나 Time Machine 백업에 포함시키지 않았던 자료까지 복원하려면 필요한 자료를 직접 백업해 놓은 뒤 시스템을 복원해야 합니다.

1 macOS를 복구 모드로 시스템을 재시작합니다. 복구 모드가 시작되면 [Time Machine 백업으로부터 복원]을 선택하고 [계속]을 클릭합니다.

잠깐만요
복구 모드로 시스템을 시작하려면 macOS를 재시작하며 화면에 Apple 로고가 표시될 때까지 `command`+`R`키를 누르고 있으면 됩니다.

2 시스템 복원에 대한 간단한 설명이 나타납니다. [계속]을 클릭하세요.

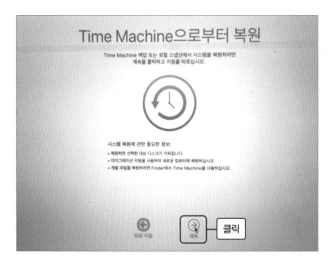

3 Time Machine 백업이 저장된 디스크를 선택한 후 [계속]을 클릭합니다.

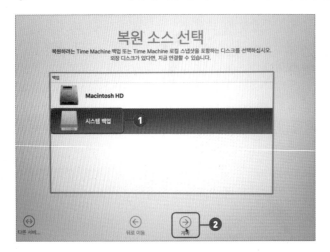

4 Time Machine 백업 중에서 원하는 복원 시점을 선택하고 [계속]을 클릭합니다.

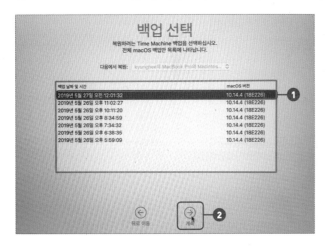

5 복원할 대상인 시동 디스크를 선택하고 [복원]을 클릭합니다.

6 시스템을 복원하면 디스크가 지워지고 백업 내용을 복원됩니다. 복원 지점 이후의 자료나 백업에 제외한 자료가 있다면 따로 백업한 뒤 [디스크 지우기]를 클릭해서 복원을 시작하면 됩니다.

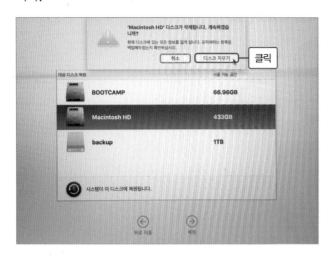

잠 깐 만 요

필요한 자료를 백업해 놓지 않았다면 [취소]를 클릭해 시스템 복원을 취소했다가 자료를 백업한 후에 다시 시스템을 복원하면 됩니다.

마이그레이션으로 데이터 옮기기

새로운 Mac을 구입했다면 이전 Mac의 Time Machine 백업 데이터를 새로운 Mac으로 옮길 수 있습니다. 마이그레이션 기능을 사용하면 기존 Mac의 사용자 계정이나 앱, 각종 앱으로 작성한 문서와 파일, 설정 등 새로운 Mac을 구입한 뒤 새로 설치해야 하는 앱이나 변경해야 하는 각종 설정을 한꺼번에 옮길 수 있습니다. 마이그레이션을 사용하려면 데이터를 주고받는 두 대의 Mac이 케이블로 연결되어 있거나 같은 네트워크에 연결되어 있어야 하며 같은 버전의 macOS여야 합니다.

시스템
관리하기

Mac을 사용하다 보면 저장 공간이 부족해지거나 갑자기 시스템
이 느려질 때가 있습니다. 이번에는 macOS에서 시스템 정보를
확인하고 부족한 저장 공간을 확보하는 등 macOS의 시스템을
관리하고 설정을 변경하는 방법을 알아봅니다.

01 | 하드 디스크 정리하기

macOS는 사용했던 모든 파일이 시스템에 저장되기 때문에 Windows에 비해 하드 디스크가 더 빨리 채워집니다. 현재 하드 디스크를 얼마나 사용하고 있는지 확인하고, 불필요한 파일을 삭제해서 하드 디스크 공간을 확보하는 방법에 대해 알아보겠습니다.

남은 저장 공간 확인하기

[🍎]-[이 Mac에 관하여]를 선택한 뒤 [저장 공간] 탭을 클릭합니다.

하드 디스크 전체 용량과 얼마나 사용했는지, 그리고 남은 용량이 얼마인지를 막대 그래프로 확인할 수 있습니다. 막대 그래프의 항목 위로 마우스 포인터를 올려놓으면 어떤 항목이 얼마나 차지하고 있는지 알려 주는 말풍선이 표시됩니다.

막대 그래프 오른쪽 위에 있는 [관리]를 클릭하면 하드 디스크에서 사용하고 있는 항목의 구체적인 내용을 확인할 수 있습니다.

추천 작업

하드 디스크 공간을 확보할 수 있는 추천 항목으로 표시합니다. 여기에서 추천하는 방법으로도 공간 확보가 어렵다면 사이드바에 표시된 항목을 선택하여 확인해 보세요.

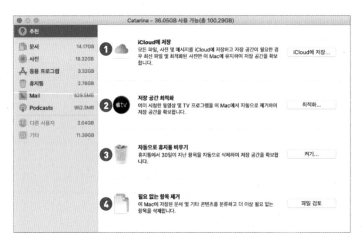

❶ iCloud에 저장 : iCloud를 설정해 놓았다면 [iCloud에 저장]을 클릭해 iCloud에 자료를 백업해 둘 수 있습니다.

❷ 저장 공간 최적화 : [최적화]를 클릭하면 Apple TV에서 시청한 동영상이나 최근에 발송한 이메일의 첨부 파일만 유지하고 삭제합니다.

❸ 자동으로 휴지통 비우기 : [켜기]를 클릭하면 휴지통에 있는 파일이나 폴더 등의 항목 중 30일이 지난 항목을 자동으로 삭제합니다.

❹ 필요 없는 항목 제거 : [파일 검토]를 클릭하면 하드 디스크에 저장된 항목을 검토하여 불필요한 것을 삭제합니다.

문서 정리하기

사이드바에서 '문서' 항목을 선택하면 하드 디스크에 저장된 다양한 문서를 확인하고 삭제할 수 있습니다. 용량이 큰 문서부터 삭제하는 것이 하드 디스크의 공간을 확보하는 데 도움이 됩니다.

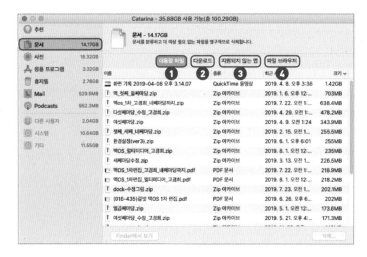

❶ 대용량 파일 : 문서 중 용량이 큰 파일만 모아서, 크기순으로 나열합니다. 용량이 큰 파일 중에서 필요하지 않은 것이 있다면 이런 파일부터 삭제해 보세요. 삭제하려는 파일을 선택한 후 화면 오른쪽 아래에 있는 [삭제]를 클릭하면 됩니다.

❷ 다운로드 : 인터넷에서 다운로드한 파일을 크기순으로 나열합니다. 특히 인터넷에서 다운로드한 설치 파일은 크기가 크면서도, 한번 설치하고 나면 다시 사용하지 않는 경우가 많죠. 대부분의 설치 파일은 다시 다운로드할 수 있으니 크기가 큰 설치 파일부터 삭제해 보세요.

❸ 지원되지 않는 앱 : 시스템에 설치는 되어 있지만 macOS에서 지원하지 않는 앱이 있을 경우 여기에 표시됩니다. 사용할 수 없는 앱이므로 삭제해서 하드 디스크 공간을 확보할 수 있습니다.

❹ 파일 브라우저 : 하드 디스크에 있는 파일을 폴더별로 살펴보면서 필요 없는 파일을 확인하고 삭제할 수 있습니다.

사진 정리하기

사진의 경우 [사진 열기]를 클릭해 공간을 확보합니다. 247쪽에서 설명하는 방법으로 사진 보관함을 외장 디스크로 백업하거나 아예 외장 하드 디스크에 사진 보관함을 만들 수도 있습니다.

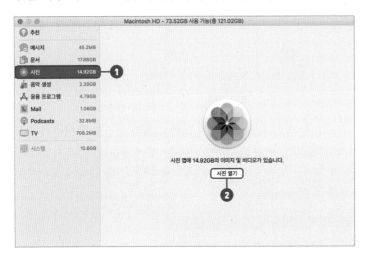

잠 깐 만 요 ─────────
사진 앱의 환경설정에서 iCloud로 사진을 백업할 수도 있습니다.

응용 프로그램 삭제하기

macOS의 기본 앱을 비롯해 직접 설치한 앱 중 사용하지 않는 앱이 있다면 삭제해 공간을 확보할 수 있습니다. 앱 목록이 크기순으로 나열되어 있으니 용량이 큰 것부터 삭제하는 것이 좋겠죠?

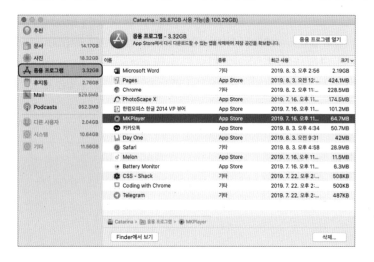

잠 깐 만 요 ─────────
직접 설치한 앱 중 일부는 언인스톨러 (uninstaller)를 사용해야 앱과 관련 파일을 완벽하게 삭제할 수 있는 앱도 있습니다.

휴지통 비우기

휴지통으로 보낸 폴더나 파일 등의 항목은 휴지통을 비우기 전까지 계속 공간을 차지하기 때문에 하드 디스크 공간을 확보하기 위해 가장 먼저 휴지통을 비우는 것이 좋습니다. 휴지통에 있는 항목 중 삭제할 항목만 선택한 뒤 [삭제]를 클릭하거나 [휴지통 비우기]를 클릭해 휴지통에 있는 모든 항목을 한꺼번에 삭제할 수 있습니다.

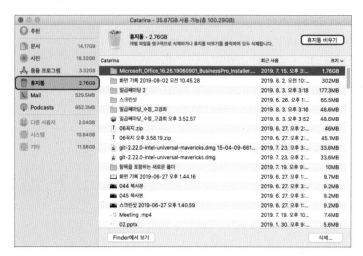

잠 깐 만 요 ─────────────────────────────────
Dock에 있는 휴지통 아이콘을 control +클릭한 후 [휴지통 비우기]를 선택해도 됩니다.

Mail 공간 줄이기

Mail 앱에서 첨부 파일이 있는 메일을 확인하면 첨부 파일을 실행하지 않아도 기본적으로 첨부
파일이 다운로드되기 때문에 그만큼 공간을 차지하게 됩니다. 첨부 파일이 차지하는 공간이 많
을 경우 저장 공간 최적화를 실행할 때 [자동으로 첨부 파일 다운로드 안 함]을 클릭하면 첨부
파일이 차지하는 공간을 절약할 수 있습니다.

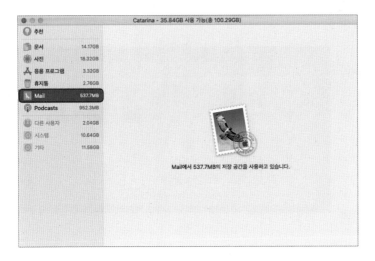

팟캐스트 정리하기

팟캐스트를 들으면 하드 디스크에 팟캐스트 에피소드가 저장됩니다. 나중에 다시 다운로드할
수 있는 에피소드가 있다면 목록에서 삭제해 하드 디스크 공간을 확보할 수 있습니다.

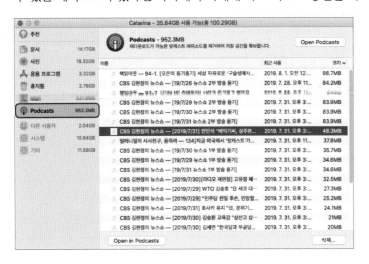

02 | 활성 상태 확인하기

macOS에서 다양한 앱을 실행하여 작업하는 중 갑자기 시스템이 느려진다면 활성 상태 보기를 확인해 보세요. 활성 상태 보기에서는 현재 시스템에서 어떤 앱이 실행되어 있고 CPU나 메모리를 어떻게 사용하고 있는지 확인할 수 있습니다.

활성 상태 보기

활성 상태 보기는 Launchpad 의 [기타]-[활성 상태 보기]에 서 실행할 수 있습니다.

활성 상태 보기가 실행되면 윈도우의 '프로세스 이름' 열에 현재 실행 중인 앱 이름이 표시됩니다. 활성 상태 보기 윈도우의 목록은 5초마다 자동으로 업데이트됩니다. 그리고 활성 상태 보기 윈도우 위의 탭을 선택하면 다양한 정보를 확인할 수 있습니다.

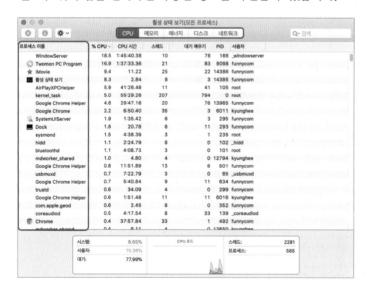

CPU 사용량 보기

[CPU] 탭을 클릭하면 각각의 프로세스가 CPU를 얼마나 사용하고 있는지 확인할 수 있습니다. CPU를 많이 차지하고 있는 프로세스 순서대로 나열됩니다.

잠깐만요 ──────
사용자가 앱이라고 부르는 것을 시스템 입장에서는 '프로세스'라고 합니다.

목록의 여러 열 중에서 마지막에 있는 '사용자' 열에는 사용자 이름이 표시된 것과 그렇지 않은 것들이 섞여 있죠? 여기에서 사용자 이름으로 표시된 것은 사용자가 실행한 프로세스이고, 그외의 항목은 macOS 시스템에서 실행한 것입니다.

활성 상태 보기 윈도우 아래에서 '시스템'과 '사용자' 항목을 보면 앱이 CPU를 얼마나 차지하고 있는지, 그리고 사용하지 않고 '대기' 중인 CPU가 얼마나 되는지를 확인할 수 있습니다.

목록에서 프로세스 이름을 더블클릭하거나 프로세스 이름을 선택한 후 도구 막대에서 ⓘ를 클릭하면 해당 프로세스에 대한 정보가 표시됩니다.

▲ 프로세스 정보

프로세스 종료하기

사용하지 않거나 CPU를 많이 차지하는 프로세스가 있다면 해당 프로세스를 종료할 수 있습니다. 프로세스를 종료하면 저장되지 않은 프로세스 자료는 삭제되므로 주의해야 합니다. 시스템에서 사용 중인 프로세스는 종료하지 마세요.

프로세스를 종료하려면 목록에서 프로세스 이름을 선택한 후 도구 막대에서 ⊗를 클릭합니다.

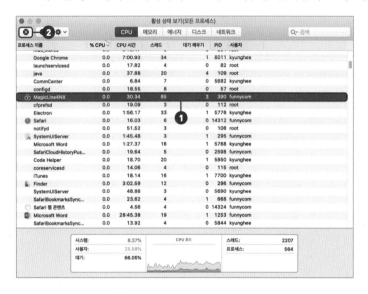

종료할 것인지 물어보는 상자가 나타나면 [종료]를 클릭합니다. 간혹 다른 프로세스와 연결되어 있어서 종료되지 않는 앱이 있는데, 이런 앱은 [강제 종료]를 클릭해서 종료합니다.

메모리 사용량 확인하기

[메모리] 탭을 클릭하면 각 프로세스가 사용하고 있는 메모리를 확인할 수 있습니다. 목록에는 메모리를 많이 차지하는 프로세스부터 순서대로 표시됩니다. 특히 활성 상태 보기 윈도우 아래에는 메모리 사용량이 그래프로 표시됩니다. 그래프가 녹색이라면 메모리를 효율적으로 사용하고 있다는 것이고, 그래프가 노란색이라면 메모리가 부족해질 수도 있다는 것이며, 그래프가 빨간색이라면 메모리를 추가해야 한다는 것입니다.

메모리가 부족할 경우 프로세스 목록에 있는 프로세스를 종료해서 메모리를 확보할 수 있습니다.

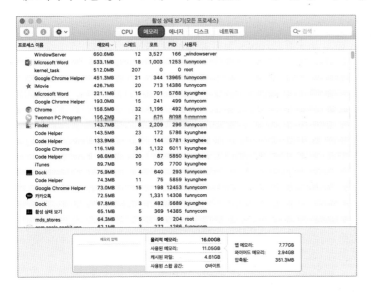

에너지 사용량 보기

[에너지] 탭을 클릭하면 전체 에너지 사용량과 각 앱에서 사용한 에너지를 표시합니다. MacBook에 전원이 연결되어 있지 않은 상태에서 에너지 사용량이 많은 앱을 실행하면 배터리 소모가 빨라집니다. 평균 에너지 사용량이 많거나 최근에 가장 많은 에너지를 사용하는 앱을 종료하면 배터리를 좀 더 오래 사용할 수 있습니다.

잠 깐 만 요
'App Nap'은 앱이 실행되어 있지만 사용하지 않을 경우 잠자기 상태로 바꾸는 기능입니다.

디스크 활성 상태 보기

[디스크] 탭을 클릭하면 실행 중인 앱이 디스크에서 얼마만큼의 자료를 디스크에서 읽고 기록했는지 확인할 수 있습니다. 앱이 디스크에서 차지하는 크기를 보여 주는 탭은 아닙니다.

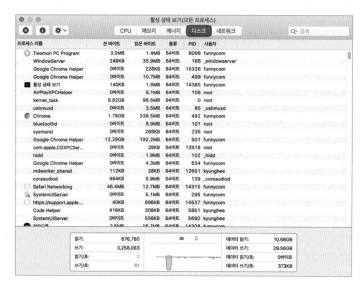

네트워크

[네트워크] 탭은 그 이름에서도 알 수 있는 것처럼 실행 중인 앱에서 네트워크와 주고받은 데이터 양과 패킷을 보여 줍니다.

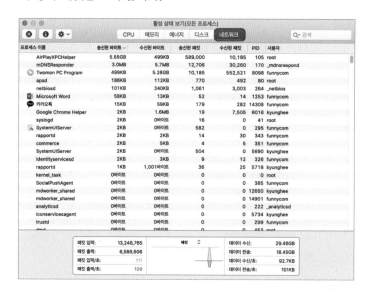

03 | 암호 저장소, iCloud 키체인 사용하기

Mac에 로그인할 때부터 무선 네트워크(Wi-Fi)에 연결하고 사이트에 로그인할 때 등 하루에도 몇 번씩 입력해야 하는 암호를 기억하는 것이
어렵다면 macOS의 키체인을 사용해 보세요.

iCloud 키체인은 macOS와 iOS 및 iPadOS에서 사용하는 다양한 암호를 iCloud에 저장한 것
입니다. 사용자의 암호가 iCloud에 저장되기 때문에 같은 Apple ID를 사용하는 Apple 기기에
서 로그인할 때 편리하게 사용할 수 있습니다.

iCloud 키체인을 사용하려면 우선 iCloud 환경설정에서 '키체인'이 설정되어 있어야 합니다.
[ ]-[시스템 환경설정]-[Apple ID]를 차례로 선택한 후 '키체인'을 체크합니다.

잠 깐 만 요
iPhone이나 iPad와 같은 iOS 및 iPadOS에서 키체인을 사
용하려면 iCloud의 '키체인'을 '켬'으로 설정해야 합니다.

키체인을 사용할 경우 사이트에 로그인할 때 입력한 로그인 정보와 암호가 iCloud 키체인에 저
장됩니다. 사이트 로그인 정보를 입력한 뒤 를 클릭하고 [이 암호 저장]을 선택하면 해당 로
그인 정보가 iCloud 키체인에 저장되어 Apple ID를 사용하는 다른 기기에서 다시 로그인할 때
로그인 정보를 입력하지 않아도 저장된 로그인 정보를 불러와 로그인할 수 있습니다.

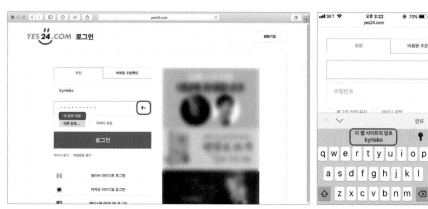

▲ macOS에서 암호 저장하기   ▲ 저장된 암호를 iOS에서 자동 입력하기

macOS는 Windows에 비해 기본 제공되는 한글 서체(폰트)가 많지 않지만 언제든 사용자가 원하는 서체를 추가하여 사용할 수 있습니다. 이번에는 macOS에 서체를 추가하는 방법에 대해 알아봅니다.

서체 정보 살펴보기

지금 사용하고 있는 macOS의 서체 정보는 서체 관리자에서 확인할 수 있습니다. 서체 관리자를 실행하려면 Launchpad의 '기타' 폴더에서 [서체 관리자]를 클릭합니다.

서체 관리자 윈도우의 왼쪽 사이드바에는 분류, 가운데에는 서체 목록, 오른쪽에는 서체 미리보기가 표시됩니다. 서체 목록에는 나의 macOS에서 사용할 수 있는 서체 목록이 표시되는데 서체 목록의 서체 이름 앞에 있는 [▶]를 클릭하면 서체에 포함된 여러 스타일을 볼 수 있습니다. 각 서체를 클릭하면 오른쪽에 해당 서체에 대한 미리보기가 표시됩니다.

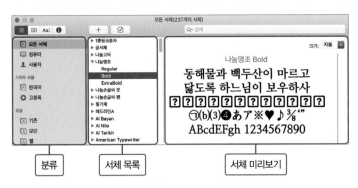

분류   서체 목록   서체 미리보기

 서체 관리자의 다양한 미리보기

서체 관리자에서 서체를 선택하면 어떤 형태인지 미리 살펴볼 수 있는 미리보기 기능을 제공하는데, 여러 형태로 미리 살펴볼 수 있습니다.

▲ 샘플

▲ 문자 목록

▲ 사용자화   ▲ 정보

샘플 ≡ : 선택한 서체의 한글, 한자, 영어의 미리보기 샘플을 표시합니다.

문자 목록 ⊞ : 선택한 서체로 사용할 수 있는 문자와 기호를 표시합니다. 오른쪽에 있는 슬라이드 막대를 움직여 글자 크기를 조절할 수 있습니다.

사용자화 Aa! : 미리보기 영역에 원하는 텍스트를 입력해서 선택한 서체를 미리 확인할 수 있습니다.

정보 ⓘ : 서체 종류, 지원 언어 저작권 등 서체 관련 정보를 확인할 수 있습니다.

서체 설치 및 추가하기

서체 관리자 사이드바의 [한국어]를 클릭하면 현재 사용할 수 있는 모든 한글 서체들이 표시됩니다. 현재 서체 외에 새로운 서체를 추가하려면 인터넷에서 제공되는 서체를 유/무료로 다운로드하고 설치하면 사용할 수 있습니다.

1 네이버 소프트웨어(https://software.naver.com/) 사이트로 접속한 후 메뉴에서 [카테고리]–[폰트]를 차례로 선택하면 여러 가지 폰트를 무료로 다운로드할 수 있습니다. 목록 위의 를 클릭하면 Mac용 폰트만 확인할 수 있습니다.

2 폰트 목록에서 마음에 드는 폰트를 찾았다면 해당 폰트를 클릭한 뒤 [다운로드]를 클릭합니다. 사용 범위와 OS를 확인하라는 알림 창이 나타나면 [확인 후 다운로드]를 한 번 더 클릭합니다.

잠 | 깐 | 만 | 요 ————
[사용범위 자세히 보기]를 클릭하여 사용범위를 확인하고 반드시 사용권한에 맞게 사용해야 합니다.

3 다운로드한 폰트는 Finder의 '다운로드' 폴더에서 확인할 수 있습니다.

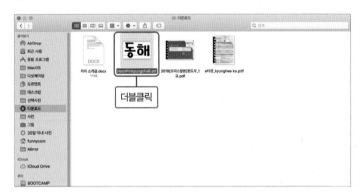

더블클릭

4 다운로드한 서체 파일을 더블클릭하면 서체 정보 윈도우가 표시되면 [서체 설치]를 클릭합니다.

클릭

5 서체 관리자가 실행되면서 자동으로 서체가 설치됩니다. 서체 관리자 윈도우의 사이드바에서 [사용자]를 선택하면 사용자가 추가한 서체만 골라서 볼 수 있습니다.

잠 깐 만 요

서체 관리자 윈도우의 도구 막대에서 ⊞를 클릭하여 다운로드해 놓은 서체 파일을 선택한 뒤 [열기]를 선택해도 서체를 설치할 수 있습니다.

서체 활성화/비활성화하기

문서 작업을 하며 서체를 바꿀 때, 서체 목록에 너무 많은 서체가 표시되어 원하는 서체를 선택하는 것이 번거롭다면 서체 목록에 원하는 서체만 표시되도록 자주 사용하지 않는 서체를 비활성화할 수 있습니다.

서체 관리자 윈도우의 서체 목록에서 비활성화할 서체를 선택한 후 도구 막대에서 ☑를 클릭합니다.

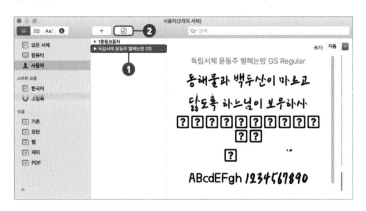

잠 깐 만 요

macOS의 기본 서체는 비활성화할 수 없도록 보호되어 있습니다.

비활성화할 것인지 묻는 상자가 나타나면 [비활성화]를 클릭합니다. 이 화면에서 '다시 묻지 않음'에 체크하면 다음 비활성화할 때는 현재의 확인 상자가 나타나지 않습니다.

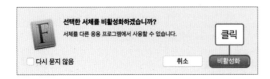

서체가 비활성화되면 서체 목록에서 서체가 회색으로 표시되고 서체 이름 옆에 '끔'이라고 표시됩니다.

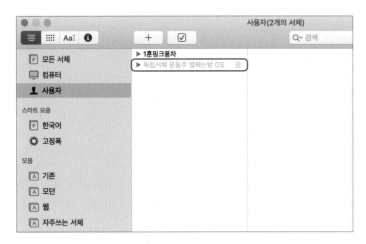

비활성화했던 서체를 다시 활성화하려면 비활성화된 서체를 선택한 후 서체 목록 위에 있는 □ 을 클릭합니다.

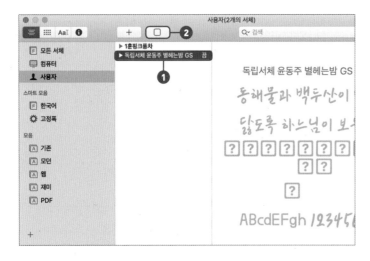

서체 삭제하기

더 이상 사용하지 않는 서체는 삭제할 수도 있습니다. 서체를 삭제하려면 서체 관리자에서 삭제할 서체를 control+클릭한 뒤 ['###' 서체 목록 제거]를 선택합니다. 여기에서 '###'는 선택한 서체 이름입니다.

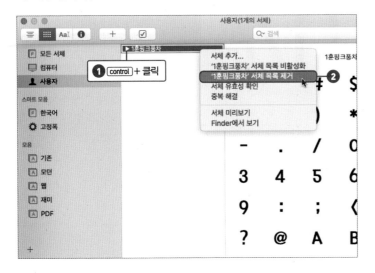

사용자 계정 관리하기

macOS에는 처음 등록한 사용자 계정 외에도 새로운 사용자 계정을 추가할 수 있고 필요할 때마다 사용자를 전환해서 사용할 수 있습니다. 여기에서는 사용자 계정을 추가하고 전환하는 방법과 함께 자동 로그인하는 방법 등을 살펴보겠습니다.

01 | 사용자 계정 추가하기

Mac을 처음 시작할 때 등록한 사용자 계정 외에도 한 대의 Mac을 여러 사람이 사용하거나 Mac에서 다양한 작업을 한다면 사용자 계정을 추가할 수 있습니다. Mac에 사용자 계정을 추가하는 방법을 알아보겠습니다.

1 [🍎]-[시스템 환경설정]을 선택하고 [사용자 및 그룹]을 클릭합니다.

2 중요한 설정 정보는 자물쇠로 잠겨 있기 때문에 설정을 변경하려면 왼쪽 아래에 있는 자물쇠🔒를 클릭한 후 현재 사용자 계정의 암호를 입력하고 [잠금 해제]를 클릭합니다.

3 잠금을 해제한 뒤 사용자 계정 목록 아래에 있는 ⊞을 클릭합니다.

4 새로운 계정에서 원하는 유형을 선택한 후 사용자 이름, 암호 등의 항목을 입력하고 [사용자 생성]을 클릭합니다. 사용자 계정의 유형별 특징은 다음과 같습니다.

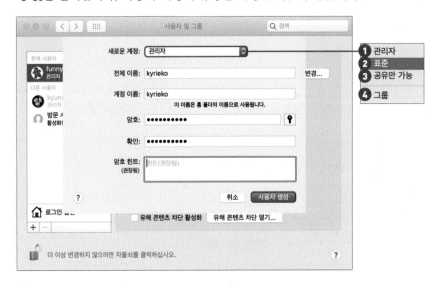

❶ 관리자 : 다른 사용자를 추가하고 관리할 수 있고 앱 설치와 설치한 앱의 설정, 시스템 설정을 변경할 수 있습니다.

❷ 표준 : 새로운 계정의 기본값으로 앱 설치와 설치한 앱의 설정을 변경할 수 있지만 다른 사용자를 추가하거나 변경할 수 없습니다.

❸ 공유만 가능 : 공유 파일에 접근할 수 있지만, 컴퓨터에 로그인하거나 설정을 변경할 수 없습니다.

❹ 그룹 : 여러 사용자를 하나의 그룹으로 추가한 후, 해당 그룹 안의 모든 사용자를 같은 사용자 계정 유형으로 설정할 수 있습니다.

5 추가한 사용자 계정이 사용자 계정 목록에 표시됩니다.

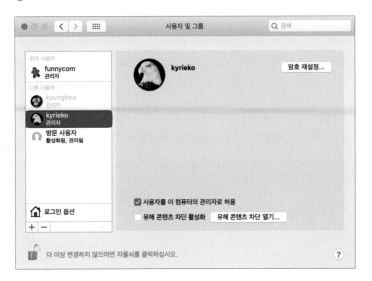

표준 사용자를 관리자로 허용하기

사용자 계정을 추가할 때 표준 사용자로 지정했어도 나중에 관리자로 변경할 수 있습니다. 먼저 사용자 및 그룹 윈도우에서 🔒를 클릭해 잠금을 해제하세요. 사용자 계정 목록에서 관리자로 변경할 표준 사용자 계정을 선택한 뒤 '사용자를 이 컴퓨터의 관리자로 허용'에 체크합니다. 컴퓨터를 재시동해야 변경사항이 적용된다는 알림 상자가 나타나면 [확인]을 클릭합니다. 변경 후 Mac을 재시동하면 표준 유형이었던 사용자 계정이 관리자로 변경됩니다.

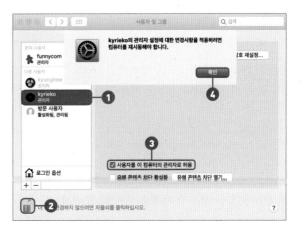

사용자 계정을 추가하면 Mac에 로그인할 때 원하는 사용자 계정을 선택할 수 있고 이미 Mac에 로그인한 뒤에도 다른 사용자 계정으로 쉽게 전환할 수 있습니다.

상태 메뉴에는 지금 Mac에 로그인한 사용자 계정이 표시됩니다. 다른 사용자 계정으로 전환하려면 상태 메뉴에서 사용자 계정을 클릭한 뒤 전환하려는 사용자 계정을 선택합니다.

선택한 사용자 계정의 암호를 입력하고 return 키를 누르면 전환한 사용자 계정으로 로그인되며 새로운 작업 화면이 나타납니다. 메뉴 막대의 상태 표시줄에는 전환한 사용자 계정이 표시됩니다.

잠 깐 만 요 ─────────────────────────────────────
추가한 사용자 계정으로 처음 로그인한 경우 Mac 설정이 진행됩니다.

상태 메뉴에 있는 사용자 계정을 클릭해 보세요. 사용자 계정 앞에 ✅가 표시되어 현재 로그인 되어 있는 사용자 계정을 확인할 수 있습니다. 로그인한 다른 사용자 계정을 클릭하면 선택한 사용자 계정으로 전환할 수 있습니다.

여러 사용자 계정을 사용할 경우 사용자 계정 사진을 변경하면 각각의 사용자를 계정 사진으로 쉽게 구분할 수 있습니다.

1 사용자 및 그룹 윈도우의 [암호] 탭에서 사용자 계정 사진 위로 마우스 포인터를 올리면 표시되는 [편집]을 클릭합니다.

2 사진 앱에 추가한 이미지를 선택할 수도 있습니다. 사이드바에서 [사진]을 클릭하여 원하는 이미지를 선택한 뒤 [다음]을 클릭합니다.

유지/관리

사용자 계정

> **잠 깐 만 요**
> 사이드바에서 [기본]을 클릭하면 기본으로 제공하는 이미지를 선택할 수 있고, 카메라나 Photo Booth를 클릭하면 직접 사진을 찍어 사용자 계정 사진으로 추가할 수 있습니다.

3 선택한 사진을 조절하여 원 안에서 표시할 위치를 선택한 뒤 [저장]을 클릭하면 변경된 사용자 계정 사진을 확인할 수 있습니다.

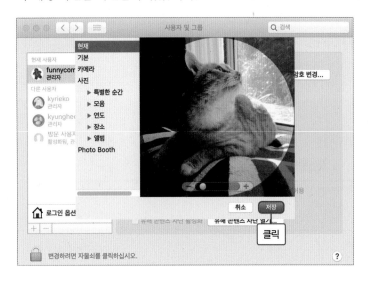

04 | 자동 로그인 설정하기

macOS에 로그인하려면 사용자 계정의 암호를 입력해야 합니다. macOS에 로그인할 때마다 암호를 입력하는 것이 번거롭다면 자동으로 로그인되도록 설정할 수 있습니다.

1 [⌘]-[시스템 환경설정]을 선택한 후 [사용자 및 그룹]을 클릭합니다. 사용자 및 그룹 윈도우 아래에 있는 🔒를 클릭하고 현재 사용자 암호를 입력한 후 [잠금 해제]를 클릭합니다.

2 사용자 목록 아래에 있는 [로그인 옵션]을 클릭하면 오른쪽에 로그인 관련 설정 항목이 표시됩니다. 그중에서 '자동 로그인' 목록을 펼쳐 자동 로그인을 설정할 사용자 계정을 선택합니다.

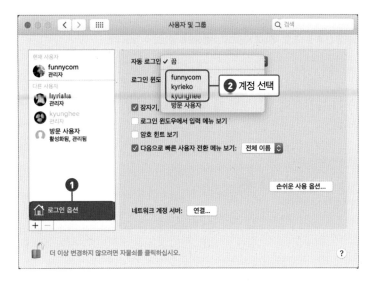

3 자동 로그인을 설정할 사용자 계정의 암호를 입력하고 [확인]을 클릭합니다. 이제부터 자동 로그인을 설정한 계정으로 로그인할 때에는 암호를 입력하지 않더라도 자동으로 로그인됩니다.

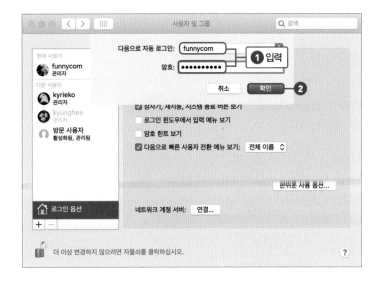

잠 깐 만 요 ────────────────────

Touch ID 기능이 있는 MacBook의 경우 자동 로그인을 설정하면 Touch ID가 비활성화됩니다.

유지/관리

사용자 계정

Mac에서 매일 혹은 자주 사용하는 앱은 시스템을 켠 후 로그인할 때마다 자동으로 실행하도록 설정할 수 있습니다.

1 [시스템 환경설정]-[사용자 및 그룹]에서 현재 사용자 계정을 선택한 후 [로그인 항목] 탭을 클릭합니다. 선택되어 있는 사용자 계정으로 로그인할 때 자동으로 실행할 앱을 지정하기 위해 목록 아래에 있는 +를 클릭합니다.

2 여기에서는 Mail 앱을 추가해 보겠습니다. Finder 사이드바에서 [응용 프로그램]을 클릭한 뒤 Mail 앱을 선택하고 [추가]를 클릭합니다.

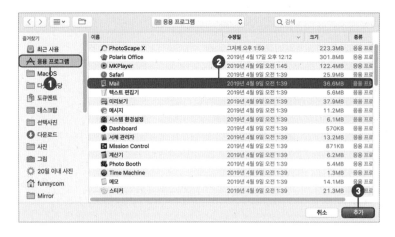

잠깐만요 ────
'응용 프로그램' 폴더에 없는 앱은 추가하려는 앱이 있는 폴더에서 실행 파일을 선택하면 됩니다.

3 로그인 항목 목록에 방금 추가한 Mail 앱이 표시됩니다. 추가한 Mail 앱의 '가리기' 열의 체크 상자를 클릭해 체크하면 Mac에 로그인할 때 Mail 앱이 백그라운드에서만 자동 실행됩니다.

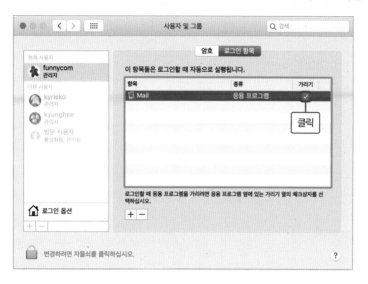

잠 깐 만 요 ───
'가리기' 열에 체크하지 않은 앱은 Mac에 로그인할 때 데스크탑 화면에 앱 윈도우가 표시됩니다.

4 추가했던 앱의 자동 실행을 중단하려면 해당 앱을 선택한 후 목록 아래에 있는 ─를 클릭합니다.

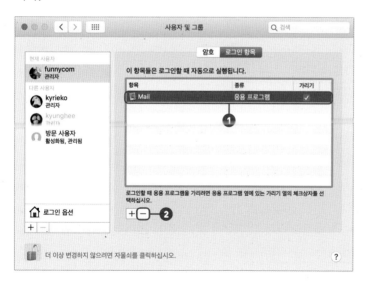

사용자 계정 암호 변경하기

1 사용자 계정 목록에서 암호를 변경할 사용자 계정을 선택한 뒤 [암호 변경]을 클릭합니다.

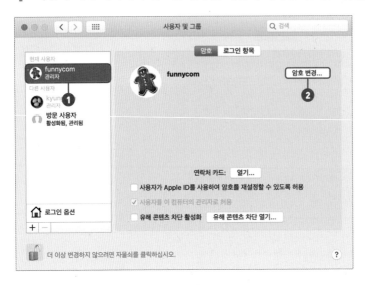

2 '이전 암호'에 기존의 암호를 입력하고 '새로운 암호'와 '확인'에 변경하려는 암호를 각각 입력한 후 [암호 변경]을 클릭합니다. 암호를 잊을 경우를 대비해 '암호 힌트' 항목에 암호를 떠올릴 수 있는 힌트를 적어 두는 것이 좋습니다. 암호를 변경한 후 Mac에 로그인할 때 새 암호를 사용합니다.

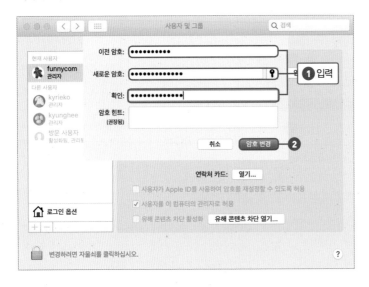

macOS에 로그인할 때 암호를 입력해야 하는데, 오랫동안 Mac을 사용하지 않아 로그인 암호를 잊었거나 새로 변경한 암호가 기억나지 않을 때 새로운 암호를 지정하는 방법에 대해 알아봅니다.

Apple ID 암호 재설정하기

Apple 사용자 계정을 사용할 경우, 암호를 잊어버렸다면 Apple 사이트에서 새로운 암호를 만들 수 있습니다. https://iforgot.apple.com 사이트에 접속한 뒤 Apple ID를 입력하고 [계속]을 클릭합니다.

> **잠 깐 만 요**
> 둘 이상의 사용자 계정을 사용하고 있다면 로그인이 가능한 다른 계정으로 로그인한 후 암호를 잊은 계정의 암호를 변경할 수도 있습니다.

유지/관리

사용자 계정

사용자가 설정한 Apple ID의 보안 단계를 따라 본인 확인 과정이 달라집니다. 화면의 안내에 따라 인증을 거친 후 새로운 암호를 지정합니다. 암호를 새로 만든 후에는 새 암호로 macOS에 로그인할 수 있습니다.

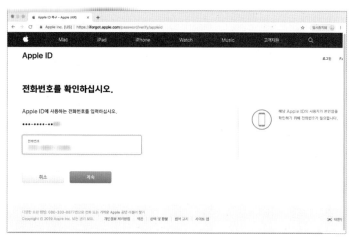

▲ 본인 확인

다른 사용자 계정으로 암호 재설정하기

Mac에서 여러 사용자 계정을 사용하고 있다면 다른 계정으로 로그인한 후 암호를 잃어버린 계정의 암호를 새로 만들 수 있습니다. 단 로그인할 수 있는 사용자 계정이 '관리자' 계정이어야 합니다.

1 로그인할 수 있는 다른 관리자 계정으로 로그인한 후 시스템 환경설정 윈도우에서 [사용자 및 그룹]을 선택합니다. 🔒를 클릭한 후 현재 사용자 계정의 암호를 입력하고 [잠금 해제]를 클릭합니다.

2 사용자 목록에서 암호를 재설정할 계정을 선택한 후 [암호 재설정]을 클릭합니다.

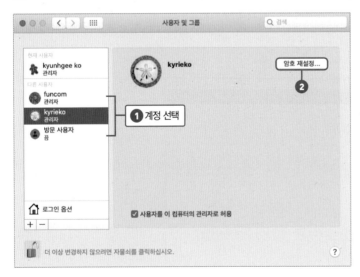

3 새로운 암호를 입력하고 [암호 변경]을 클릭합니다. 이제부터 변경한 암호를 사용해 로그인할 수 있습니다.

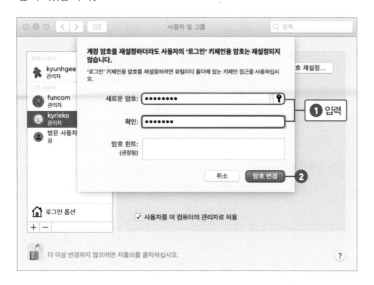

Apple ID가 아닐 경우 암호 재설정하기

MacOS 로그인에 Apple 계정이 아닌 다른 계정을 사용할 경우 복구 모드에서 암호를 재설정할 수 있습니다.

1 macOS를 복구 모드로 시스템을 재시작합니다. 복구 모드로 시스템을 시작하려면 macOS를 재시작하며 화면에 Apple 로고가 표시될 때까지 [command]+[R]키를 누르고 있으면 됩니다. 복구 모드의 메뉴 막대에서 [유틸리티]-[터미널]을 선택합니다.

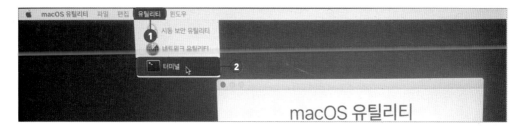

2 터미널 윈도우에 'resetpassword'라고 입력한 뒤, [return]키를 누릅니다.

3 사용자 계정 중 관리자 계정이 둘 이상이라면 로그인 가능한 다른 관리자 계정을 통해 로그인할 수 있습니다. 모든 암호가 기억나지 않거나 관리자 계정이 하나라면 [모든 암호를 잊어버렸습니까?]를 클릭합니다.

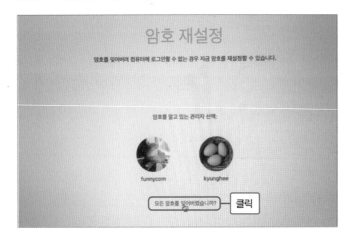

4 복구 모드에서 암호를 재설정할 때는 시스템에 있는 모든 사용자 계정의 암호를 변경해야 합니다. 사용자 계정 오른쪽의 [암호 설정]을 클릭합니다.

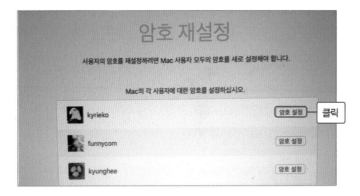

5 새로운 암호를 입력하고 [암호 설정]을 클릭합니다. 같은 방법으로 다른 사용자 계정을 모두 변경한 후 [끝내기]를 클릭합니다. 이후 macOS가 다시 시작되고 로그인 화면이 표시되면 변경한 새로운 암호로 로그인할 수 있습니다.

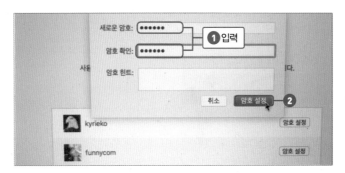

FileVault를 사용한 Mac 암호화

Mac에 저장한 정보를 더 안전하게 관리하고 싶다면 FileVault를 사용해 보세요. FileVault를 켜면 데이터를 암호화하여 더욱 안전하게 자료를 보관할 수 있습니다. 대신 여기에서 생성하는 암호나 복구 키를 잃어버리면 데이터를 잃어버릴 수도 있으므로 신중하게 선택하고, 암호나 복구 키를 잘 보관해야 합니다.

FileVault를 사용하려면 [●]-[시스템 환경설정]-[보안 및 개인 정보 보호]를 차례로 선택한 뒤 [FileVault] 탭을 클릭합니다. ▣를 클릭해 잠금을 해제하고 [FileVault 켜기]를 클릭합니다.

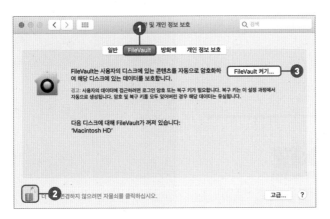

[FileVault 켜기]를 클릭하면 암호화된 데이터에 접근할 때마다 암호를 사용하거나 복구 키를 사용하는데 다음 중 하나를 선택하면 됩니다.

❶ iCloud 계정의 암호를 사용해서 잠금을 해제합니다.
❷ 복구 키를 사용해서 잠금을 해제합니다. 이 항목을 선택하면 암호화된 데이터에 접근할 때 복구 키가 자동으로 만들어집니다. 만일 복구 키를 잊어버리면 데이터를 영영 되돌릴 수 없기 때문에 복구 키는 안전하게 보관해야 합니다.

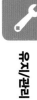

환경설정으로
더 쉽고 편리하게

macOS는 사용자가 자주 사용하는 앱이나 자주 사용하는 기능,
시스템에 연결한 장치에 따라 다양하게 시스템을 설정할 수 있
습니다. 앞에서 Mac의 기본적인 사용법을 살펴보면서 설명했던
설정들 외에 Mac을 좀더 편리하게 사용할 수 있게 해주는 여러
환경설정 기능에 대해 살펴봅니다.

01 | 환경설정 윈도우 살펴보기

⊞ Windows 설정

Mac의 모든 환경은 환경설정 윈도우에서 확인하고 변경할 수 있습니다. Mac에서 환경설정을 자신에 맞게 조절하면 좀더 편리하게 Mac을 사용할 수 있습니다.

환경설정 윈도우

메뉴 막대에서 [🍎]를 클릭한 후 [시스템 환경설정]을 선택하거나 Launchpad에서 [시스템 환경설정]🔘을 클릭하면 시스템 환경설정 윈도우가 표시됩니다.

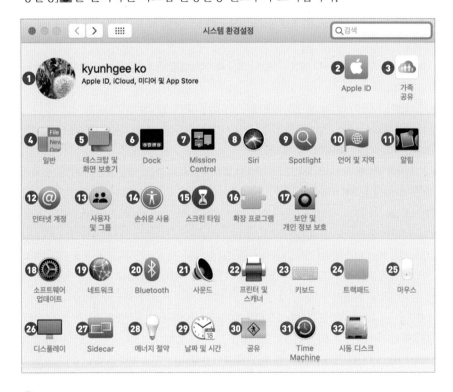

① **로그인 계정** : 현재 Mac에 로그인한 사용자 계정 이름이 표시됩니다.

② **Apple ID** 🍎 : 현재 계정에 연결된 Apple ID를 설정할 수 있습니다. 자세한 내용은 422쪽을 참고하세요.

③ **가족 공유** ☁ : 현재 Apple ID에 가족 계정을 연결해서 iCloud 공간이나 App Store 등을 공유할 수 있습니다.

④ **일반** 🔳 : 일반 시스템 환경설정에서는 macOS의 전체적인 모습이나 작업 환경에 대한 설정을 변경할 수 있습니다. 자세한 내용은 396쪽을 참고하세요.

⑤ **데스크탑 및 화면 보호기** 🔳 : 데스크탑 배경 이미지나 화면 보호기에 대한 설정을 변경할 수 있습니다. 자세한 내용은 397쪽을 참고하세요.

⑥ **Dock** 🔳 : Dock의 아이콘 크기나 최소화 효과 등 Dock의 외형적 모습에 대한 설정을 변경할 수 있습니다. 자세한 내용은 399쪽을 참고하세요.

7 **Mission Control** ▦ : Mission Control을 사용해 표시한 Spaces의 표시, 전환 방법 등의 설정을 변경할 수 있습니다. 자세한 내용은 69쪽과 400쪽을 참고하세요.

8 **Siri** ◉ : macOS의 음성 비서 Siri를 사용해 음성으로 macOS에 작업을 요청할 수 있습니다. Siri가 활성화되면 메뉴 막대와 단축키를 사용해서 Siri를 실행할 수 있습니다.

9 **Spotlight** ◉ : Spotlight를 사용해 Mac을 검색할 때 검색해야 할 대상과 검색에서 제외할 대상에 대한 설정을 변경할 수 있습니다. 자세한 내용은 83쪽과 401쪽을 참고하세요.

10 **언어 및 지역** ▦ : 사용 언어와 지역에 대한 날짜나 시간, 온도 등의 설정을 변경할 수 있습니다. 자세한 내용은 402쪽을 참고하세요.

11 **알림** ▦ : 알림 센터에서 사용할 앱과 알림 표시 방법에 대한 설정을 변경할 수 있습니다. 자세한 내용은 403쪽을 참고하세요.

12 **인터넷 계정** @ : 메일이나 연락처, 캘린더, 메모 등의 앱에서 사용할 인터넷 계정을 추가하거나 삭제합니다. 자세한 설명은 183쪽과 205쪽을 참고하세요.

13 **사용자 및 그룹** ▦ : macOS에 새로운 사용자를 추가하거나 기존 사용자의 권한 등에 설정을 변경합니다. 자세한 내용은 377쪽을 참고하세요.

14 **손쉬운 사용** ◉ : 장애인이나 컴퓨터 조작이 불편한 사용자를 위한 다양한 설정을 변경할 수 있습니다.

15 **스크린 타임** ▦ : 사용자가 Mac을 사용하면 다양한 앱에서 보낸 시간을 기록합니다. 또한 사용을 제한하는 차단 기능이 포함되어 있습니다. 자세한 내용은 404쪽을 참고하세요.

16 **확장 프로그램** ▦ : Mac에 설치된 Apple의 확장 프로그램이나 앱의 확장 프로그램에 대한 설정을 변경할 수 있습니다. 자세한 내용은 408쪽을 참고하세요.

17 **보안 및 개인 정보 보호** ◉ : 사용자의 시스템을 안전하게 유지할 수 있도록 보안이나 개인 정보 보호와 관련된 설정을 변경할 수 있습니다. 자세한 내용은 409쪽을 참고하세요.

18 **소프트웨어 업데이트** ◉ : macOS에 설치된 앱의 업데이트를 확인할 수 있습니다. 자세한 내용은 411쪽을 참고하세요.

19 **네트워크** ◉ : 인터넷 연결을 위한 Wi-Fi 등의 네트워크 환경에 대한 설정을 변경할 수 있습니다. 자세한 내용은 412쪽을 참고하세요.

20 **Bluetooth** ◉ : 휴대폰이나 기기가 가까운 거리에 있을 경우 케이블을 사용하지 않고 무선으로 연결할 수 있습니다. 자세한 내용은 413쪽을 참고하세요.

21 **사운드** ◉ : Mac에서 사용할 사운드 효과나 사운드 입/출력 장치에 대한 설정을 변경할 수 있습니다.

22 **프린터 및 스캐너** ▦ : Mac에 프린터나 스캐너를 연결하거나 연결된 프린터나 스캐너를 확인하고 프린터나 스캐너의 설정을 변경할 수 있습니다. 자세한 내용은 414쪽을 참고하세요.

23 **키보드** ▦ : Mac의 키보드 밝기나 기능 키 등 키보드에 관련된 설정을 변경할 수 있습니다. 자세한 내용은 414쪽을 참고하세요.

24 **트랙패드** ▦ : 트랙패드의 사용 방법을 확인하고 설정을 변경하거나 지정할 수 있습니다. 자세한 방법은 39쪽을 참고하세요.

25 **마우스** ▢ : Bluetooth 마우스나 USB 마우스를 사용할 경우 마우스의 스크롤 방향, 더블클릭 속도 등의 설정을 변경할 수 있습니다. 자세한 내용은 417쪽을 참고하세요.

26 **디스플레이** ▦ : Mac의 해상도와 밝기를 조절하거나 디스플레이 색상 등에 대한 설정을 변경할 수 있습니다. 자세한 내용은 418쪽을 참고하세요.

㉗ Sidecar 🔲 : iPad를 Mac의 보조 모니터로 사용하는 Sidecar 기능과 관련한 설정을 변경할 수 있습니다. 자세한 내용은 79쪽을 참고하세요.

㉘ 에너지 절약 💡 : Mac을 일정 시간 동안 사용하지 않을 때 잠자기 상태로 전환하거나 배터리 절약하기 등 Mac의 에너지 사용에 대한 설정을 변경할 수 있습니다. 자세한 내용은 419쪽을 참고하세요.

㉙ 날짜 및 시간 🕐 : 사용자의 지역을 인식하여 자동으로 시간대를 지정하거나 수동으로 날짜 및 시간을 설정할 수 있습니다. 자세한 내용은 420쪽을 참고하세요.

㉚ 공유 📁 : 같은 네트워크에 있는 컴퓨터나 사용자와 화면이나 파일, 폴더 등의 항목이나 미디어, 프린터 등을 공유할 수 있습니다.

㉛ Time Machine 🕰 : Mac을 백업합니다. 자세한 내용은 349쪽을 참고하세요.

㉜ 시동 디스크 💾 : Mac을 시작할 때 부팅에 사용할 디스크를 선택하거나 시동 디스크에 대한 설정을 변경할 수 있습니다. 자세한 내용은 421쪽을 참고하세요.

시스템 환경설정 검색하기

시스템 환경설정 윈도우에 표시되는 항목 외에 세부 설정 윈도우에서 설정할 수 있는 항목이 많기 때문에 원하는 항목을 찾는 것이 쉽지 않습니다. 이런 경우에는 시스템 환경설정 윈도우에서 원하는 항목을 검색할 수도 있습니다. 만약 배터리 관련 설정을 변경하고 싶다면 시스템 환경설정 검색 상자에 '배터리'라고 입력합니다. 그러면 배터리와 관련된 설정 항목이 있는 아이콘이 밝게 표시됩니다. 검색 결과에서 밝게 표시되는 아이콘이나 검색 상자의 검색 결과를 클릭하면 원하는 설정 윈도우로 바로 이동할 수 있습니다.

유지/관리 | macOS 시스템 환경설정

잠 깐 만 요

시스템 환경설정 윈도우에서 `command` + `F` 키를 눌러도 검색 상자로 이동할 수 있습니다.

시스템 환경설정 윈도우에서 원하는 항목을 클릭하면 해당 항목과 관련된 세부 설정이 표시되고 세부 설정 윈도우의 [모두 보기] ▦ 를 클릭하면 시스템 환경설정 윈도우로 돌아갈 수 있습니다.

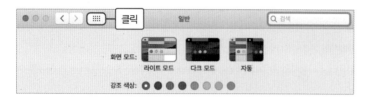

시스템 환경설정에서 설정할 수 있는 각각의 항목과 설정 변경 방법에 대해 알아봅니다. 설정을 변경할 수 있는 항목이 다양하기 때문에 여기서는 중요하거나 자주 변경하는 설정에 대한 내용만 설명합니다.

일반 🗔

일반 시스템 환경설정에서는 macOS의 전체적인 모습이나 작업 환경에 대한 설정을 변경할 수 있습니다. 또한 iPhone이나 iPad 등 다른 Apple 기기에 대한 연속성 기능 설정을 변경할 수도 있습니다.

① **화면 모드** : 메뉴 막대나 앱 윈도우 등의 표시 방법을 선택합니다. 자세한 내용은 56쪽을 참고하세요.

② **강조 색상** : 메뉴 버튼이나 팝업 메뉴 등의 UI 제어 부분의 색상을 선택합니다.

③ **선택 색상** : 텍스트나 아이콘 등을 선택했을 때 표시되는 색상을 선택합니다.

④ **사이드바 아이콘 크기** : 앱 윈도우 사이드바의 아이콘 크기를 선택합니다.

⑤ **자동으로 메뉴 막대 가리기 및 보기** : 마우스 포인터를 메뉴 막대가 있는 위치로 가져갈 때만 메뉴 막대가 표시되도록 설정할 수 있습니다.

⑥ **스크롤 막대 보기** : 스크롤이 있는 윈도우에 스크롤 막대를 표시하거나 감춥니다.

⑦ **스크롤 막대에서 클릭** : 스크롤 막대를 클릭했을 때 실행할 동작을 선택합니다.

⑧ **기본 웹 브라우저** : macOS의 기본 웹 브라우저를 선택할 수 있습니다.

⑨ **문서를 닫을 때 변경사항을 저장할지 묻기** : 변경사항이 있는 문서를 닫을 때 '변경사항을 저장하시겠습니까?'라는 메시지를 표시합니다. 메시지를 표시하지 않으려면 체크를 해제하면 됩니다.

잠 깐 만 요
Safari 외에 다른 웹 브라우저가 설치되어 있을 때만 '기본 웹 브라우저' 팝업 목록에 다른 브라우저가 표시됩니다.

⑩ **앱을 종료하면 윈도우 닫기** : 앱을 실행하면 가장 최근의 문서나 앱 윈도우가 그대로 표시됩니다. 앱을 실행했을 때 새 앱 윈도우를 표시하려면 체크를 해제하면 됩니다.

⑪ **최근 사용 항목** : [**⌘**]–[최근 사용 항목]을 선택했을 때 표시할 앱과 도큐멘트의 개수를 지정할 수 있습니다.

⑫ **이 Mac과 iCloud 기기 간에 Handoff 허용** : 같은 iCloud 계정으로 연결된 Apple 기기 간의 Handoff(연속성 기능)를 사용합니다. 자세한 내용은 101쪽을 참고하세요.

⑬ **사용 가능할 때 부드러운 서체 사용** : 서체의 가장자리를 부드럽게 처리합니다.

데스크탑 및 화면 보호기

데스크탑 및 화면 보호기 환경설정 윈도우에서 [화면 보호기] 탭을 클릭하면 화면 보호기 설정을 변경할 수 있습니다. 왼쪽 창에서 원하는 화면 보호기를 선택하면 오른쪽 미리보기 창에 선택한 화면 보호기의 미리 보기가 표시되는데 화면 보호기에 따라 '소스' 목록에서 화면 보호기로 사용할 사진을 선택하거나 [화면 보호기 옵션]을 클릭해 화면 보호기를 원하는 형태로 설정할 수 있습니다.

▲ '소스' 목록이 있는 화면 보호기　　　　　　▲ '화면 보호기 옵션'이 있는 화면 보호기

잠 깐 만 요
오른쪽 미리보기 창의 미리보기 위로 마우스 포인터를 올리면 표시되는 [미리보기]를 클릭하면 설정한 화면 보호기를 전체 화면으로 확인할 수 있습니다.

1 화면 보호기 시작하기 : 화면 보호기가 시작하는 데 걸리는 시간을 선택합니다. 화면 보호기를 사용하지 않으려면 [안 함]을 선택하면 됩니다.

2 시계와 함께 보기 : 화면 보호기와 함께 시계를 표시합니다.

3 임의의 화면 보호기 사용하기 : 임의의 화면 보호기를 사용합니다.

 ## 핫 코너 활용하기

[화면 보호기] 탭의 [핫 코너]를 클릭하면 데스크탑 화면의 모서리로 마우스 포인터를 가져갔을 때 자주 사용하는 macOS의 기능이 실행되도록 지정할 수 있습니다. [핫 코너]를 클릭하면 아래의 그림과 같이 데스크탑 화면의 왼쪽 위, 오른쪽 위, 왼쪽 아래, 오른쪽 아래 모서리에서 실행할 기능을 선택할 수 있습니다.

예를 들어, 화면 왼쪽 위 모서리로 마우스 포인터를 가져갔을 때 화면 보호기가 실행 되도록 하려면 왼쪽 위에 있는 목록을 펼친 후 '화면 보호기 시작'을 선택하면 됩니다. 실수로 핫 코너 기능이 실행되는 것을 방지하려면 핫 코너를 지정할 때 command 나 shift, option, control 키 같은 보조키를 함께 사용할 수도 있습니다. 팝업 메뉴를 펼친 상태에서 command 키를 누르면 각 항목 앞에 ⌘가 표시되는데 이렇게 보조키 와 함께 핫 코너 기능을 설정하면 command 키를 누른 상태로 마우스 포인터를 왼쪽 위 모서리로 가져가야 화면 보호기가 시작됩니다.

Dock

Dock 환경설정 윈도우에서는 Dock의 아이콘 크기나 최소화 효과 등 Dock의 외형적 모습에 대한 설정을 변경할 수 있습니다.

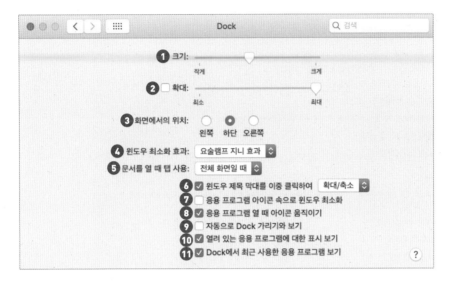

① **크기** : 슬라이드 막대를 움직여 Dock 아이콘의 크기를 조절할 수 있습니다.

② **확대** : Dock 아이콘 위로 마우스 포인터를 올렸을 때 아이콘을 확대합니다. 확대 크기는 슬라이드 막대를 움직여 조절할 수 있습니다.

③ **화면에서의 위치** : Dock의 위치를 지정합니다. 기본 위치인 화면 '하단' 외에 '왼쪽'이나 '오른쪽'으로 변경할 수 있습니다.

④ **윈도우 최소화 효과** : 윈도우를 최소화했을 때 사용할 효과를 지정합니다. [요술램프 지니 효과]를 선택하면 윈도우가 Dock으로 빨려 들어가는 효과를 사용하고 [크기 효과]를 선택하면 윈도우가 점점 작아지면서 Dock으로 사라지는 효과를 사용합니다.

⑤ **문서를 열 때 탭 사용** : 앱 윈도우나 문서를 열 때 기존 윈도우에 탭으로 여는 방법을 선택합니다.

⑥ **윈도우 제목 막대를 이중 클릭하여 확대/축소** : 윈도우의 제목 막대를 더블클릭했을 때 실행할 동작을 선택합니다.

⑦ **응용 프로그램 아이콘 속으로 윈도우 최소화** : 윈도우를 최소화하면 Dock에 표시된 아이콘으로 최소화됩니다. 체크를 해제하면 Dock의 오른쪽 끝으로 최소화된 윈도우가 표시되어 Dock의 공간을 차지합니다.

⑧ **응용 프로그램 열 때 아이콘 움직이기** : Dock에서 앱을 실행하면 해당 앱 아이콘이 위아래로 움직이는 효과로 표시됩니다.

⑨ **자동으로 Dock 가리기와 보기** : Dock을 사용하지 않을 때 화면에서 가려지고, Dock이 있던 위치로 마우스 포인터를 가져가면 Dock이 표시됩니다.

⑩ **열려 있는 응용 프로그램에 대한 표시 보기** : 실행된 앱을 Dock의 아이콘 아래 점으로 표시합니다.

⑪ **Dock에서 최근 사용한 응용 프로그램 보기** : Dock에 추가하지 않은 앱 아이콘 중 최근 사용한 앱 아이콘을 Dock 오른쪽 끝에 아이콘으로 표시합니다.

Mission Control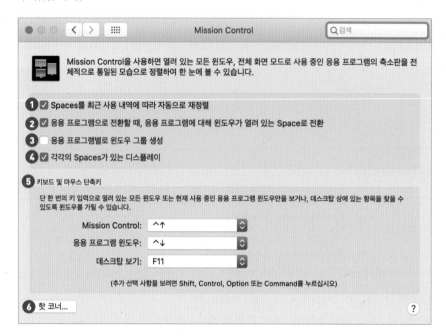

Mission Control을 사용해 표시한 Spaces의 표시, 전환 방법 등의 설정을 변경하고 지정할 수 있습니다.

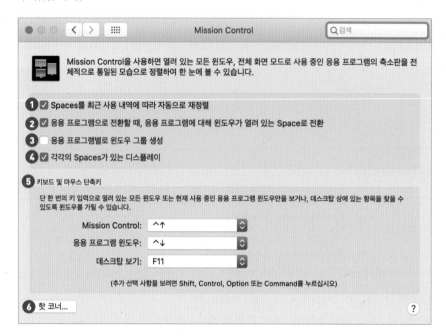

❶ **Spaces를 최근 사용 내역에 따라 자동으로 재정렬** : 여러 개의 Spaces를 만들었을 경우 가장 최근에 사용한 Spaces 부터 정렬합니다.

❷ **응용 프로그램으로 전환할 때, 응용 프로그램에 대해 윈도우가 열려 있는 Space로 전환** : Mission Control에서 앱 윈 도우를 선택하면 해당 앱이 있는 Spaces로 이동합니다.

❸ **응용 프로그램별로 윈도우 그룹 생성** : 한 개의 Spaces에 같은 앱의 윈도우가 여러 개 열려 있다면 같은 앱끼리 그룹으 로 묶어 표시합니다.

❹ **각각의 Spaces가 있는 디스플레이** : 둘 이상의 디스플레이(모니터)를 사용할 경우 각 디스플레이마다 서로 다른 Spaces를 만들 수 있습니다.

❺ **키보드 및 마우스 단축키** : Mission Control에 사용할 단축키를 지정할 수 있습니다.

❻ **핫 코너** : 화면의 네 모서리에서 실행할 동작을 지정합니다. 자세한 방법은 398쪽을 참고하세요.

Spotlight 🔍

Spotlight에서 검색해야 할 대상과 검색 결과에서 제외할 대상을 지정할 수 있습니다.

검색 결과 : Spotlight 검색 결과에 포함할 카테고리를 선택할 수 있습니다. 검색에 포함할 항목은 체크하고 검색 결과에 포함시키지 않을 카테고리는 체크를 해제하면 됩니다. '찾아보기에서 Spotlight 제안 허용'에 체크하면 사용자의 시스템 사용을 분석하여 개인에게 맞춘 Spotlight 검색 결과를 제안합니다.

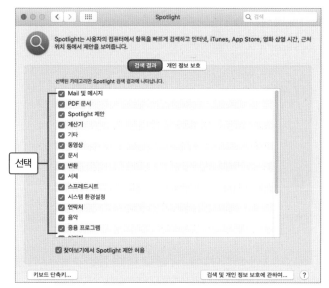

◀ 검색 결과 탭

개인 정보 보호 : +나 −를 클릭해 개인 정보 보호를 위해 Spotlight 검색에 제외할 폴더나 디스크를 추가하거나 추가한 폴더나 디스크를 제거할 수 있습니다.

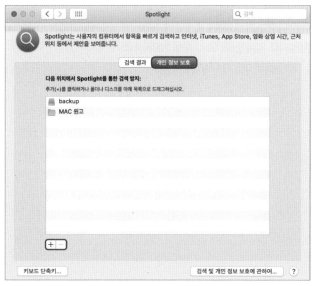

◀ 개인 정보 보호 탭

언어 및 지역

한글 macOS를 사용하고 있다면 기본적으로 언어와 지역이 '대한민국'으로 선택되어 있습니다. 날짜나 시간, 온도 등의 설정은 언어 및 지역에서 변경할 수 있습니다.

❶ **선호하는 언어** : macOS에서 사용하는 기본 언어가 표시됩니다. 언어를 추가하고 싶다면 목록 아래의 [+]를 클릭한 후 언어를 선택합니다.

❷ **지역** : 선택된 지역을 기준으로 기본 날짜나 시간, 통화 등이 선택되어 있습니다. 변경한 지역을 기준으로 날짜, 시간, 통화 등이 변경됩니다. 이 밖에 macOS에서 표시하는 여러 단위를 지정하거나 변경할 수 있습니다.

❸ **주의 첫 날** : 캘린더 앱에서 사용할 한 주의 시작 요일을 선택합니다.

❹ **캘린더** : 캘린더에서 사용할 날짜 형식을 선택합니다.

❺ **시간 포맷** : 시간의 표시 형식을 선택합니다. 체크를 해제하면 12시간제를 사용합니다.

❻ **온도** : 섭씨나 화씨 중 사용할 온도 형식을 선택합니다.

❼ **목록 정렬 순서** : Finder에서 이름순으로 파일이나 폴더 등의 항목을 정렬할 때 기준이 되는 언어를 선택합니다.

❽ **키보드 환경설정** : 키보드의 세부 설정을 변경합니다. 자세한 방법은 414쪽을 참고하세요.

❾ **고급** : 통화나 측정 단위, 날짜 표시 방법 등 세부 항목에 대한 표시 방법을 지정할 수 있습니다.

알림

알림 센터에서 사용할 앱과 알림 표시 방법 등을 지정하거나 변경할 수 있습니다. 목록에서 [방해금지 모드]를 선택하면 알림 메시지를 받지 않는 방해금지 모드에 대한 설정을 변경할 수 있습니다.

앱 목록에서 알림 설정을 변경할 앱을 선택하면 해당 앱에서 알림을 표시하는 방법을 지정할 수 있습니다.

❶ **알림 허용** : 해당 앱의 알림을 허용합니다.

❷ **알림 스타일** : 알림 스타일을 지정합니다.

　• **없음** : 알림을 표시하지 않습니다.

　• **배너** : 알림 메시지가 오른쪽 위에 잠시 나타났다가 사라집니다.

　• **알림** : 알림 메시지가 계속 표시되고 사용자가 알림을 없앨 때까지 계속 표시됩니다.

❸ **잠금 화면에서 알림 보기** : 잠금 화면에서도 알림이 표시됩니다.

❹ **알림 미리 보기** : 알림에서 미리 보여 줍니다.

　• **항상** : 미리 보기가 항상 표시됩니다.

　• **잠금 해제할 때** : 사용자 계정으로 로그인한 경우에만 미리 보기가 표시됩니다.

❺ **알림 센터에서 보기** : 최근 7일 간의 최신 알림이 알림 센터에 표시됩니다.

❻ **앱 아이콘에 배지 표시** : Dock에 있는 앱 아이콘에 알림 개수를 표시합니다.

❼ **알림 사운드 재생** : 알림과 함께 알림 사운드를 재생하도록 합니다.

유지/관리

macOS 시스템 환경설정

방해금지 모드

작업에 집중하는 동안이나 늦은 시간에 알림을 받고 싶지 않다면 방해금지 모드를 사용해 보세요. 방해금지 모드는 알림 센터에서 켜고 끌 수 있습니다.

방해금지 모드에 대한 세부 설정을 변경하려면 알림 환경설정의 앱 목록에서 [방해금지 모드]를 선택하면 됩니다.

❶ **시작 시간, 종료 시간 :** 방해금지 모드의 시작 시간과 종료 시간을 지정합니다.

❷ **디스플레이가 잠자기 상태일 때 :** Mac이 잠자기 상태일 때 알림을 받지 않습니다.

❸ **TV 및 프로젝터에 미러링할 때 :** TV나 프로젝터에 연결된 상태에서 알림을 받지 않습니다.

❹ **모든 사람에게 걸려온 전화 허용 :** 방해금지 모드일 때 걸려온 모든 전화에 대한 알림을 허용합니다.

❺ **반복적으로 걸려온 전화 허용 :** 방해금지 모드일 때 여러 번 걸려온 전화에 대해서만 알림을 받습니다.

스크린 타임 ⌛

스크린 타임은 macOS Catalina에 추가된 기능으로 앱 사용 시간을 확인하거나 앱이나 Mac 사용을 제한할 수 있습니다.

앱 사용 내용 : 사용한 앱의 사용 시간이 그래프로 표시됩니다. 그래프 위의 날짜를 클릭하여 목록을 펼치면 주 단위로 사용 내용을 확인할 수 있습니다. 다른 날짜의 사용 시간을 확인하려면

그래프 위의 좌우 화살표를 클릭하면 됩니다. 그래프 아래의 보기 항목에서 앱이나 카테고리를 선택하면 앱 사용 시간을 앱이나 카테고리별로 확인할 수도 있습니다.

잠 깐 만 요 ─────
사용 시간이 표시되지 않는다면 스크
린 타임 윈도우 아래의 [옵션]을 선택
한 후 [켜기]를 클릭하면 스크린 타임
을 활성화할 수 있습니다.

알림 : Mac에서 표시된 알림이 앱별로 표시됩니다. 앱 사용 내용과 같이 주 단위로 알림 내역을 확인하거나 다른 날짜에 표시된 알림을 확인할 수도 있습니다.

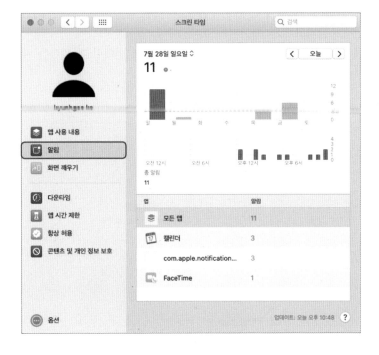

화면 깨우기 : macOS가 잠자는 상태에서 깨어난 시간이 표시됩니다.

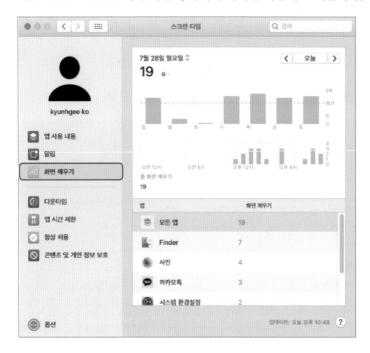

잠 깐 만 요 ───
다운타임, 앱 시간 제한, 항상 허용, 콘텐츠 및 개인 정보 보호는 관리자인 사용자만 설정을 변경할 수 있습니다.

다운타임 : Mac의 화면 사용을 제한할 수 있습니다. 다운타임의 [켜기]를 클릭한 뒤 원하는 시간을 설정하면 Mac의 화면 사용이 중단되고 알림 메시지가 표시됩니다. 일정한 시간에 사용을 제한하려면 [매일]을 선택하고 특정 시간에 사용을 제한하려면 [사용자화]를 선택한 뒤 원하는 시간을 설정합니다.

앱 시간 제한 : 지정한 앱의 사용 시간을 제한할 수 있습니다. 앱 시간 제한의 [켜기]를 클릭한 뒤 목록 아래의 [+]를 클릭해 사용을 제한할 앱과 사용 시간을 설정할 수 있습니다.

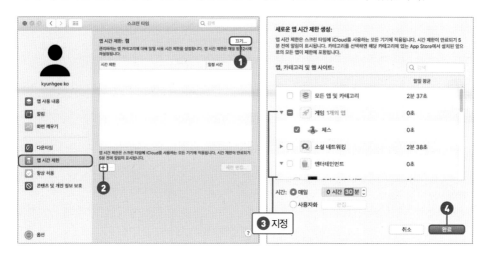

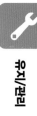

잠 깐 만 요

앱 시간 제한은 기본적으로 '켬'으로 설정되어 있지만 [끄기] 상태라면 [켜기] 버튼을 클릭해 기능을 활성화할 수 있습니다.

항상 허용 : 다운타임에서 지정한 시간과 관계 없이 항상 사용할 수 있는 앱을 지정할 수 있습니다. 목록의 앱 아이콘 앞의 체크 상자를 클릭하면 해당 앱은 항상 사용할 수 있습니다.

콘텐츠 및 개인 정보 보호 : 무삭제판 콘텐츠, 앱 구입 등 콘텐츠 및 개인 정보의 사용을 제한하거나 허용할 수 있습니다. 설정을 변경하려면 [켜기]를 선택한 뒤 원하는 항목을 체크하여 설정하면 됩니다.

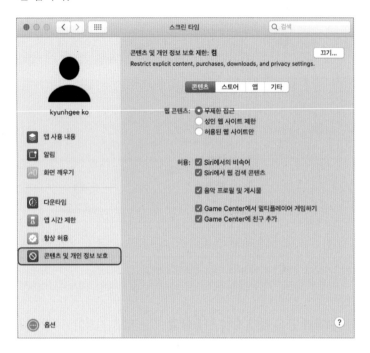

확장 프로그램

확장 프로그램을 사용하면 macOS나 앱 등에 새로운 기능을 추가할 수 있습니다. 확장 프로그램을 활성화하거나 비활성화하려면 왼쪽 목록에 표시된 기능 항목을 선택한 뒤 오른쪽 확장 프로그램 목록에서 사용할 확장 프로그램을 체크하거나 체크 해제하면 됩니다.

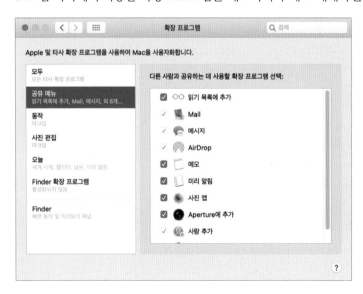

보안 및 개인 정보 보호

사용자의 시스템을 안전하게 유지할 수 있도록 보안이나 개인 정보 보호와 관련된 설정을 지정하거나 변경할 수 있습니다. 윈도우 아래에 있는 🔒을 클릭해 잠금을 해제해야 모든 항목의 설정을 변경할 수 있습니다.

일반 : 보안을 위해 기본적으로 설정할 수 있는 로그인과 다운로드 관련 항목을 설정합니다.

잠 깐 만 요
FileVault 항목이 켜져 있다면 '자동 로그인 비활성화' 항목이 표시되지 않습니다.

❶ **암호 변경 :** 로그인 암호를 변경할 수 있습니다. 자세한 내용은 386쪽을 참고하세요.

❷ **잠자기 또는 화면 보호기 시작 암호 요구 :** 잠자기 상태나 화면 보호기에서 시스템을 깨울 때 로그인 암호를 요구하는 시간을 선택합니다. 예를 들어, [1시간 후]을 선택할 경우 1시간이 지나기 전까지는 잠자기나 화면 보호기 상태에서 로그인 암호를 입력하지 않고도 바로 시스템을 깨울 수 있습니다.

❸ **화면이 잠겨있는 동안 메시지 표시 :** 잠금 화면에서의 메시지 표시 여부와 메시지를 설정합니다. 자세한 내용은 411쪽을 참고하세요.

❹ **자동 로그인 비활성화 :** 로그인할 때 암호를 입력해야 합니다.

❺ **다음에서 다운로드한 앱 허용 :** 다운로드를 허용할 경로를 선택합니다. 자세한 설명은 64쪽을 참고하세요.

❻ **고급 :** 일정 시간 동안 Mac을 사용하지 않을 경우 로그아웃하거나, 시스템에 영향을 주는 설정을 변경할 때 관리자 암호를 입력해야 설정을 변경할 수 있도록 지정합니다.

FileVault : [FileVault 켜기]를 클릭하면 현재 시동 디스크의 모든 정보를 안전하게 암호화하고, 이후에 저장 공간에서 저장하는 새로운 정보를 암호화할 수 있습니다. FileVault를 켜면 Mac 에 로그인할 때 항상 암호를 입력해야 합니다. 자세한 내용은 391쪽을 참고하세요.

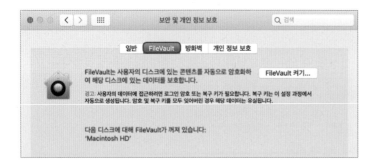

방화벽 : 방화벽을 켜면 원하지 않는 네트워크나 인터넷 연결을 막을 수 있습니다. [방화벽 켜기] 를 클릭하면 방화벽이 켜지면서 [방화벽 옵션]이 활성화됩니다. [방화벽 옵션]을 클릭하면 차단 할 네트워크 등을 지정할 수 있습니다.

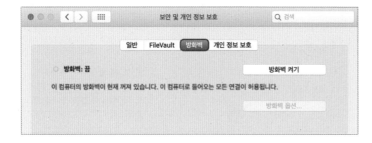

개인 정보 보호 : 각 앱의 개인 정보 사용 권한을 지정할 수 있습니다.

잠금 화면에 메시지 표시하기

잠금 화면에 메시지를 표시하면 Mac이 잠긴 상태에서 원하는 메시지를 표시할 수 있습니다. 만약 Mac을 분실한 경우 사용자의 연락처를 남기려고 할 때 유용합니다.

보안 및 개인 정보 보호 환경설정의 [일반] 탭에서 '화면이 잠겨있는 동안 메시지 표시'에 체크합니다. 그리고 [잠금 메시지 설정]을 클릭하면 잠금 화면에 표시할 메시지 내용을 입력할 수 있습니다.

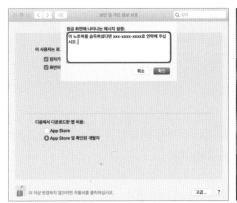 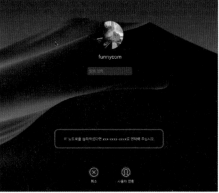

소프트웨어 업데이트

macOS에 설치된 앱을 최신으로 유지할 수 있도록 업데이트해야 할 항목이 있을 경우 소프트웨어 업데이트 환경설정 윈도우에 업데이트 파일이 표시됩니다.

[지금 업데이트]를 클릭하면 소프트웨어 업데이트 윈도우에 표시된 모든 앱의 업데이트를 한꺼번에 진행할 수 있습니다.

잠 깐 만 요

각 앱의 업데이트를 따로 설치하는 것이 번거롭다면 '자동으로 Mac 최신으로 유지하기'를 체크해 새로운 업데이트를 자동으로 설치할 수 있습니다.

[고급]을 클릭하면 업데이트에 관한 추가 옵션이 표시됩니다.

① **업데이트 확인** : 자동으로 업데이트를 확인합니다.

② **사용 가능할 때 새로운 업데이트 다운로드** : 사용자에게 묻지 않고 업데이트를 다운로드합니다.

③ **macOS 업데이트 설치** : 자동으로 macOS 업데이트를 설치합니다.

④ **App Store에서 앱 업데이트 설치하기** : App Store에서 다운로드한 앱의 업데이트를 자동으로 설치합니다.

⑤ **시스템 데이터 파일 및 보안 업데이트 설치** : 설치 시스템 파일과 보안 업데이트를 자동으로 설치합니다.

네트워크 🌐

인터넷 연결을 위한 Wi-Fi 등의 네트워크 환경에 대한 설정을 변경할 수 있습니다. [고급]을 클릭하면 TCP/IP나 DNS 같은 추가 설정 항목이 표시됩니다.

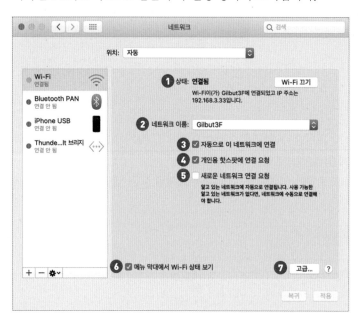

① **상태** : Wi-Fi 네트워크 연결 여부를 표시하고 Wi-Fi를 켜고 끌 수 있습니다.

② **네트워크 이름** : 연결할 수 있는 Wi-Fi 네트워크가 표시됩니다. 목록을 펼쳐 연결할 네트워크 이름과 암호를 입력하면 선택한 Wi-Fi에 연결할 수 있습니다.

③ **자동으로 이 네트워크에 연결** : 연결한 적이 있는 Wi-Fi 네트워크에 자동으로 연결합니다.

④ **개인용 핫스팟에 연결 요청** : 주변에 개인용 핫스팟이 있을 경우 알림을 표시합니다.

⑤ **새로운 네트워크 연결 요청** : 연결하지 않은 네트워크가 있을 때 알림을 표시합니다.

⑥ **메뉴 막대에서 Wi-Fi 상태 보기** : 메뉴 막대에 Wi-Fi 아이콘(🛜)을 표시해 Wi-Fi를 쉽게 켜거나 끌 수 있습니다.

⑦ **고급** : TCP/IP, DNS, WINS 및 프록시 서버 설정 등과 같은 네트워크 옵션을 설정할 수 있습니다.

Bluetooth

Bluetooth를 사용하면 Mac과 스마트폰을 비롯해 마우스, 키보드, 음향 장치 등의 주변 기기를 케이블 없이 연결할 수 있습니다. Bluetooth 환경설정 윈도우에서는 Mac과 연결된 주변 장치를 확인할 수 있습니다.

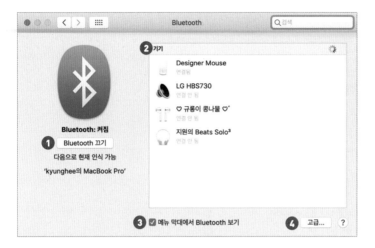

❶ **Bluetooth 끄기/켜기 :** Bluetooth 기능을 켜거나 끌 수 있습니다.

❷ **기기 :** Bluetooth 기능이 있는 기기가 Mac 근처에 있을 때 '기기' 목록에 표시됩니다. 표시된 기기의 Bluetooth가 켜져 있으면 자동으로 Mac과 연결되고 '연결됨'으로 표시됩니다.

❸ **메뉴 막대에서 Bluetooth 보기 :** 메뉴 막대에 Bluetooth 아이콘 ❋ 이 표시되어 메뉴 막대에서 Bluetooth 기기를 연결 하거나 연결을 끊을 수 있습니다.

❹ **고급 :** 무선 키보드나 마우스, 트랙패드와 관련된 Bluetooth 설정이 표시됩니다.

프린터 및 스캐너 🖨

Mac에 프린터나 스캐너를 연결하거나 연결된 프린터나 스캐너를 확인하고 프린터나 스캐너의 설정을 변경하거나 지정할 수 있습니다. 프린터나 스캐너를 연결하거나 제거하려면 목록에서 장치를 선택한 후 [+]/[−]를 클릭하면 됩니다.

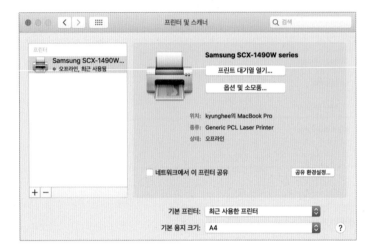

키보드 ⌨

Mac의 키보드 밝기나 기능 키 등 키보드에 관련된 설정을 지정하거나 변경할 수 있습니다.

키보드

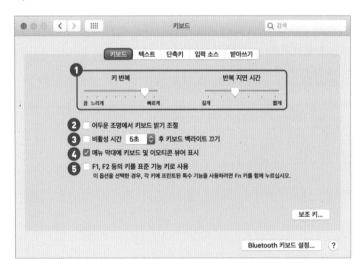

❶ **키 반복, 반복 지연 시간** : 키보드의 키를 계속 누르고 있을 때 문자가 반복해서 입력되는 빠르기와 입력까지 기다려야 하는 시간을 조절합니다.

❷ 어두운 조명에서 키보드 밝기 조절 : 백라이트가 있는 키보드의 밝기를 조절합니다.

❸ 비활성 시간 후 키보드 백라이트 끄기 : Mac을 사용하지 않을 경우 키보드의 백라이트를 끄기까지 기다려야 하는 시간을 지정합니다.

❹ 메뉴 막대에 키보드 및 이모티콘 뷰어 표시 : 메뉴 막대에 키보드 뷰어와 이모티콘 뷰어를 표시합니다. 메뉴 막대에서 A, 한 아이콘을 클릭하면 키보드 뷰어나 이모티콘 뷰어를 선택할 수 있습니다.

❺ F1 , F2 등의 키를 표준 기능 키로 사용 : 키보드에서 fn 키를 누르지 않고 기능 키를 사용합니다.

텍스트

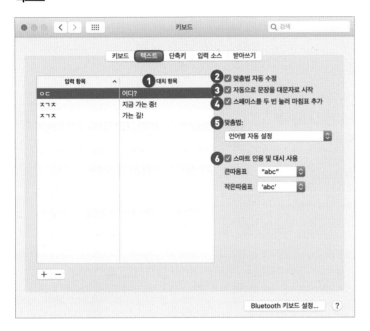

❶ 대치 항목 : 약어를 지원하는 앱에서 약어를 입력하면 그에 해당하는 대치 항목으로 표시합니다. 목록 아래에 있는 [+]나 [−]를 클릭해서 원하는 문구를 추가하거나 삭제할 수 있습니다.

❷ 맞춤법 자동 수정 : 맞춤법 자동 수정을 지원하는 앱에서 맞춤법에 맞지 않는 텍스트를 입력하면 자동으로 수정합니다.

❸ 자동으로 문장을 대문자로 시작 : 영어로 된 문장이나 고유 명사를 입력할 때 첫 글자를 대문자로 수정합니다.

❹ 스페이스를 두 번 눌러 마침표 추가 : 텍스트를 입력한 뒤 spacebar 키를 두 번 누르면 마침표가 추가됩니다.

❺ 맞춤법 : 목록을 펼쳐서 [한국어]를 선택하면 한국어 맞춤법을 적용할 수 있습니다.

❻ 스마트 인용 및 대시 사용 : 스마트 인용 및 대시를 지원하는 앱에서 프린트 가능한 인용 부호와 대시를 사용합니다.

단축키 : macOS의 단축키를 확인하거나 기존의 단축키를 다른 키 조합으로 수정할 수도 있습니다. 수정한 단축키를 기본값으로 되돌리려면 [기본값으로 복원]을 클릭하면 됩니다.

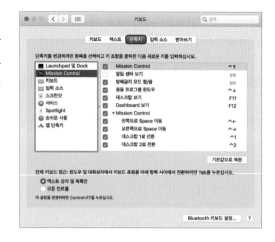

입력 소스 : 영어나 한국어 외에 다른 언어를 사용하려면 언어 목록 아래에 있는 [+]를 클릭해 해당 언어 키보드를 추가합니다.

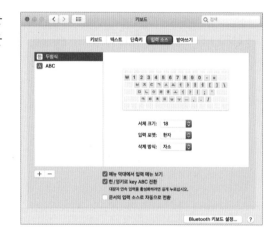

받아쓰기 : 받아쓰기 기능을 사용하면 마이크를 사용해 텍스트를 입력할 수 있습니다. 왼쪽의 [내장 마이크]를 클릭해 사용할 마이크를 선택하고 마이크를 테스트할 수 있습니다.

마우스

Bluetooth 마우스나 USB 마우스를 사용할 경우 마우스의 스크롤 방향, 더블클릭 속도 등의 설정을 지정하거나 변경할 수 있습니다.

일반 마우스일 때의 설정 화면

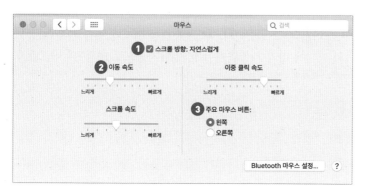

Magic Mouse일 때의 설정 화면

❶ **스크롤 방향: 자연스럽게** : 마우스의 휠을 스크롤할 때 화면의 방향을 선택할 수 있습니다.

❷ **이동 속도, 이중 클릭 속도, 스크롤 속도** : 마우스 포인터의 이동 속도나 더블클릭 속도, 스크롤 속도를 조절합니다.

❸ **주요 마우스 버튼** : 마우스의 왼쪽 버튼과 오른쪽 버튼의 위치를 바꿉니다.

잠 깐 만 요 ─────

Mac에 연결된 마우스의 종류에 따라 표시되는 설정 항목이 다를 수 있습니다.

디스플레이 🖥️

디스플레이 환경설정에서는 Mac의 해상도와 밝기를 조절하거나 디스플레이 색상 등의 옵션을 설정합니다. 디스플레이 환경설정에 표시되는 항목은 사용자의 작업 환경에 따라 조금씩 다르게 표시됩니다.

디스플레이 : 기본적으로 해상도는 '디스플레이에 최적화'가 선택되어 있지만 필요에 따라 '해상도 조절'을 선택하고 원하는 해상도로 바꿀 수도 있습니다. Mac에 측광 센서가 있을 경우 '자동으로 밝기 조절'에 체크하면 주변의 밝기에 따라 디스플레이 밝기가 자동으로 조정됩니다. '밝기'의 슬라이드 막대를 움직여 화면의 밝기를 조절할 수도 있습니다.

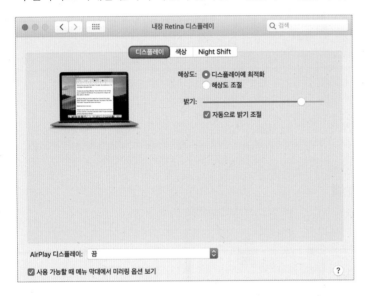

색상 : 디스플레이 프로파일에서 색상 프로파일을 선택할 수 있습니다. [보정]을 클릭하면 디스플레이 보정기 지원 윈도우가 표시되어 원하는 색상으로 디스플레이를 보정할 수 있습니다.

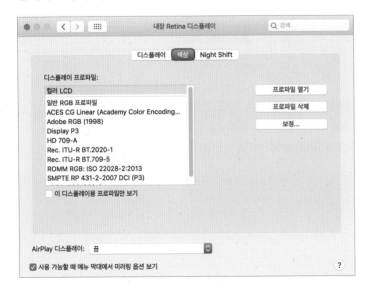

Night Shift : 청색광(블루나이트)을 줄여 눈이 편안할 수 있도록 화면 색상을 따뜻한 색으로 변경할 수 있습니다. 자세한 내용은 53쪽을 참고하세요.

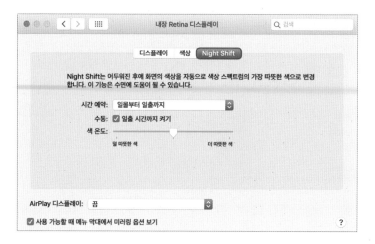

에너지 절약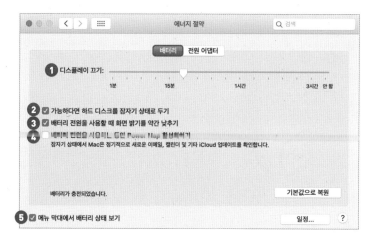

Mac을 일정 시간 동안 사용하지 않을 때 잠자기 상태로 전환하거나 배터리 절약하기 등 Mac의 에너지 사용에 대한 설정을 지정하거나 변경할 수 있습니다.

배터리 : 배터리가 장착된 휴대용 Mac에서만 확인할 수 있는 항목입니다.

❶ **디스플레이 끄기 :** 슬라이드 막대를 움직여 디스플레이가 잠자기 상태가 되기 전에 대기해야 하는 시간을 지정합니다.

❷ **가능하다면 하드 디스크를 잠자기 상태로 두기 :** Mac을 사용하지 않으면 하드 디스크를 잠자기 상태로 둡니다.

❸ **배터리 전원을 사용할 때 화면 밝기를 약간 낮추기 :** 배터리를 사용하는 동안 디스플레이 밝기를 낮춰 배터리를 절약합니다.

❹ **배터리 전원을 사용하는 동안 Power Nap 활성화하기 :** 배터리를 사용하는 동안 잠자기 상태에서 이메일이나 캘린더, iCloud 업데이트를 확인하도록 허용합니다.

❺ **메뉴 막대에서 배터리 상태 보기 :** 메뉴 막대에 배터리 아이콘을 표시합니다.

전원 어댑터 : [전원 어댑터] 탭의 설정 항목은 'Wi-Fi 네트워크 연결 시 깨우기' 항목 외에는 [배터리] 탭의 설정 항목과 같습니다. 배터리를 사용할 때와 전원 어댑터를 연결할 때를 구분하여 설정을 지정하거나 변경할 수 있습니다.

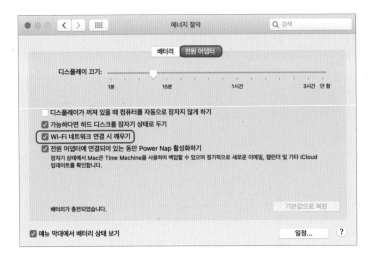

날짜 및 시간

macOS에서는 사용자가 있는 지역을 자동으로 인식해서 시간대를 지정하고, 현재 시간을 메뉴 막대 오른쪽 끝에 표시합니다.

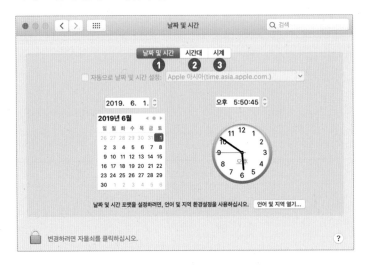

❶ 날짜 및 시간 : 현재 시간대에서 날짜와 시간을 수정할 수 있습니다.

❷ **시간대** : 자동으로 설정된 기본 시간대가 아닌 다른 시간대로 바꾸려면 지도상에서 원하는 지역을 선택합니다.

❸ **시계** : 메뉴 막대에 표시되는 시간을 어떤 형식으로 표시할지 선택할 수 있습니다.

 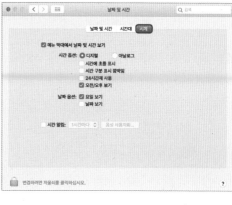

시동 디스크

Mac을 시작할 때 부팅에 사용할 디스크를 선택할 수 있습니다. 기본적으로 Mac에 있는 시동 디스크에서 macOS로 부팅합니다. macOS 대신 Boot Camp의 Windows로 부팅하려면 🔒를 클릭해 잠금을 해제한 뒤, BOOTCAMP를 선택하고 [재시동]을 클릭합니다.

잠 깐 만 요

Boot Camp를 사용해 Windows를 설치해야만 Windows로 부팅할 수 있습니다.

가족 공유 ☁

Apple 계정을 사용하는 가족이 있다면 가족 구성원으로 추가해서 App Store나 Apple Music 에서 구매한 내역, 나의 폰 찾기 등의 기능을 공유할 수 있습니다.

➊ 가족 : [가족 구성원 추가]를 클릭하면 가족 구성원을 추가할 수 있습니다. 추가할 가족의 Apple 계정을 입력하고 [계속] 을 클릭합니다. 이후 화면에 표시되는 몇 가지 단계를 더 거치면 가족 구성원을 추가할 수 있습니다.

➋ 구입 항목 공유 : '내 구입 항목 공유'를 체크하면 App Store에서 구매한 앱을 가족과 공유할 수 있습니다.

➌ iCloud 저장 공간 : 유료 iCloud 저장 공간을 사용할 경우 가족과 iCloud 공간을 공유할 수 있습니다.

❹ **위치 공유** : 가족의 위치를 공유할 수 있습니다. 하지만 한국에서는 위치 공유 기능을 사용할 수 없습니다.

❺ **스크린 타임** : 가족 구성원 중 자녀 계정이 있을 경우 자녀의 스크린 타임을 살펴볼 수 있습니다. 단, 자녀의 iPhone이 나 Mac에서 자녀 계정으로 스크린 타임을 설정해야 합니다.

부록

One More Thing!

macOS에는 책에서 다루지 못한 다양한 기능들이 많은데 그중에서 알아두면 좀 더 macOS 사용이 편리해질 수 있는 Automator와 터미널을 알아보겠습니다. 또한 아직까지 Windows를 사용해야 하는 상황이 종종 있기 때문에 macOS에서 Windows를 함께 사용할 수 있는 Boot Camp에 대해서도 살펴보겠습니다.

macOS
Catalina

1 | **Automator**
2 | **터미널**
3 | **Boot Camp**

Automator

복잡한 프로그래밍 언어나 스크립트 언어를 몰라도 Automator
를 사용하면 파일명 바꾸기, 이미지 크기 변경하기 등 반복해야
하는 작업을 자동화할 수 있습니다.

01 | Automator 작업흐름 만들기

Automator를 사용하면 단순 반복해야 하는 다양한 작업을 간단하게 자동화할 수 있습니다. 이렇게 Automator에서 만든 동작을 작업흐름 (Workflow)이라고 합니다.

Automator 시작하기

Spotlight에서 'Automator'를 검색하거나 [Launchpad]–[기타]에서 [Automator]🔧를 클릭하여 Automator를 실행합니다.

Automator가 실행되면 Finder 윈도우 아래의 [새로운 문서]를 클릭하거나 Automator 메뉴 막대에서 [파일]–[신규]를 선택해 새로운 문서를 만들 수 있습니다. 새로운 문서가 만들어지면 8가지 유형 중 하나를 선택해야 합니다.

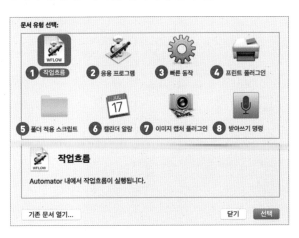

❶ **작업흐름** : 사용자가 만든 작업흐름을 Automator에서 실행합니다.

❷ **응용 프로그램** : Automator에서 만든 작업흐름을 응용 프로그램으로 만듭니다.

❸ **빠른 동작** : Finder 윈도우의 [동작] 도구나 빠른 메뉴에 추가 작업흐름을 추가합니다.

❹ **프린트 플러그인** : 프린트 대화상자에 사용자가 만든 작업흐름을 추가합니다.

❺ **폴더 적용 스크립트** : 사용자가 만든 작업흐름이 실행되는 폴더를 만듭니다.

❻ **캘린더 알람** : 캘린더 알림이 실행될 때 실행되는 작업흐름을 만듭니다.

❼ **이미지 캡처 플러그인** : 이미지 캡처 윈도우에 작업흐름을 추가합니다.

❽ **받아쓰기 명령** : 받아쓰기가 실행될 때 실행되는 작업흐름을 추가합니다.

이미지 크기를 변경하는 빠른 동작 만들기

여기서는 이미지 크기를 변경하는 명령을 Finder 윈도우나 빠른 메뉴에 추가하는 빠른 동작을
만들어 보겠습니다. 우선 문서 유형 선택에서 [빠른 동작]을 선택한 후 [선택]을 클릭합니다.

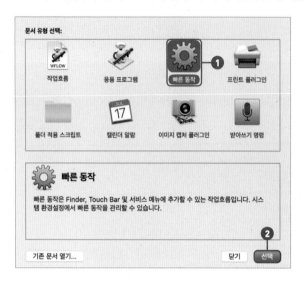

잠 깐 만 요 ────────
빠른 메뉴란 파일이나 폴더 등의 항목을 마우스 오른쪽 버
튼이나 control +클릭했을 때 표시되는 메뉴를 말합니다.

Automator 윈도우에서 동작을 선택하면 '보관함' 목록에 특정 앱이나 파일 또는 데이터 유형
에 따라 카테고리 항목이 표시됩니다. 여기서는 보관함에서 [사진] 카테고리의 [이미지 크기 조
절]을 선택한 후 오른쪽 작업흐름 영역으로 드래그합니다.

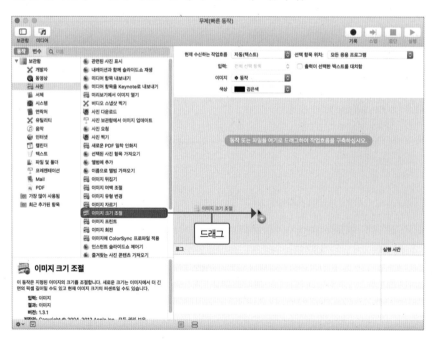

이미지 크기를 조절하며 원본은 그대로 두고 복사본을 만들 수도 있고 원본과 대체할 수도 있습니다. 원본 이미지는 유지한 상태에서 복사본을 만들려면 [추가]를 클릭하고 원본 이미지를 변경하려면 [추가하지 않음]을 클릭합니다. 여기에서는 [추가]를 선택해 복사본을 만들겠습니다.

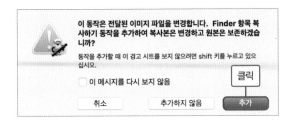

Automator 윈도우의 작업흐름 영역에 두 개의 작업이 만들어집니다.
'Finder 항목 복사하기' 작업흐름에서는 복사본을 저장할 위치를 선택할 수 있습니다. 기본적으로 [데스크탑]이 선택되어 있으며 항목을 펼쳐 원하는 위치를 선택할 수도 있습니다.

'이미지 크기 조절' 작업흐름에서는 이미지 크기 조절 방법을 선택할 수 있습니다. 항목을 펼쳐 [크기로(픽셀)]나 [퍼센트로] 중 원하는 항목과 값을 지정합니다.

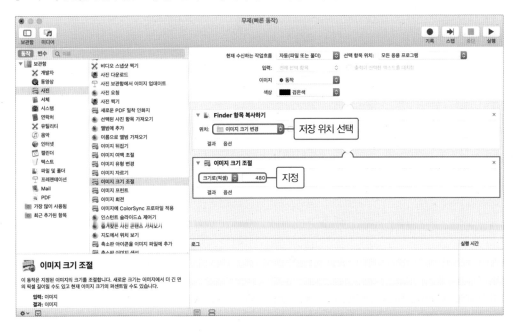

작업흐름을 모두 지정했으면 Automator 메뉴 막대에서 [파일]–[저장]을 선택합니다. 원하는
작업흐름 문서의 이름을 입력한 뒤 [저장]을 클릭합니다.

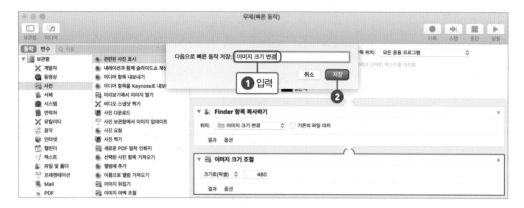

Automator에서 만든 '이미지 크기 변경'이라는 빠른 작업을 적용해 보겠습니다. Finder 윈도
우에서 크기를 변경할 이미지를 선택한 후 `control`+클릭하면 Automator에서 만든 [이미지 크
기 변경]이 표시됩니다. 빠른 메뉴의 [이미지 크기 변경]을 선택합니다.

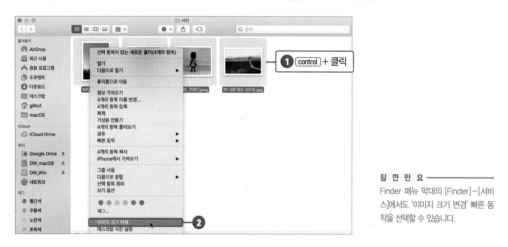

잠 깐 만 요 ─────
Finder 메뉴 막대의 [Finder]–[서비
스]에서도 '이미지 크기 변경' 빠른 동
작을 선택할 수 있습니다.

Finder 윈도우에서는 아무런 변화가 없지만 Automator에서 지정한 '이미지 크기 변경' 폴더
에 크기가 변경된 이미지가 저장됩니다.

Automator 작업흐름 수정하기

Automator에서 만든 작업흐름을 수정할 수도 있습니다. 예를 들어, 이미지 크기를 600px로 변경하려면 새로운 작업흐름을 만들지 않고 기존에 만들었던 '이미지 크기 변경' 작업흐름을 수정해서 사용할 수도 있습니다.

Automator 메뉴 막대에서 [파일]-[열기]를 선택하면 사용자가 만든 작업흐름이 표시됩니다. 그중에서 수정할 작업흐름을 선택한 후 [열기]를 클릭하여 가져온 뒤 작업흐름에서 필요한 부분을 수정합니다.

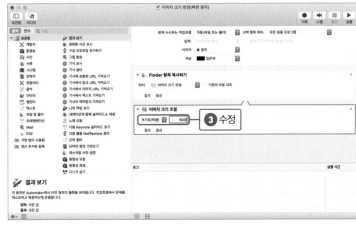

가져온 작업흐름의 수정을 완료한 뒤 Automator 메뉴 막대에서 [파일]-[저장]을 선택합니다.

Automator로 만든 빠른 동작에 단축키를 지정하면 여러 단계를 거치는 작업을 단축키만으로 빠르게 실행할 수 있습니다. 여기서는 화면 모드를 변경하는 작업 흐름을 만들어 단축키를 지정하는 방법을 알아보겠습니다.

Automator를 실행한 뒤 문서 유형 선택에서 [빠른 동작]을 선택한 후 [선택]을 클릭합니다.

보관함에서 [유틸리티]–[시스템 모드 변경]을 선택한 뒤 작업흐름 영역으로 드래그합니다.

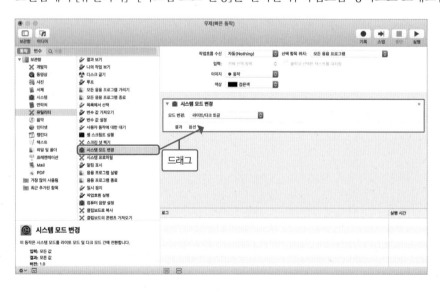

잠 깐 만 요 ─────
보관함의 목록에서 원하는 항목을 더블클릭해도 작업흐름 영역에 추가할 수 있습니다.

'모드 변경' 목록을 펼쳐 [라이트/다크 토글]을 선택해 지정한 단축키를 누를 때마다 라이트 모드와 다크 모드로 전환할 수 있도록 모드를 변경합니다.

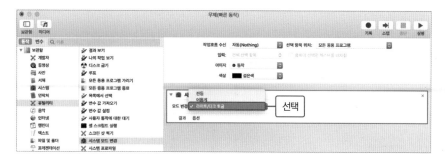

메뉴 막대에서 [파일]-[저장]을 선택한 후 원하는 이름을 입력한 뒤 [저장]을 클릭합니다. 여기에서는 '모드'라는 이름으로 저장했습니다.

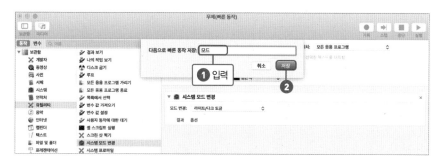

이렇게 추가한 빠른 동작은 단축키로 등록할 수도 있습니다. Launchpad에서 [시스템 환경설정]을 클릭한 후 시스템 환경설정 윈도우에서 [키보드]를 선택합니다.

[단축키] 탭에서 [서비스]를 선택하면 오른쪽 목록의 '일반' 카테고리에 Automator에서 만든 '모드'가 표시됩니다. [모드]를 클릭하면 표시되는 [단축키 추가]를 클릭한 후 키보드에서 원하는 단축키를 누르세요. 여기에서는 shift + command + M 키를 지정했습니다.

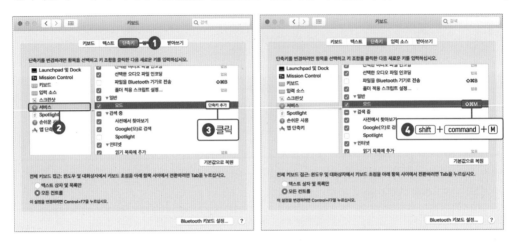

잠 깐 만 요

단축키를 지정할 땐 기존의 단축키와 중복되지 않는 단축키를 지정해야 합니다.

이제부터 시스템 환경설정 윈도우의 [일반]을 선택하지 않아도 키보드의 shift + command + M 키를 누를 때마다 보기 모드를 라이트 모드와 다크 모드로 변경할 수 있습니다.

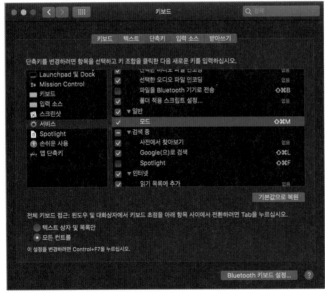

▲ 지정한 단축키로 라이트/다크 모드 변경

Automator에서 지정한 작업흐름을 앱처럼 사용할 수도 있습니다. 이렇게 만든 작업 흐름을 작업흐름 응용 프로그램이라고 하며 Finder의 '응용 프로그램' 폴더나 Dock에 추가해서 앱처럼 사용할 수 있습니다.

Automator를 실행한 후 문서 유형에서 [응용 프로그램]을 더블클릭합니다.

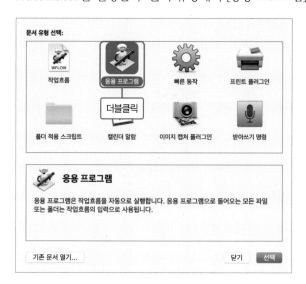

보관함에서 [유틸리티]–[모든 응용 프로그램 종료]를 선택한 후 작업흐름 영역으로 드래그합니다.

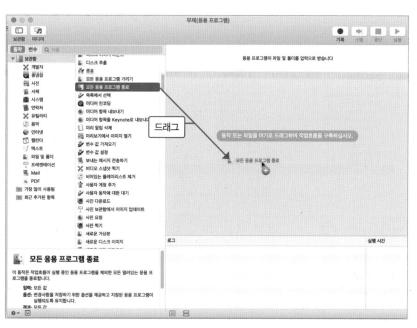

추가한 작업흐름의 '변경사항 저장 묻기'를 체크하면 앱을 종료하며 저장하지 않은 작업 내역이 있다는 메시지가 표시됩니다. 이 상태로 작업흐름을 저장해도 되지만, 자동으로 종료하고 싶지 않은 앱이 있다면 [추가]를 클릭해 자동으로 종료하지 않을 앱을 지정할 수 있습니다.

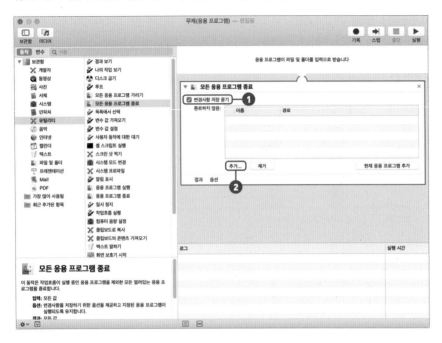

여기서는 Mail 앱을 추가해 보겠습니다. [응용 프로그램]–[Mail]을 선택하고 [추가]를 클릭합니다.

같은 방법으로 자동으로 종료하지 않을 앱을 추가 지정하면 목록에 표시됩니다.

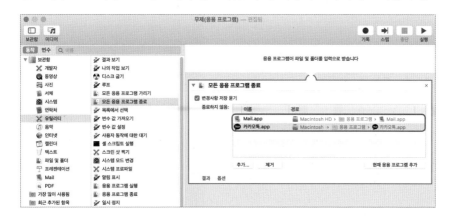

Aautomator 메뉴 막대에서 [파일]-[저장]을 선택합니다. 원하는 이름과 위치를 지정한 뒤 [저장]을 클릭합니다.

이렇게 만든 작업흐름 응용 프로그램이 Finder 윈도우의 '응용 프로그램' 폴더에 추가되었습니다. 이제부터 여러 앱을 하나씩 종료하지 않고 방금 만든 closeAll 앱을 더블클릭하면 손쉽게 모든 프로그램을 종료할 수 있습니다.

터미널

macOS에서 명령을 실행할 때는 마우스로 아이콘이나 메뉴를 선택하는 그래픽 방식의 인터페이스(GUI)를 사용합니다. 터미널을 사용하면 직접 명령어를 입력해서 시스템을 제어하기 때문에 환경설정에는 없는 항목도 조정할 수 있으며 실행 속도도 빠릅니다. 하지만 필요한 명령을 기억해야 하고, 시스템을 직접 영향을 주기 때문에 일부 명령을 잘못 입력했을 경우 부팅되지 않는 상황이 생길 수도 있으니 주의해야 합니다.

터미널을 사용하면 기본 앱으로 실행할 수 없는 작업을 실행할 수 있습니다. 터미널 명령어를 알아보기 전, 터미널을 실행하는 방법과 기본적인 명령어에 대해 알아겠습니다.

Spotlight에서 '터미널'을 검색해서 실행하거나 Launchpad에서 [기타]−[터미널]▣을 선택해 실행합니다.

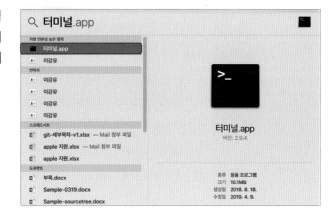

터미널 윈도우가 열리면 기본적으로 사용자 폴더가 표시되고 문자열 커서 위치에 직접 명령어를 입력해서 원하는 명령을 실행할 수 있습니다.

간단히 'say 안녕하세요?'라고 입력해 보세요. 'say' 다음에 있는 문장을 소리 내어 읽어 줍니다. 터미널에서는 이런 식으로 명령어를 사용해 시스템을 제어할 수 있습니다.

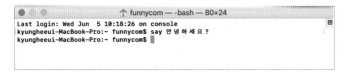

터미널을 종료하려면 'exit'를 입력한 후 return 키를 누릅니다. 터미널 윈도우에 '프로세스 완료됨'이라는 메시지가 표시되면 터미널을 종료할 수 있는 상태가 된 것입니다. 이때 터미널 윈도우를 닫으면 됩니다.

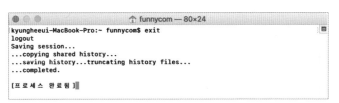

터미널 기본 명령어

터미널에서 사용할 수 있는 명령어는 여러 가지가 있는데 가장 많이 사용하는 명령은 다음과 같습니다. mkdir이나 cd 명령에서 사용하는 directory는 폴더와 같은 의미입니다.

명령어	설명
mkdir 폴더명	현재 폴더 하위에 폴더를 만듭니다. (make directory)
cd 폴더명	지정한 하위 폴더로 이동합니다. (change directory)
cd ..	현재 폴더의 상위 폴더로 이동합니다.
cd ~	홈 폴더로 이동합니다.
ls	현재 폴더의 내용을 표시합니다. (list)
cp 파일1 파일2	파일1을 파일2로 복사합니다. 파일 이름에 경로를 포함할 수 있습니다.
clear	화면을 지우고 문자열 커서를 맨 위로 옮깁니다.
rmdir 폴더명	지정한 폴더를 삭제합니다. (remove directory)
sudo rm	지워지지 않는 파일이나 폴더 등의 항목을 삭제합니다.

잠 깐 만 요
터미널 윈도우에서 ↑ 키를 누르면 이전에 입력했던 명령을 다시 입력합니다. 입력했던 명령어의 일부만 수정할 경우 편리하겠죠?

---

02 | 유용한 터미널 명령어

터미널 윈도우에 명령어를 입력하면 기본 앱에는 없는 다양한 작업을 빠르게 실행할 수 있습니다. 하지만 일부 시스템에 직접 영향을 줄 수 있으니 주의하세요.

최근 종료한 시간 확인하기

터미널에서 최근에 컴퓨터를 종료한 시간을 확인하려면 다음과 같이 입력합니다.

```
last shutdown
```

재부팅 시간 확인하기

최근에 재부팅한 시간도 확인할 수 있습니다.

```
last reboot
```

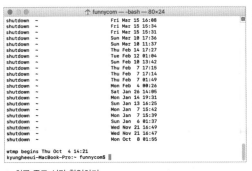

▲ 최근 종료 시간 확인하기　　　　　　▲ 재부팅 시간 확인하기

터미널에서 시스템 종료하기

Mac에서 시스템을 종료하려면 주로 [🍎]–[시스템 종료]를 선택합니다. 터미널을 사용하는 중에 시스템을 종료하려면 군이 터미널을 종료한 뒤 메뉴 막대에서 시스템 종료를 선택하지 않아도 터미널에서 Mac을 종료할 수 있습니다. 단, 터미널에서 시스템을 종료할 때는 저장하지 않은 앱이 있어도 저장 메시지가 표시되지 않으니 작업 내역을 저장했는지 확인하고 종료하세요.

즉시 종료하기: 명령을 입력하고 ⸢return⸣키를 누르는 동시에 시스템을 종료합니다.

```
shutdown -h now
```

종료 시간 지정하기: 앞으로 몇 분 후에, 혹은 지정한 시각에 시스템을 종료하도록 지정할 수 있습니다.

```
shutdown -h +10          10분 후에 시스템 종료

shutdown -h 23:00        23:00에 시스템 종료
```

시스템 재부팅하기: 시스템을 종료한 후 재부팅하도록 지정합니다. 재부팅 시간도 같이 지정할수 있습니다.

```
shutdown -r now          즉시 재부팅

shutdown -r +10          10분 후에 재부팅

shutdown -r 23:00        23:00에 재부팅
```

Finder에 숨겨진 파일 표시하기

터미널에서 default 명령을 사용하면 환경설정을 바꿀 수 있습니다. 기본적으로 Finder 윈도우에는 일부 파일들이 감춰져 있지만 Finder 윈도우에 숨겨진 파일까지 표시하려면 다음과 같이 입력합니다. 다시 감추려면 true를 false로 지정하면 됩니다.

```
defaults write com.apple.finder AppleShowAllFiles true
```

Finder 제목 막대에 경로 표시하기

Finder 윈도우에서 폴더를 열었을 때 제목 막대에는 폴더 이름만 표시됩니다. 제목 막대에 폴더 이름과 함께 경로까지 표시하려면 다음과 같이 입력합니다. 원래대로 경로를 감추려면 true를 false로 지정합니다. Finder 윈도우가 열려 있었다면 Finder 윈도우를 종료했다가 다시 열면 변경된 것을 확인할 수 있습니다.

```
defaults write com.apple.finder _FXShowPosixPathInTitle -bool true
```

▲ 기본 형태

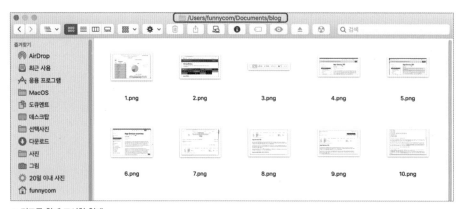

▲ 경로를 함께 표시한 형태

스크린샷 파일 형식 바꾸기

macOS 스크린샷의 캡처 이미지는 기본적으로 PNG 파일로 저장됩니다. 만일 스크린샷 파일 형식을 JPG로 바꾸려면 다음과 같이 입력합니다. Type에 'PDF'를 입력하면 JPG 대신 PDF로 지정할 수도 있습니다.

```
defaults write com.apple.screencapture type JPG
```

스크린샷 파일 저장 위치 변경하기

macOS에서 스크린샷을 만들면 기본적으로 데스크탑에 저장됩니다. 스크린샷 파일이 너무 많거나, 용도에 따라 서로 다른 폴더에 저장하고 싶다면 스크린샷 파일 저장 위치를 변경할 수 있습니다. 폴더 경로를 정확히 알지 못한다면 Finder 윈도우에서 드래그 앤 드롭할 수 있습니다. Finder 윈도우에서 스크린샷 파일을 저장할 폴더의 상위 폴더를 열어 놓습니다. 예를 들어, '문서' 폴더에 있는 'blog' 폴더 안에 저장하겠다면 '문서' 폴더를 열어 둡니다.
터미널 윈도우에 다음과 같이 입력합니다. location 다음에 한 칸 띄우고 아직 return 키는 누르지 마세요.

```
defaluts write com.apple.screencapture location
```

Finder 윈도우에서 스크린샷 파일을 저장할 폴더를 클릭한 후 터미널의 location 뒤로 드래그 합니다.

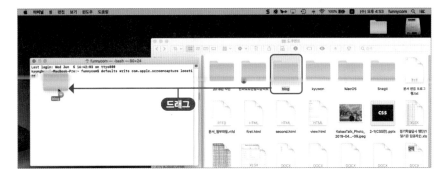

폴더 경로가 자동으로 입력되면 return 키를 누릅니다. 이후에 시스템을 재시동하면 변경한 폴더에 스크린샷이 저장됩니다.

Boot Camp

iMac이나 MacBook의 macOS을 사용하지만 국내 인터넷 환경의 제한이나 각종 앱의 호환 등의 이유로 꼭 Windows를 사용해야 하는 경우가 많죠. macOS의 Boot Camp를 사용하면 iMac이나 MacBook에 Windows를 설치할 수 있습니다.

01 | Boot Camp로 Windows 10 설치하기

macOS를 사용하더라도 Windows가 필요한 상황은 많습니다. Boot Camp를 사용하면 macOS에 Windows 10을 설치할 수 있습니다.

Boot Camp로 Windows 10을 설치하려면 가장 먼저 Windows 10 설치 파일을 준비해야 합니다. Windows 10 설치 파일은 32비트와 64비트가 있는데 Boot Camp에서는 64비트 설치 파일이 필요합니다. 설치 파일은 Mac의 하드 디스크에 저장해 놓으세요. Windows 10을 설치하는 도중에 컴퓨터가 자동으로 재시동되기 때문에 Boot Camp를 시작하기 전에 작업 중이던 것을 모두 저장해야 합니다. 또한 컴퓨터에 외장 하드 디스크나 USB 메모리가 연결되어 있을 경우 Boot Camp를 시작할 때 외부 저장 장치를 제거하라는 경고가 표시되니 미리 외부 저장 장치들은 제거한 상태에서 설치를 시작하세요.

1 Finder 윈도우에서 [응용 프로그램]–[유틸리티]–[Boot Camp 지원]을 더블클릭합니다.

2 Boot Camp 지원 윈도우가 표시되면 [계속]을 클릭합니다.

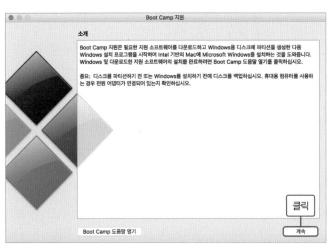

3 'ISO 이미지'의 오른쪽에 있는 [선택]을 클릭하여 윈도우 설치 파일의 위치를 지정합니다.

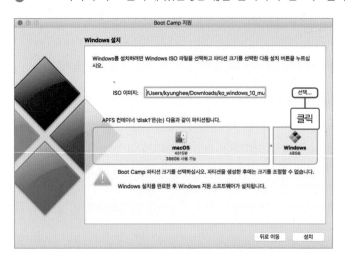

4 Boot Camp 파티션의 크기를 지정합니다. 왼쪽 영역은 macOS 영역이고 오른쪽 영역은 Windows 영역입니다. 두 영역 사이에 있는 조절점을 클릭한 후 좌우로 드래그하여 적당한 크기를 지정한 후 [설치]를 클릭합니다.

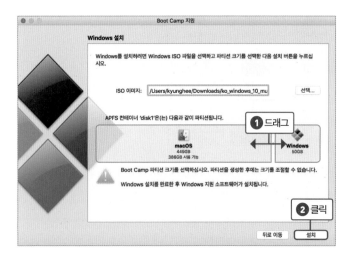

잠 깐 만 요 ───

Windows 10 설치를 위해 필요한 하드 디스크 용량은 최소 20GB입니다. Windows 10에서 사용할 프로그램을 설치하고 데이터 저장 공간까지 고려하면 최소 30GB 이상의 공간을 확보하는 것이 좋습니다.

5 macOS에서 Windows를 사용할 수 있도록 하기 위해 지원 파일들을 다운로드하기 시작합니다. 파일 다운로드가 끝나면 암호 입력 상자가 나타납니다. macOS 로그인 암호를 입력한 후 [승인]을 클릭합니다.

6 Mac이 재시동되면서 Windows 로고가 나타나고 나머지 Windows 설치가 진행됩니다. 설치하는 동안 컴퓨터가 몇 번 꺼졌다 켜진 후에는 Windows 10으로 부팅되면서 Windows 설치가 끝납니다.

02 | Windows 10 드라이버 설치하기

Boot Camp를 사용해 Windows 10을 설치한 후에는 인터넷 연결이 되지 않는 경우가 종종 있는데 이럴 때에는 Windows 10용 드라이버를 직접 설치해야 합니다.

파일 탐색기를 실행한 후 [내 PC]–[OSXRESERVED]–[BootCamp] 폴더를 차례로 선택한 후 Setup 파일을 더블클릭해서 실행합니다.

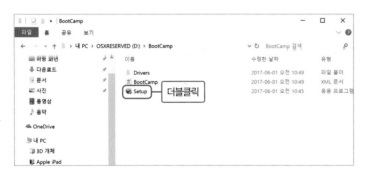

잠 깐 만 요
Boot Camp의 Windows 10에서 한/
영 전환 키는 오른쪽 option 키입니다.

[다음]을 클릭해서 설치를 진행합니다. 드라이버 설치가 모두 끝난 후 [완료]를 클릭하면 Mac이
재시동되고 인터넷 연결도 가능할 것입니다.

시동 디스크를 macOS로 바꾸기

Boot Camp에 Windows 10을 설치하면 Mac을 켤 때마다 Windows로 부팅됩니다. macOS
를 주로 사용하고 Windows는 가끔 사용한다면 부팅할 때 macOS로 부팅하도록 시동 디스크
를 바꿔야 합니다.

1 시스템 환경설정에서 [시동 디스크]를 클릭합니다.

2 환경설정을 바꾸는 것이기 때문에 잠금을 해제해야 합니다. 🔒를 클릭하고 사용자 암호를 입력합니다.

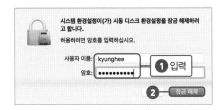

3 잠금을 해제한 뒤 'Macintosh HD macOS'를 선택한 후 [재시동]을 클릭해서 Mac을 재시동하면 선택한 시동 디스크로 부팅됩니다.

부팅할 때 시동 디스크 선택하기

macOS를 사용하다가 Windows로 부팅하거나, Windows를 사용하다가 macOS로 부팅해야 할 경우, 매번 시동 디스크를 변경하고 재시동하기가 번거롭다면 부팅할 때 시동 디스크를 선택할 수도 있습니다.

Mac을 켜면서 (option)키를 누르고 있거나 (option)키를 누른 상태에서 [전원] 버튼을 누르면 시동 관리자 화면이 나타납니다. 시동 관리자 화면에서 macOS로 부팅하려면 [Macintosh HD] 아래의 화살표를 클릭하고 Windows로 부팅하려면 [Boot Camp] 아래의 화살표를 클릭합니다.

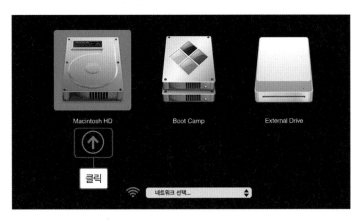

INDEX

INDEX